艦爆隊長 江草隆繁

ある第一線指揮官の生涯

上原光晴

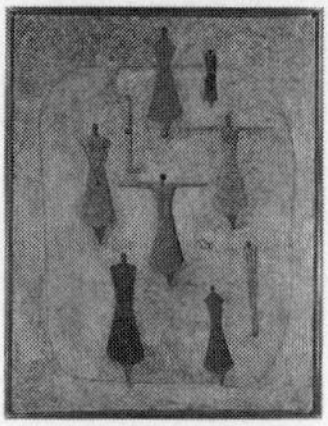

潮書房光人社

艦爆隊長 江草隆繁——目次

第三章　りんどうの花

第四章　機動部隊、北へ

第五章　海・空戦の攻防

第六章　祖国を後にして

写真提供／遺族・著者・雑誌「丸」編集部

緑色の第三種軍装を身につけた江草隆繁少佐。南方出撃を控え、千葉県木更津基地で写したものらしい。昭和19年２月、聖子夫人との別れに際し、夫人に手渡した白紙に包んであったネガを焼いたもの

江草ら第1回卒業生を出した当時の広島県立府中中学校校舎。大正後期特有のモダンな建物である

中学5年当時の江草。昭和2年、卒業アルバムの写真

昭和2年に海軍兵学校に入校した58期生徒の学年指導教官朝倉豊次大尉。深い愛情と個性を重視した教育で58期生徒たちを感化した（酒井進氏画）

兵学校の入校教育を終えた最初の日曜日、4号生徒は学年指導官（期指導官）に引率されて古鷹山を登った。四季それぞれに装いをこらすこの山は生徒の心を映しだしてきた（写真は現在の古鷹山）

兵学校時代、期友(クラスメート)とともに江田島内で記念撮影。江草生徒(中央)は剣道が強かった

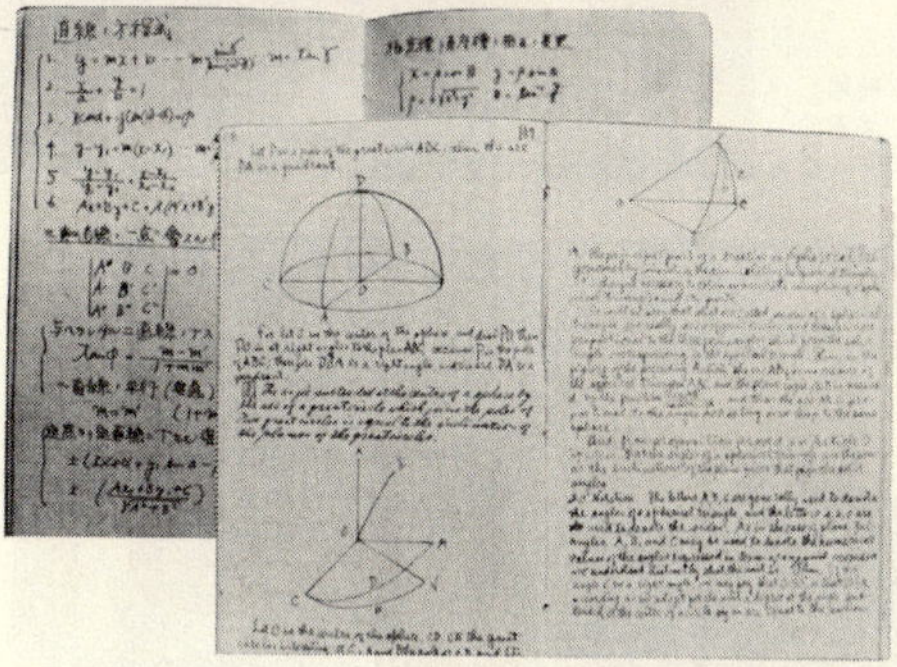

◀江草の親友栗栖腎の兵学校時代の手帳。日記、英文の幾何解説、方程式、歴史講義抜粋、実験データから酒保で飲食したサイダー、菓子の量を期友と比較した表まで克明に書き込んである

日華事変に活躍した九六式艦上爆撃機。複葉の急降下爆撃機としては世界レベルの性能を誇った。江草大尉は同型機を駆って、中国戦線での困難な爆撃任務に従事した

空母「龍驤」の士官私室にこもり、動物図鑑か何かに出ているカエルを描く江草大尉。デッサンしたのは同艦に乗り組んでいた戦闘機分隊長中島正大尉

その立派な八字ひげから「江草たかひげ」とも呼ばれた昭和13年、「龍驤」艦爆隊分隊長時代の江草大尉。果敢で剛直、かつ実に優しい分隊長であった▶

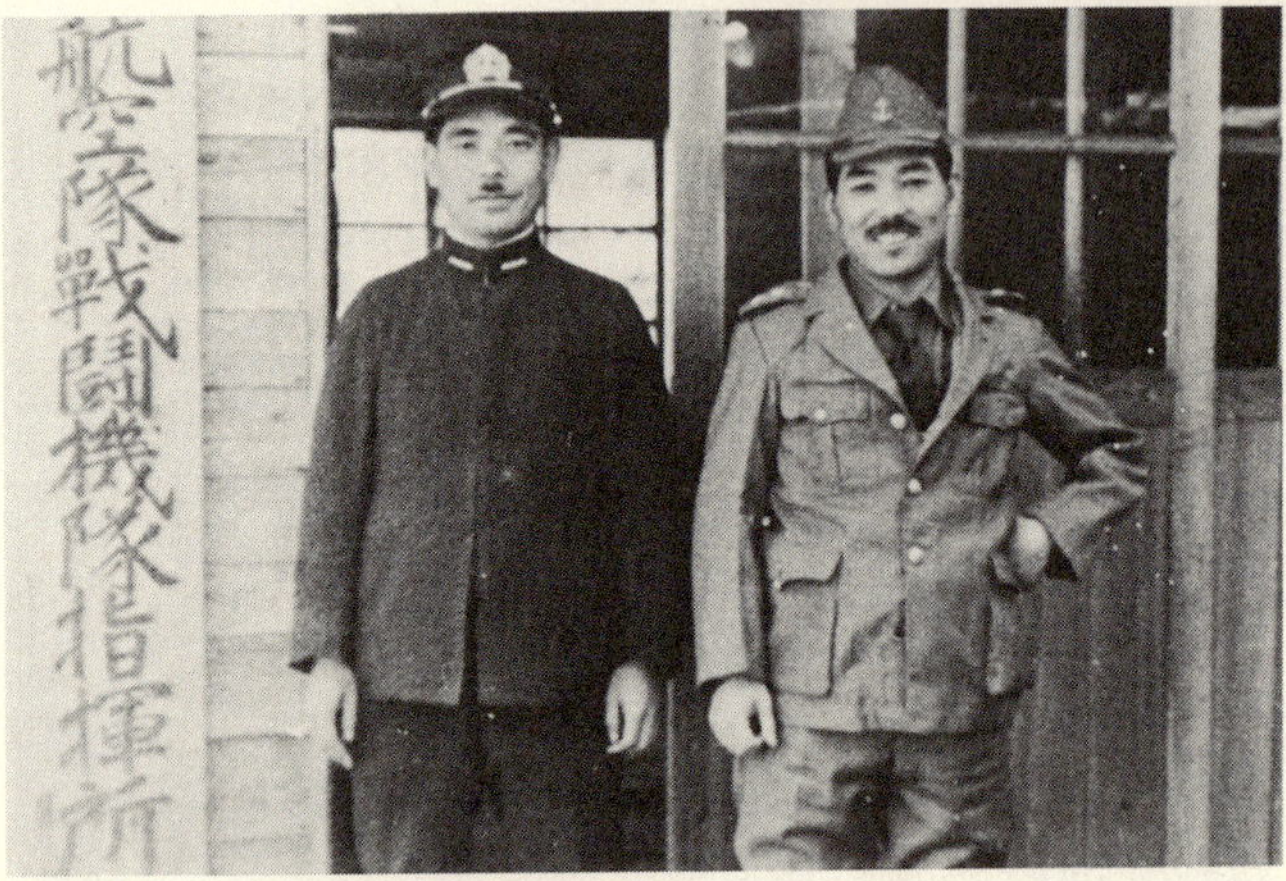

昭和15年春、華中の義兄岡村基春(右)を訪ねた江草。江草が第12航空隊にいたころ、同隊戦闘機隊飛行隊長だった岡村中佐は彼の人柄にほれこみ、妹の聖子と見合いをさせた。岡村は戦後自決する

大尉時代の江草。郷里広島県福山市芦田町下有地の自宅前で家族とともに。向かって左から長兄一三、母キタ、江草、キタのいとこ栄

昭和13年、夫となる江草大尉と出会った当時の聖子。江草は結婚後も、この写真を大事にかばんに入れ、陸上勤務であっても通勤のたびに持ち歩いたという

◀江草隆繁大尉と聖子の結婚式は昭和14年10月20日、大西瀧治郎少将夫妻の媒酌のもと、東京九段の偕行社でとりおこなわれた

太平洋戦争前期、日本海軍の主力急降下爆撃機だった九九式艦上爆撃機。真珠湾、インド洋で活躍

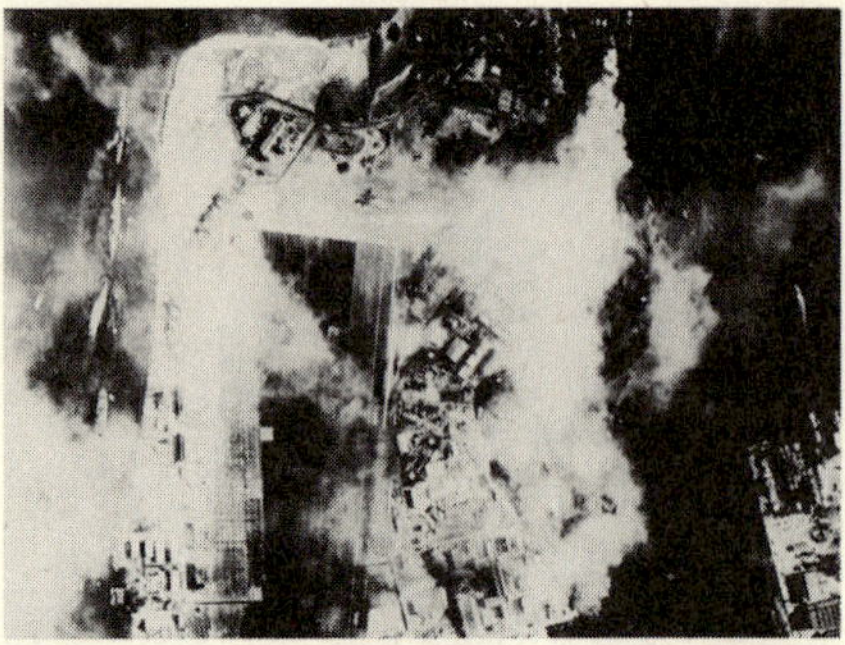

日本海軍の奇襲攻撃にさらされる真珠湾フォード島。飛行場右側では炎に包まれた米戦艦群が煙を噴き上げ、左側には転覆した軍艦がみえる。第二次攻撃隊艦爆隊の江草隊長機から石井樹偵察員撮影(小瀬本国雄氏所蔵)▶

昭和17年4月5日、江草少佐率いる艦爆隊の攻撃を受けてインド洋に沈む英重巡コンウォール。僚艦のドーセットシャーとともにわずか20分足らずで撃沈された

◀昭和19年２月、千葉県木更津基地で521空鵬部隊の飛行隊長として、部隊の練成、強化に一刻を争う多忙な日々を送っていたころの江草少佐。南方出撃を２ヵ月後に控え、闘志を秘めたなかにも憂色を感じさせる表情だ

戦地から妻聖子にあてた江草の手紙。大きな字で達筆。家族を気遣う文面で、しみと虫くいの跡が40余年の歳月を感じさせる

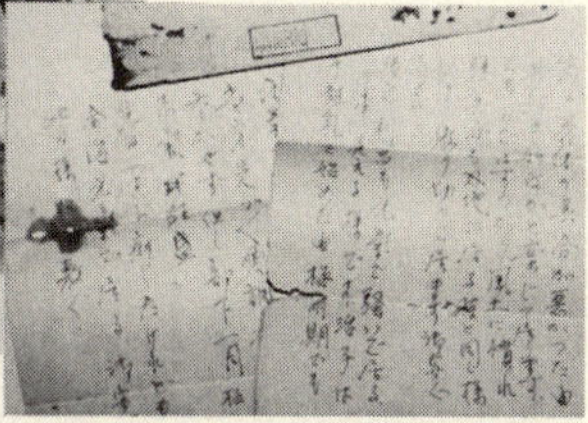

江草が飛行隊長として乗り組んだ空母「蒼龍」。ミッドウェー海戦で撃沈され、江草は火傷を負う

陸上爆撃機「銀河」。江草は高性能の同型機で編成された鵬部隊を率いて、マリアナ諸島に来襲した米空母群を攻撃、ついに散華した

高知市筆山に建つ江草大佐の墓。隣接して義兄の岡村基春大佐の墓が並び、「編隊の2機が仲良く飛んでいるようだ」とは、江草の期友の感懐である。墓前に立つのは聖子未亡人（昭和61年8月写す）▶

常夏の国グアム島平和公苑に念願の521空鵬部隊慰霊碑が完成し、遺族や生存者35人が参加して昭和63年2月22日、除幕式を挙げた。慰霊碑を囲んだ記念撮影で、碑の中央に立つ黒服姿が聖子夫人

艦爆隊長 江草隆繁

ある第一線指揮官の生涯

序章　サイパンの夕焼け

南国高知の雨脚は激しい。浦戸湾に臨む都心高知市の南部に筆山《ひつざん》と呼ぶ小高い山がある。昭和六十一（一九八六）年七月初め、この山を登ってくる三つの雨傘姿があった。晴れた日の筆山は、頂上から北側に、市を貫流して浦戸湾に注ぐ鏡川と、その川に寄り添うように密集する市街地を一望できるのだが、この日は、しのつく雨にさえぎられて、市街地は遠く墨絵のように霞んでいた。

頂上に近い墓地の一角に三人はたたずみ、先導の、年かさの女性が何か説明をはじめた。しばらくして、突然、男性が傘を投げ出し、墓石にひざまずいた。両手を合わせて一心に祈る。祈りはやがて慟哭となった。同伴の夫人も目頭を押さえた。

この男性は、石川県寺井町で陶器商を営む北野三郎で、昭和十四（一九三九）年、空母「龍驤《りゅうじょう》」の整備兵として働き、同じ「龍驤」乗組員で飛行分隊長だった江草隆繁大尉の下にいた。先導の女性は江草未亡人の聖子《きよこ》である。北野は、聖子の著書『二つの時代――夫は

〝艦爆の神様〟と言われて――』から初めて江草家の消息を知り、江草の戦死後四十二年ぶりに墓参を果たしたのであった。

北野は江草大尉の直属ではなかったが、大尉について知るところを聖子に話した。

「江草さんは不思議な人でした。身は地上にあって、心は天にある人――心がおのずと高い所にあって、そこから自分および海軍航空を見て、考え、行動していたように思います」と。

江草は、太平洋戦争開戦時、真珠湾攻撃の第二次攻撃隊急降下爆撃隊長として偉功をたて、ついでインド洋、ミッドウェーと、日本の存亡を直接左右する重要な海・空戦に参加、ミッドウェー海戦で負傷後は、横須賀海軍航空隊で輸送任務などに従事した後、名爆撃機「銀河」の改良と実用実験、および搭乗員の養成に尽瘁した。

そして、守勢に立たされた日本海軍を建て直し、祖国を泰山の安きに置かしめんと、昭和十九年四月と五月、銀河延べ四十機をマリアナ諸島に近いグアム、ペリリューの島々に配置した。制空権が失われつつある時期に、これだけ配置するのは容易な業ではなかった。

このころ、日本海軍はマリアナ諸島でアメリカに対し、最後の組織的海・空戦を挑むための「あ号」作戦を考えていた。戦局挽回の切り札ともいうべき大作戦であり、その中心勢力が江草指揮官の率いる基地航空部隊五二一空、銀河主力の通称「鵬《おおとり》部隊」であった。

戦闘機の零戦よりも早く、陸上攻撃機よりも遠くまで飛べて、しかも急降下爆撃と雷撃の両方とも可能――こんな常識を絶する要求の果てに生まれたのが、銀河であった。文字どおり切り札であった。

この年の秋、江草少佐は中佐に昇進が決まっており、地上勤務に回ることも可能だったが、あえてそれを望まなかった。彼は、自ら改良に心をくだいた銀河に絶大の信頼を寄せていて、銀河を実戦に役立てることに最後の情熱を傾けたのである。

昭和十九（一九四四）年六月十五日夕刻、江草指揮官機を先頭に、ヤップ島を飛び立った八機の銀河は、戦闘機に護衛されつつマリアナ諸島のサイパン島西沖にアメリカ空母群を襲った。だが、制空権をすでに手中におさめていたアメリカ大艦船群の反撃は熾烈をきわめた。機銃と高角砲が繰り出す無数の火玉が銀河をかすめた。そのすさまじさは、夜の東名高速道路を逆方向に突っ走るさまにも増していたと想像できよう。

彼らの放った魚雷は、肉迫したが惜しくも空母から外れ、サイパンの夕焼けを背に、八機は恨みの海に沈んでいった。

イギリスの軍事・海軍関係のノンフィクション作家ピーター・C・スミスは、第二次大戦の航空戦史に輝かしい功績を残した急降下爆撃のエース七人を挙げ、そのトップに江草隆繁少佐（戦死後二階級特進して大佐）を紹介している。（『爆撃王列伝』妹尾作太男訳）

五二一空・鵬部隊の生存者と遺族は毎年慰霊のつどいを開き、さながらクラス会の親密さがある。江草指揮官の徳を慕う人々のつどいである。

江草大佐は、いくさに強かっただけでなく、私心がなくて愛情のふかい人であった。没後四十年を過ぎ、なお旧部下、遺族までが敬慕してやまないその魅力は一体どこからくるのだろうか。三十四歳の若さで、妻と幼い三人の子どもを残して南海に散華するまでの生涯をたどり、時代背景やその人となりを考えながら、平和な時代に生きるわれわれの足もとをも見つめ直すことができれば幸いである。

第一章　芦田川の四季

ルーツをたずねて

瀬戸内海のほぼ中央に河口を開き、ゆったりと流れる芦田川。山陽地方有数の一級河川で全長八十六キロ。中国山地南西の渓谷を走り、河口から二十キロ上流の岡山県境に近い広島県の福山市新市橋付近で東側から流入する神谷川の水を集め、芦品《あじな》、福山平野をうるおして内海へ抜ける。福山・備後地方の母なる大河である。河川改修が進んで流量は現在めっきり減ったが、それでも市内でいちばん長い福戸橋に立つと、冬は野鳥の群れが水に遊び、四季を通じ釣り客が獲物を狙う姿があり、山ふところに抱かれた静かな山村が開けている。

名勝鞆《とも》の浦に近い芦田《あしだ》川の河口から北へ十六キロさかのぼった西岸、福山市芦田町下有地《しもあるじ》（旧芦品郡有磨村）で農業を営む江草九右衛門方に、明治四十二（一九〇九）年九月二十九日、三番目の男の子が生まれた。

九右衛門は江草家に婿入りしてきたおとなしい働き者で、活発な家つき娘キタとの夫婦仲もよく、近所の評判だった。長男は一三《かずみ》、次男は静夫と、父親の性格をうつして穏やかな名前がつづいたことであるし、と、やおら考えた九右衛門の頭にひらめいたのが、たかしげ、隆繁であった。

そうだ、たかしげ、隆繁、男らしい名前ではないか。九右衛門の心はときめいた。南朝の武将にでも出てきそうな名前である。

土地を鎮める備後一の宮、吉備津神社境内にさらに桜山神社があって、その祭神に江草和泉守元忠という人がいることを思い浮かべながら、九右衛門は納得し、日焼けした顔をほころばせた。

神社側の説明によると、江草元忠は桜山滋俊《これとし》の同族で、同志楠木正成とともに南朝の忠臣として城を築き、正成が敗走した後、元忠と滋俊は同志十九人とともに吉備津神社にきて自害したという。

隆繁の誕生は、日露戦争が終わって四年後に当たる。明治維新後わずか三十八年間に日清、日露と二つの大戦争を経て、日本は国力のありったけを振りしぼった。その反動で福山地方もご多分にもれず農村の疲弊が目立っていた。

紺がすりとみそのほかに、これといった産業のない地方である。農家の生活は楽ではなかった。が、隆繁は幸い健康に恵まれ、たいして泣きもせず、手のかからない子として順調に育ち、一年が過ぎた。

ここでちょっと話の本筋からはずれるが、四十三年の暮れ近くになって、この地方に一大事件が発生した。隆繁の生まれた下有地から十キロ東に離れた福山市加茂町粟根（旧加茂村）の山深い民家での強盗未遂事件である。

「何者じゃ、夜ふけて何者じゃ」

「こら、文句をいわねえで、早くあけねえか。さっさとあけろ」

祖父と強盗が雨戸一枚をへだてて向き合っている。その家の十二歳の少年は母、姉とともに震えながら息を殺して見まもっていた。

やがて強盗は根負けしたのか立ち去った。サーベルの巡査がやってきて、縁側の土足の跡を手帳に絵で写し取った。

「犯人は、えろう外股のようですのう。地下たびは特大型でありましょうな」

巡査はのんびりと話した。少年は文壇最長老の井伏鱒二である。

東京・杉並に住む井伏を訪ねてみた。

「三百年ほど前、私の実家から北へ三キロの広瀬村上野（現在福山市加茂町字北山）で、江草氏と私の先祖が交代で山城を守っていたのですよ。軍人さん（隆繁のこと）は、私、知りませんけどね」と話した。

江草姓は岡山県境によく見受けるが、文豪と艦爆王の先祖が山城を共に守ったという話は面白い。

隆繁の幼少期、江戸時代のことばも古老の間では使われていた。

「こんにちや、ええうるおいでござりやすでござりやんすなあ」

と丁重にあいさつのことばを述べる。あいさつことばは稲や耕作と深い関連をもっている。

「おしまいでござりやんすが、さまじいことでござりやんすで、ござりやんす」ひそかに人の家を訪れた時のあいさつだ。

これら古語の名残りの方言のやりとりやのんびりした捜査風景は、井伏から聞いたが、井伏の『半生記』に詳しい。井伏の実家は福山の奥なので、こうした文化、文政時代の古いことばが残っていたと思われる。旧有磨村でも、大体似たようなことばが使われていたらしい。新聞を購読する家も少なく、行きつけの家へ行って読んでもらう。悲しいことを書いた記事のところへくると、たちまち泣き声になって読む老人もいた。優にやさしい備後弁を聞きながら、隆繁は育っていったのである。

江草九右衛門夫婦は四男一女の子宝に恵まれ、三番目が隆繁であることはすでに見た。その下に妹茂子。末っ子の義正（元会社役員）は隆繁とひと回り違いである。九右衛門夫婦は戦前、戦後に相前後して世を去り、長男一三は多年小学校教論をつとめ、戦後は中学校教頭に昇進した後、六十年四月死去、一三の妻とし子が現在長男仟《まさる》一家とともに暮らしている。

江草家は旧家であり、代々地主であったが家はそれほど大きくなく、隆繁が勉強していた部屋はすでに取り壊され、改築されている。庭に大きな柿の木があって毎年無数の実をつけ、家の奥の小高い酪農場で仟が乳牛を飼っているあたりは、昔ながらの農村の面影を宿しているが、近くを車が頻繁に走り、都市化の波が押し寄せている。

江草家の檀那寺、本久寺の日行老師、敬称お上人さんの案内で江草一族の墓石を見させていただいた。何百もの大小さまざまな形をした墓石群には、圧倒される思いがした。

これだけたくさんの墓石が一族の墓地として一ヵ所に確保されているのは、昨今ちょっと珍しいのではないかと思う。日行老師も江草姓である。

明治、大正期に一門から江草亀四郎という漢学と書道の大家が出て、村民を教えた。まれに見る碩学で、隆繁も幼少期、この人に書を習った。

江草家は代々法華宗で、宗派の純粋性をきびしく守る家風であった。義正の話によると、法事の際には法華経八品のうち要品（要点）を寺の坊さんがきて読経したが、それでも一時間はたっぷりかかり、威勢のよい太鼓の音に心を奪われながらも、子どもたちは足のしびれに四苦八苦して耐えた。

「艦爆隊は死を恐れず、遮二無二に突っ込んで行きますね。隆繁さんには法華経の感化があって、死を恐れぬ純粋な境地に到達できたのだと思いますよ」お上人さんは、そう説明してくれた。

一族の広大な墓地に圧倒された思いのところで、江草氏のルーツを散歩してみたい。

広島、岡山両県境にこの姓は散在する。福山市の郷土史家田口義之氏の調査によると、江戸初期に成立したといわれる『備後古城記』に、つぎのような記載がある。

▽安芸郡湯野村、山王山宮次郎左衛門、家臣江草、小林、猪原、山名、渡辺、丹下
▽品治郡上安井村、日隈城日隈肥前守入道快真、家士田上、江草等有
▽同雨木村、泉山城宮常陸介元清、家臣田上、江草、甲斐
▽神石郡上野村、江草右京

江草右京については、神石郡の小城主というだけで詳細は不明だが、いずれにしても備後の有力国人宮氏輩下の豪族として、江草氏が蟠踞していたことは事実のようだ。

さらに細かく芦田町に限って調べてみると、江戸後期の著作『西備名区』に、「芦田郡相方村佐賀田山城主有地民部少輔元盛の条、有地氏客居の士、江草氏は元粟根に居住の士にして有地の舅氏たり。後此家に寄偶して有地村に住す」とある。

「この文によれば、芦田町（上、下有地）の江草氏は戦国時代、当地を領した有力国人、有地氏の家臣だったようだ」と田口氏は指摘する。

この結果考えられることは、江草氏は室町、戦国のころには備後の有力国人宮氏、または有地氏の家臣として活躍し、戦後争乱の中で宮氏や有地氏が滅亡したり移封された後は帰農し、現在に至ったものではないか、ということである。

一方、岡山市祇園地先、社会福祉法人旭川荘理事長で岡山県西部（広島県境付近）出身の日本精神薄弱者愛護協会長の江草安彦氏の話によると、安彦氏の遠祖は山梨県出身で、いつのころからか西へ移り、南朝方であったという。同氏は数百年前からの確かな家系図を所持している。

さらにいえば隆繁と海軍兵学校時代の同期生千早正隆も、千早城に由るその姓が示す通り楠木正成の家臣で、湊川敗戦の後は鹿児島に移ったという。お互いのルーツを調べてみると、幕藩体制が生まれる以前の争乱、戦国時代に、日本人がいかに激しく東西に移動していたかがわかる。

ただし、桜山神社の祭神の一柱である江草和泉守元忠については、実在の人物かどうか、お上人さんと田口氏はともども疑問だとしている。しかし、国民ひとしく尊崇の的であった大楠公、楠木正成にかかわり深いとされていた元忠を祭神として擁することが、九右衛門夫婦を含め江草一族にとって大きな誇りであったであろうことは、疑う余地がない。

一族の墓地の中にひときわ高い石塔がある。中興の祖といわれる江草和泉守枝広の墓で、こちらは桜山神社の祭神とは関係なく、戦国のころ出雲の国富田城の城主であったが、毛利氏に滅ぼされ、中国山地を越えてこの地方へ逃げ込んできたと聞いた。

いずれにしても、江草家がこの地方の豪族であったことは間違いあるまい。

旧家に育ち、黙々と畑仕事に日夜精をだす両親に守られ、隆繁はたいした病気もせず、順調に成長をつづけた。中学校卒業の記念アルバムに、切れ長な双眸と真一文字に結んだ口元が強固な意志と情熱をたぎらせ、こちらを向いた顔がある。

色は浅黒い健康色で、筋肉はよく引き締まり、小、中学校を通じて背丈は中ぐらいか少し高め。そして、だれよりも寡黙であった。中学時代の担任だった、英語教師の三島龍太郎は、九十歳を超える長寿で矍鑠《かくしゃく》としていたが、生前、クラス会に招かれるたびに、「江草はものをいわなかったなあ」と、同じ感想を何度も繰り返していたという。

汐首《しおくび》に遊ぶ少年たち

自宅から五百メートルほどの有磨小学校に入学したのが大正五（一九一六）年である。その前年には大隈内閣による対華二十一ヵ条要求が出され、これが原因で中国の排日、抗日運動が激しく燃えあがり、この動きが五・四運動を導き、やがて満州事変、日華事変、大東亜戦争（当時の呼称）へと拡大してしまうのだが、六歳の坊やはもとより、家族や地域はいうにおよばず日本中の人々が、悲惨な祖国の前途を予測し得る手だてをもたなかった。ましして、ヨーロッパの奥で展開中の第一次世界大戦については、日本も連合国の一員として多少は参加しているとはいうものの、大人たちはうわの空で戦況を聞き、大した関心をもってはいなかった。

隆繁少年の目の前には、何百年、何千年もの昔から同じ姿でゆったりと流れる芦田川と、その流域に広がるのどかな田園風景だけがあった。

「先生のいうこと、よう聴けや」

キタの声に励まされて、隆繁は農道を急いだ。

当時の小学生は制服がなく、備後かすりでも洋服でもかまわず、靴はまだ普及していないので草履か下駄ばきで、ランドセルというしゃれた道具入れはむろん農村では見られず、ふろしきを使って脇に抱えた。

有磨小学校時代の隆繁の親友に、福山市で不動産業を営む佐々木陸一と、教職に就《つ》いた後で有磨公民館長の小田玄三がいる。

男女同席せずの時代であった。四年生のとき、佐々木は隆繁と席を並べた。国語の漢字書き取りテストがあった。旅行、の旅の字が、どうしても佐々木には思い出せない。それと察した隆繁がテスト用紙を先生に気づかれぬように、ひらひらさせて見せた。

佐々木はそれを盗み見して、偏《へん》の方の字だけは書いたが、右側の旁《つくり》がわからず、それらしい字に似せて書いて出した。案の定ばっ点だったが、いまでも隆繁の親切を忘れない。

佐々木の回想。

「江草は相撲がとても強かった。それにも増して意志が強かった。彼が県立府中中学校を卒業したころ、橋のたもとでばったり出会った際、彼のほうから、『おれは海兵と陸士の両方にうかったが、どちらにしたらいいと思うか』とたずねられたので、私は、『海兵にしろよ』といってやりました。

私がそう薦《すす》める前から、彼は海兵に決めている様子でした。志したことはやり抜く、という決意がありありと見えました。これが彼との最後の別れとなってしまいました」

小学校三年生のころだった。放課後に小田と隆繁が連れだって帰宅の途中、雑木林のそばを通りかかった。ふと見ると、青桐の木に、一人の同級生がナイフで何やら彫りつけている。

巡査の息子だった。

「オレが大きうなったれや、お前も大きうなっとるぞ」

勝手な熱をあげながら、その子は腕を振るっている。

「やめんか」

小田がどなった。

「何を！」

巡査の息子は反抗の姿勢をとった。小田は下駄をぬいで殴りつけた。

「おやじにいいつけるど」

巡査の息子はそう叫んで逃げていった。隆繁は手を出さずに、その場でなりゆきを見まもっていた。

向こうが悪い。といっても権力者の息子である。こちらは一介の農家の伜だ。小田の予感は的中した。つぎの日、授業がはじまってすぐに、小田は先生に叱られた。

「人を殴ってけがさせて、お前は不都合なことしおって」

罰として小田は、バケツにいっぱい水を入れ、両手に持って立たされた。

すると、隆繁は立ち上がっていった。

「先生、わしもたたいたんで」

このひとことに先生は苦笑して、小田に声をかけた。

「小田、もうええわ、やめえ」

小田は重いバケツから解放された。

「江草は殴ってやしないのに、私を助けてくれたんですよ」

小田は七十年前の友情をかみしめながら語った。不利をいとわずに果敢に行動するこうした心ばえは、江草の全生涯を貫くのである。

隆繁が先生の目をかすめて答案用紙を佐々木に見せた大正八（一九一九）年ごろ、この旧態依然たる寒村にも変化が出てきた。隣の府中の町に備後かすりの織物工場が五つ、六つと増えて十数工場に達し、煙突が林立しはじめたのだ。現金収入を当て込んで働く人が日ごとに数を増し、活気がわいてきた。

第一次世界大戦は幕を閉じ、この年、ヴェルサイユ条約が成立した。パリの市民たちは窓という窓からコンフェッチを投げ、平和の回復を祝った。コンフェッチは、もともと祭や謝肉祭のときに投げ合う紙の玉なのだが、市民たちは平和をもたらしてくれた神への熱い感謝の気持から、ありとあらゆる紙片を玉にまるめた。

イギリスと同盟を結んでいた日本は、連合国の一員として参戦したが、戦場が遠い西ヨーロッパであったために国土が戦場と化すこともなく、わずかに中国の青島（チンタオ）にいたドイツ軍を破っただけで、にわかに戦争景気に見舞われ、全国各地に成り金が登場した。福山かいわいの織物工場増設によるにわか景気も、戦争の落とし子であった。

このにわか景気は教育界にも及んだ。原敬内閣の大正七（一九一八）年に、文部大臣中橋徳五郎は高等学校と専門学校の急増に取りかかり、教育上における大量生産主義を打ち出した。

中橋は大阪商船社長の経歴が示す実業人であり、品位を尊ぶ文部大臣にはふさわしくない野人と評されたが、社長時代に沿岸航路船をつくった要領で怪腕をふるった。狸庵《りあん》の雅号をもち、「突っ張り、けとばす力は憎らしいほど強い。太刀山みたいだ」と当時の大横綱にたとえて敵陣営からも恐れられる政治力により、ほとんどの県に専門学校を設置した。明治三十年代には七つしかなかった高等学校が、昭和に入り三十校と飛躍的に伸び、大学昇格も進んだ。勢い、これにともなって全国各地で中学校の新・増設運動も活発にはじまった。

広島県では、広島市と福山、三次、忠海の計四ヵ所に四校しかなかった県立中学校が二校新設されることになったのである。県立第二中学校と府中中学校（福山）であった。好景気に便乗した実業人文相は、児童、生徒の急増対策に力を貸したのである。

この時代に福山地方の中学校といえば、福山中学校（現在福山誠之館高校）一校があるだけであった。下有地からは遠く、下宿するしかなかった。生活費のかかる下宿生活までさせて中学に通わせるほど、農家は一般に教育熱心ではなかった。「中学に行くのは余計なこと。それよりも家業を手伝え」という考え方が農家に支配的だった時代である。

狸庵文相のおかげで隣の町に中学校の新設が決まったことは、隆繁に大きな夢と希望をもたらしたのである。

お国自慢はどこにでもあるが、「芦田川の水はきれいで、あそこの水でとれた晩稲米の味は格別にうまい」と、昭和六十二年、九十歳に迫っていた井伏鱒二はペンを休めて懐かしそうに目を細めた。年に一、二回大暴れして田畑を水浸しにすることもあるが、少年たちにとってもこの川は欠かせぬ生活の場であった。

隆繁はよくこの川で泳ぎ、魚をとった。農業用の池や沼も随所にあり、小さな子が、後ろから年かさの子に突き落とされて泳ぎを覚えた。突き落とした子がよく監視していて、溺死することはなかった。スパルタ式の水泳伝授で、少年たちは川の急流に耐えた。

神谷川の急流を集める通称「汐首《しおくび》」と呼ばれる地区で、魚群の種類は非常に多かった。この名が示すように海の魚が入り込み、遡《さかのぼ》る限度いっぱいの地区で、ボラがよくとれた。

隆繁は大人のまねをしては、よく投網をもって汐首に学友と連れだってやってきた。友人が竹竿で水の中の魚を追う。投網をもった隆繁は、川上で待ちかまえて網を打つ。引き揚げると大小何十匹もの魚が躍りはねていた。

この澄んだ流れでとれる魚類はアユ、ドジョウ、ナマズ、ウナギ、コイ、フナ、ヤナギバイ、ドンコウ、ウジョウ、アカマツなどである。流れの緩やかな水底では、大きなフナが何十匹も群れて静かに泳いでいる。三十センチ大のコイをかけ声もろともつかみ上げ、少年たちは歓声をあげた。

カワラチドリがピン、ピン、ピンと鳴きながら空高く舞い上がったり、水面すれすれに降りてきたりした。いまでは幻の鳥になりつつあるカワセミが、瑠璃《るり》色に輝く背中を見せて、水の先に突き出た小枝に止まり、隆繁たちの釣りを不思議そうに見つめていたかと思うと、さっと飛び立っていったりもする。

土地の人たちが「藪根《やぶね》の釜」と呼ぶ水ふところが、岸辺にいくつもあった。神谷川は大水のたびに急流が岸辺の竹藪の下を深く削り取るのだが、頑丈な竹の根だけは流されずにしっかりと絡み合い、その部分にポッカリと大きな穴がつくられ、魚群の住みかとなっているのだ。この大穴を釜と呼び、少年たちは長い竹の枝で突っつき、ウナギやアユをたたき出した。

いくつかの魚の名を挙げたが、汐首といわず芦田川のきわめつけの水中動物といえば、オオサンショウウオだろう。三千万年前に発生し、川の源流に息をひそめている。全国的にも生息地はごく限られている怪魚である。小さなサンショウウオは汐首付近にもよく見受けられたが、体長八十センチから一メートルほどのオオサンショウウオとなると、この時代でもずっと上流に行かないと見つからなかった。

一度獲物をくわえると、雷が鳴っても離さない頑強さを、井伏鱒二は福山中学時代、校庭の池に飼われていた「ハンザキ」で確認している。もっとも、歯が内側に向かって生えているのでカエルなどの獲物を歯に引っかけたら、おのずと離れないようになっている。雷とは関係ないのだが、体が半分引き裂かれても生きつづけるといわれる生命力の強さから、この俗称がある。奇怪な、重々しい姿をしたこの水中動物は少年たちを脅かし、何か神秘的な気分に駆りたてた。

豊かな水に親しんでいくうち、隆繁も六年生になった。新設の府中中学校を狙えるのは嬉しかった。といっても、ここに障害が立ちはだかっていた。二学期になって担任の先生が病気で休んだのだ。最初は二週間ぐらいということで、その間、自習するよう申し渡された。それがいつの間にか延び延びとなり、ついに三学期の卒業間近まで担任不在の自習がつづいてしまった。教育過熱の今日《こんにち》であれば大問題になるところだが、親も児童も大して気に止めていなかった。酒を飲んだ翌日は欠席する先生もいて、いまでは考えられない学校風景であった。

尋常小学校を卒業したら高等小学校へ上がり、その後は農業を手伝わせるという家庭が、とくに農村地帯では多かった。「何のために中学へ行くんや」「中学なんか遊びに行くようなもん」という程度の認識であった。

ちなみに文部省の統計によると、大正九（一九二〇）年の全国中学校進学率の平均は十五・八パーセントという低率であった。男子十九・七パーセント、女子十一・五パーセントだから、男子は五人に一人の割合でしか進学しなかった。

担任教師が休んでいる間、隆繁は小田、佐々木と連絡を取り、三人で仲良く勉強をした。幸い長兄一三は師範学校を出て教壇に立っていたので、隆繁は一三から受験に必須の国語と算数を中心によく習い、それを学校で二人に教えた。ひとり占めにできない性格であった。仲間との一体感、公正さが身についていた。

この地方では大正末期まで、夜はランプに灯油をともして明りを取った。ほやと呼ばれるランプの筒の掃除がひと仕事で、隆繁は受験勉強の合間にも丁寧にほやの手入れをした。常に上位の成績であり、一三の指導もよかったので、担任不在のハンディを克服し、隆繁は無事に府中中学校に第一期生として入学した。大正十一（一九二二）年であった。

新設中学校開設とあって、他の中学校の寄宿舎入寮生や高等科一、二年生からも受験し、受験生数は約五百人にのぼり、第一期として二百人が採用された。二倍半の競争率は新設校としては意外に高く、府中など町方の家庭の教育熱心ぶりを裏づけた。有磨小学校からは、隆繁と小田の二人が入学した。ただし卒業したのは約百三十人であり、七十人が成績や素行不良、家庭の事情などで退学、または落第させられた。

新設中学校一期生

府中は備後の国の国府のあった町であり、東側の新市町には九世紀初期に創建された吉備津神社を残している。由緒ある町に生まれた新設校、その真新しい木の香が新一年生たちを快くすぐった。真裏から鬱蒼とした古城山が新校舎を見おろしている。入学して間もなく校歌ができた。

朝霧晴るる古城山
松に常盤を契りつつ
夕影ひたす芦田川
水に進取の理想練る
国土の蕾咲き集う
西備学舎に春ゆたか

学級編成を見ると四クラスあって、一組と二組が小学校六年（小学校五年からの飛び級生徒もいた）から上がった生徒に当てられ、三組は高等科一年から、四組は同二年から上がった生徒で占められ、隆繁は一組だった。小田の話によると、小学校六年後期のハンディのため、隆繁は入学当初、成績はあまりふるわなかったが、一年の終わりごろから少しずつ点を上げ、四年生になるまでに十番以内に幾度か入っている。

さすがに町方からきた生徒はよくできた。トップで卒業したのは本屋の息子の前川達夫であった。前川は六高から九大医学部を出て産婦人科医になるのだが、隆繁は、「前川はようできるなあ」と、感心しながら目標にして勉強した。尊敬しながらもファイトを燃やした。

その前川と小学校の時、トップを争っていた梶田邦夫が隆繁と同じ一組であった。梶田は六高から東大船舶工学科を出て軍艦の技術者となり、隆繁とは縁のふかい人生をたどる。

「江草は何よりもがっちりした体格で、胆っ玉の太い性格でしたね。声は太く、言語明瞭でした。休み時間に廊下でよく空中転回をやってました。もっとやれとの級友たちの拍手喝采にこたえて、教室内の机、椅子を前方に集め、わずかばかりの空間をつくり、大して助走もつけずに、何べんも繰り返していたのが強く印象に残っています」

と、梶田の回想。反射神経は抜群だったようだ。

同じクラスにはならなかったが、後に隆繁と親類になる人で、元教育委員の中田忠治もいた。中田も、「江草は体操、剣道は抜群で、勉強もよくでき、すべてに神経がゆき届き、後年、名隊長となる素質は十分あったと思う」と、話している。

下有地の自宅から芦田川沿いに農道を行き、橋を渡り、峠を越えて学校まで片道八キロの長い道のりである。最初のうちは徒歩通学だったというから、当時の中学生の健脚には驚かされる。やがて文明の利器自転車がこの村にも増え出し、かけがえのない足となった。

自転車といえば中学四年の時、同級の今井俊正（広島県府中市）が通学途中、チェーンが切れて走行不能になったとき、たまたま隆繁が通りかかり、ロープをつないで四キロ余り学校まで引っ張ってくれた。いまと違った悪路である。今井の目に、隆繁の後姿が頼もしく焼きついたのは当然といえよう。

江草家側の求めでお上人さんが集めた資料がある。その中で、やはり隆繁の同級生で、書道の大家としてきこえ、母校で書道を教えたことのある高尾敬《けい》（雅号泉石。府中市用土）は、「江草君の想い出」と題し、

「小型戦車の如くがっちりした体格、自転車で力強く踏んで登校の様子彷彿。親切で真面目。掃除をきちんとしていたことを覚えている。落ちつきはらった態度でヅキンヅキンと歩く。大きい目をし、いつも口をキリッとしめて力を入れてゆっくり話すのが印象的。剣道の時は機敏ではないが面、小手と本当にヅシーンとこたえた。数学（渡辺先生）、英語（三島、斎藤先生）が得意でよくほめられていたし、うらやましかった。英語の（米人）ガルゲー先生の時間の会話も印象に残っている」

との回想記を、お上人さんを通じ江草家に贈っている。

お上人さんが、担任だった三島龍太郎宅をたずねたところ、隆繁の採点表は見つからなかったが本人の性格などを記入した、当時の資料が見つかった。それによると、「温厚、着実、

謙譲の徳あり、英語のガルゲー先生にもほめられ、英、数、国、漢がとくによくできた」と記されてあった。

海軍の退役将校白井時太郎が、この新設校に着任して剣道教諭となった。大正十（一九二一）年のワシントン海軍軍縮条約交渉（翌十一年二月、米、英各五、日本三の比率で調印）で失業した海軍軍人が、当時、学校の先生に転職する姿が目だった。白井もその一人である。

事情は海の向こうのアメリカでも同じで、アメリカ海軍では作戦や訓練のための予算はほとんどなく、燃料の一滴に至るまで節約を要求され、要員の補充に四苦八苦だった。アメリカ議会は二十年間も給料の増額をしなかったため、後年、日本艦隊をつぎつぎに破ってアメリカを勝利に導いたレイモンド・A・スプルーアンス（当時中佐）も貧しい生活を余儀なくされ、生活費はこの間二倍になっていた。つぎにあげるスプルーアンスの話でも、その一端がうかがえよう。

「彼は義父のエドワード・ディーンを訪ね、海軍をやめて実業界に入ることを真剣に考えていると語った。するとディーン氏はすぐにマーガレット夫人に手紙を書き、レイモンドに海軍をやめさせないようにいった。彼の義理の息子は正直すぎて、駆け引きの多いビジネスの世界に入っても、やっていくことはできないだろう、と彼は書いたのであった」（『提督スプルーアンス』トーマス・B・ブュエル著、小城正訳）

このスプルーアンス麾下の大艦隊と、江草は後年、相まみえることになるのである。話を元にもどそう。

白井は、部活動として弓道も教えた。隆繁は白井から剣道と弓道を習い、めきめき上達した。そして白井に海軍のよさを説かれ、海軍兵学校へ入る心を固めていった。

隆繁が中学三年のころ、次兄静夫が胆石のため京都の病院に入院した。家業の農業を継いでいたのだが、体が弱く、無理をしたのが響いたらしい。両親が一緒に京都へ二、三ヵ月看病にいっている間、隆繁は家事をよく切り盛りした。かまどに薪《たきぎ》をくべて飯をたき、掃除、洗濯に汗を流した。

料理といえばゴボウを煮つけるのを得意とした。大鍋いっぱいにゴボウを煮て、「ゴンボをぎょうさんつくったど。はよう食べ」と声をかけ、兄と妹の弁当をつくってもたせ、妹の髪を結ってやって登校させたのが語り草になっている。炊事の跡かたづけをした後は、灯油ランプで勉強をつづけた。

四年生になった。春、芦田川べりの麦畑にはヒバリが舞い上がり、スミレ、レンゲ、菜の花が絨緞《じゅうたん》模様となって山ふところまで広がる。農道の端を自転車に乗り、川風に髪をなびかせて府中高女の生徒が駆け抜けていく。ようやく丸味を帯びてきた少女たちの体の線に、少年たちの胸はときめく。と、肩を並べて通学途中の小田が、

「おい、江草、あれを見い」

と、袖を引いた。

二人の前方に、下級生二人が女学生二、三人と何やら親しげにことばを交わしている。気配を察して下級生たちは話をやめ、学校へ急いだ。中学生が女学生に話しかける、これは言

語道断の重大事件であった。

　当時、下有地では珍しくハイカラなオートバイを乗り回していた府中中学生が、女学生の前後を行ったり来たりしてからかっているのを見とがめられ、退学処分になっている。ラブレターを出したことが見つかり、最大悪事として、校長が朝礼の時間に全生徒に注意を喚起したこともあった。もちろん、このラブレターを書いた生徒も退学させられた。

　退学の二大条件が、カンニングと異性交遊であった。中学生が女学生に公然と話しかけられるようになったのは、昭和二十年の敗戦後からであって、それまではとうてい考えられない不品行とされていた。路上で警官に見つかると、たちどころに呼び止められ、姓名、学校を訊問された。

　さて、学校での授業開始前。二人は、くだんの下級生二人を教室から廊下に呼び出し、こんこんと説教をはじめた。

「お前は女学生に、はなしゅうしかけて、いちゃつきおって、府中生として恥ずかしゅうねえけ」

　先輩としての親切心からであったが、いつもは無口な隆繁が、打って変わって饒舌になるのをそばで聞きながら、小田は、「江草も内心こいつらをうらやましがっているんだなあ」と思って、おかしかった。

　小学校卒業だけで家業についたり、村外へ働きに出たりする同窓生たちが圧倒的に多いことを考えれば、中学生は恵まれた身分ではあったが、校内では校則にしばられ、教師たちの厳しい監視下にあり、常に存在を脅かされる立場にもあった。とくに農村部では封建色が濃く、ちょっと成績が悪ければいとも簡単に落第させられ、不祥事を起こすと退校処分に遭うのだが、本人も親も仕方がないと、わりあいあっさりと諦めた。

学校側に絶大な権限があった。隆繁の同級生たちは、「いまのように野放図なのも問題だが、昔の中学校は極端に厳しすぎた」と、異口同音に話す。

中学四年生ともなれば針路を決めねばならない。灯油ランプに代わって、ぼつぼつ下有地にも導入されてきた電灯の黄色い光を見つめながら、隆繁は考えた。勉強はつづけたい。しかし、親はとても高等学校へいかせてくれそうもない。一高、または近くであれば隣の岡山にある六高か広島高を狙いたい。そこを出て、東大法学部に入れば文句なしにロイヤルコースだ。ところが旧家とはいえ、江草家には現金収入が乏しい。日用品、食料品類を買うのにすべて商店で付けにしてもらい、米を売ってまとまった現金収入があったとき、一度に支払うという生活であった。この当時の農家は、大体このような経済生活であり、したがって、現金は平常めったに見られなかった。

進学するには学費のいらない学校を選びたい。その種の学校としては、東亜同文書院（上海）、逓信講習所、高等師範学校、高等商船学校、それに軍人の兵科指揮官養成学校として陸軍士官学校と海軍兵学校があった。貧しくとも成績が良ければ入れる学校である。

隆繁は白井教諭の薦めに従って海兵を選んだ。海兵のある江田島が同じ広島県内であったことも大きな理由といえる。広島の瀬戸内沿岸は村上水軍ゆかりの地であるのも、少年の夢を限りなく膨らませたことだろう。

このころの江草家について、ひとこと触れるならば、一三がふた山越えた先からとし子を嫁に迎えたことで、一家は華やいだ気分にひたっていた。二人とも小学校の教師である。

とし子の回想。

「たかさんは、兄たちがどんなに無理ないいつけをしても、一度も口答えをしたことがなく、いつもハイハイと、素直によくいうことをきく子でした。私の主人は激しい気性で、同じ兄弟なのにどうしてこう性格が違うのかと思っていました」

とし子は大きな仏壇に安置してある位牌を指して、「これがたかさんです」と話した。「妙法大忠院護国正隆日貞居士」と隆繁の戒名が記され、ほかにもいくつかの位牌があって、「法華宗は先祖を尊ぶのが特徴ですよ。私は他宗派からこちらへとついで宗旨替えしたのですが、（宗旨を変えて）よかったと思います」と、灯がともり、果物が供えられた仏壇を掃除しながらとし子は話した。

とし子が姑のキタから聞いた話である。中学校時代、キタが隆繁に弁当を持たせて学校へやったが、そのまま持ち帰り食卓の隅に置いた。不審に思って開けてみると、箸が入っていなかった。キタが入れるのを忘れたのだが、「箸がないので食べられなかった」などと不平もこぼさず、知らぬ顔をしていた。我慢強い性格ゆえに、兄弟の中でいちばん母親にかわいがられていたという。

第二章　江田島の青春

教育の別天地

昭和六十一年十一月末、筆者は日本海軍兵科士官揺籃の地、江田島を訪れてみた。広島湾に蟹の爪のような形をして浮かぶ人口一万五千、周囲百キロのこの島の行政区名は、広島県安芸郡江田島町である。宇品から高速艇で二十分少しで島の小用《こよう》港に着く。昔は峠でかなりの勾配があった道路は、いまではすっかり舗装され、車で五分もすれば海上自衛隊幹部候補生学校に着く。防衛大学と一般大学をそれぞれ卒業した人たちを集めて一年間教育し、海上自衛隊の幹部自衛官に必要な基礎的知識と技能を修得させるのがこの学校の目的だ。二十二、三歳の青年が多く、中には五十歳くらいの人もいる。学生数四百二十人。旧海軍兵学校とのつながりはないが、日課と規律では多くの類似点があるといわれる。隆繁が海兵を受験してから六十年後、兵学校と島の変わりようを限られた時間内で追跡してみた。

冷え込みの厳しい朝六時。三階建ての建物内部がにわかに色めき立つ。と、思う間もなく学生たちが、いっせいに飛び出してきた。広いグラウンドに整列する。別の方向から女子学生が走ってきた。女子専用宿舎から駆け出してきたのだ。ちょっと見にはわからないが、三十ほどの分隊に分かれて整列しているのだという。総員起こしのひとときである。寝具を片づけ、服装を整えて寝室を飛び出すまでの起床動作で、夏は一分三十秒、冬は二分以内という短時間ですませる。女子学生を除いて全員上半身はだかになり、学生代表が壇上で指揮を取って幹候体操に入る。代表の若い掛け声が朝のしじまを破って四方に響く。体操が終わると号令調整に。

「右向け、右」「気をつけ」「体操用具を元に」発音を正しく、大きな声である。少し離れて聞いてみると、ワーン、ワーンと、とてつもなく大きな響きとなってこだまするのがわかる。若獅子の群れの雄叫びのようだ。

朝食を終えて八時から定時点検。ラッパに合わせて掲揚台から国旗が静かに昇る。一日のうち最も充実した時間である。「聖なる一瞬」と呼んだ元校長がいた。これら体操、号令調整、そして定時点検後、教場へ移る課業行進は海兵時代と少しも変わらず敏速に行なわれている。若さと力と秩序のみなぎる一瞬である。

課業行進に移る合間、小グループごとに短いミーティングがあり、当番の生徒が意見を発表していた。あるグループに耳を傾けたら、「民主主義は責任を伴わないと衆愚政治に堕ち、汚職事件を引き起こす」などと話していた。このミーティングも各グループいっせいにはじまるので、これまた蜂の巣をつっついたような響きとなって周囲に広がる。

松や桜の樹間を渡って吹きつける海風の冷たさは身に沁みた。「島の空気は変わりやすく、真冬になるとかばんを持つ手が凍えそうになる」との総務課長の説明にうなずかされた。国際化時代とあって、このミーティングを近い将来、英語でも話すようにする、とも聞いた。

二階建ての赤レンガの生徒館前には松の巨木群が並び、濃い緑がレンガの赤と美しい調和を保っている。その生徒館を左手に見て整然と行進する生徒たちは、どっしりした構えの古風な大講堂前を左に曲がり、各自の教場に入っていく。あとはもの音一つしない静謐《せいひつ》の世界となる。大講堂前に敷き詰められた砂のほうき目が美しい。

校庭の奥に行ってみる。生徒館の後方に、なだらかな線を描く古鷹山が学校風景の遠景となり、額縁をはめると一幅の名画の完成である。山は蜜柑やネーブルが真っ盛りで、緑の山に、無数の黄の円点がむらがって見えた。

古鷹山は島のシンボルとして現在まで百年間、生徒たちの移り変わりを見つめてきた。ウサギ道と呼ばれた往時の険しい山道は、いまは車が通れるほどに拡幅されていて、ゆっくりと海景色を眺めながら登っていける。途中で学校用の大きな燃料タンク数基に出会う。米軍機の機銃掃射で破損した個所をペンキで塗りかえた跡が、いまだに生々しい。標高三百八十メートルといわれるが、頂上付近に「三百九十二メートル」と書いた表示板があった。それはともかく、無数の苗木が植えられ、寄贈者の名札がついているのには驚いた。近年、大きな山火事に見舞われ、植樹されたためだと後で知った。

頂上に立つと、広島湾が大きく視界に飛び込む。江田島は、西は宮島（厳島）、北は広島市、東は呉市にそれぞれ十キロから十五キロの距離で相対している。江田島の岸辺近くには、名物のカキ養殖の筏が群れをなして水面を覆い、波静かな別世界が広がっている。

対岸の呉湾に目を移す。大小の船舶がたむろし、その中から一隻、また一隻と自衛艦が航跡を引いてやってくる。潜水艦の、四角い塔の部分を浮き沈みさせながら走っているさまも面白い。戦前、戦中、この辺りをカメラ持参で歩いていたら、たちまち誰何《すいか》され、没収されたにちがいない。平和な時代のありがたさを思った。

ここで六十年ほど前の海兵時代に戻ってみよう。入校教育を終えた新入生たちは、日曜日の朝、水筒と糧嚢を肩に、古鷹の峰を目指すのが学校行事となっていた。ざらざらと崩れる小砂利道、ラクダの背のようなだらだら坂を上り下りして、汗をかきかき山頂に達する。大尉級の学年指導官が、大麗女、小麗女の二島を隔ててかすんで見える呉軍港を背にして説明する。

「みんな、よく頑張った。しかし、このくらいのことで、くたばってはいかん。日本海海戦の際、旅順口を閉塞させた我が広瀬武夫中佐は、在学中この山を九十七回も登ったんだぞ」

大先輩に負けるものか、隆繁もそう思ったことだろう。そして、生徒たちは、世界に誇る一万トン級巡洋艦の群れに目をみはる。

古鷹山下《ふるたかさんか》水清く

松籟《しょうらい》の音冴ゆる時
明け放れゆく能美島の
影紫にかすむ時
……………………

指導官の音頭で軍歌帳を目の高さに上げ、山頂の岩を踏みとどろかし、高らかに「江田島健児の歌」を斉唱するクラスもあった。〽長調、四分の四拍子、明るく力強いこの歌は六章から成り、作詞者は五十期生徒の神代猛男《こうじろたけお》で、大正八年、兵学校創立五十周年記念の作歌である。

見よ西欧に咲き誇る
文華のかげに憂いあり
太平洋を顧り見よ
東亜の空に雲暗し
今にして我勤めずば
護国の任をたれか負う

と、五章にあって、アジアの運命に思いを寄せている点が象徴的だ。同じ世代の旧制高校生も自ら寮歌を作詞した。青春前期の若者たちは、みずみずしい感性に豊かな詩才とロマンを宿している。この歌は江田島出身士官の血肉となっており、戦後生まれの彼らの子弟の間にも受け継がれている。

新入生徒の入学教育が終わり、通常の課業がはじまるころの学内風景について、六十四期の田中常治は、つぎのように述べている。

校内の桜も散って、青葉若葉に快い日ざしが照り注ぐようになる。校庭の芝も緑に萌えて、ビロードを敷き詰めたような美しさ。その周囲を包む常盤の松並木、その根元より続く白砂利の散歩道、文字通り白砂青松の校庭に、三々五々そぞろ歩きの生徒たちの純白の事業服がくっきりと目に映える。……やがてツツジが一面に咲き乱れる。……色とりどりの花と一斉に咲き競うツツジの叢は生徒館前より官舎の土手を経て背後にそびえる古鷹山の山腹にまで続く。目のさめるような美しさである。（『江田島の青春　海軍兵学校』より）

まさに、教育の別天地である。「優れた教育を図るには優れた環境が欠かせないことが、よくわかった」と、五十八期の鳥巣建之助は在校時を振り返って話した。

こうした美しい、静かな自然環境の中だと、集中力がつき学習意欲がわくとみえ、現在の海自幹部候補生学校でも、課業の自習時間の延長を生徒は進んで願い出るという。

江田島の名は、明治の昔から旧制中学生たちの血をわきたたせてきた。江草隆繁が入校するまでの、この学校の沿革に触れたい。

明治二（一八六九）年、東京築地で創立。同二十一（一八八八）年八月に東京築地から江田島に移転し、同二十六（一八九三）年六月に赤レンガの生徒館が完成。ついで白亜の大講堂が大正六（一九一七）年五月に完成。昭和十一（一九三六）年には教育参考館が改築され、太平洋戦争中にはさらに新校舎が島内その他に増設された。

同校の使命は海軍兵学校令という勅命によって定められ、その第一条に、「海軍兵学校ハ海軍兵科将校ト為スベキ生徒ヲ教育シ海軍兵科、航空科及整備科ノ准士官一等下士官ニ対シ将来尉官ニ準ズル勤務ニ服スベキ者ノ素養ニ必要ナル教育ヲ施ス所トス」と目的が示されている。

この目的に従って教育方針が立てられ、昭和三（一九二八）年六月に改正された「海軍兵学校教育綱領」第六条に、訓育科目と学術教育科目を述べている。訓育科目では精神教育（勅諭奉読等）、勤務（日課作業、諸教練、巡航、演習、幕営等）、体育（体操、武技、体技）の三つが柱となっている。

学術教育科目では兵学と普通学に分けられ、兵学は運用、航海、砲、水雷、通信、航空、機関、兵の各術、軍政、統率学、軍隊教育学、精神科学（心理学、論理学、哲学概論、倫理学）、歴史、地理、乗艦実習と、実に多岐に分かれている。さらに普通学では数学、理化学、国語、漢文、外国語（第一外国語、英、第二外国語、独または仏）となっていて、軍人を養成する学校としてはじつに幅広い内容だ。近代科学の粋を集めた艦艇、航空機、兵器、機関を理解し、これを使いこなすためにも、部下指導統率のうえにも、普通学の研修による知識、教養は必要だったからである。

つぎにこれらの教育を実施するための教育組織は、校長を頭に分隊編成の形をとる。新入生（年により三号または四号）から最上級生の一号生徒まで各期の生徒をいくつかの単位に区分し、そのおのおのを各期で積み重ねたグループ、これが分隊である。各期に専任の学年指導官があるように、各分隊には分隊監事を配し、縦横織りなして訓育に当たる。学年指導官と分隊監事の総元締めが生徒隊監事で、この時代は中佐クラスが選ばれた。

クラスの団結、融和を図るとともに、各種競技などでは、分隊の名誉のために闘うことが強調される。兵学校全体を大艦とすれば、分隊は小艇に当たると見ればわかりやすい。

海上自衛隊の呉地方総監をつとめた井上龍昇（六十八期）は、戦後、民間人として江田島に住んだほか、島内の海上自衛隊第一術科学校長もつとめ、呉と江田島に合わせて十六年居住した体験から、沿革についてつぎのように説明する。

「海兵を築地から江田島に移転するのに先立ち、生徒教育に似合う清潔な環境を確保するため、海軍は島の当局者と江田島取締方始末書を結んだ。これにより芸者、酌婦らを置くことが禁じられ、太平洋戦争中には教育の聖地とまで見られるにいたった」

現在でも風俗営業を自粛している。しかし、敗戦後、一時期のアメリカ進駐軍の基地周辺は、異常な混乱に見舞われていた。虚脱と反動、飢餓。江田島も例外ではなかった。

「あの狭い江田島の中心街には八百といい、千数百といわれる夜の女性が群がっていた。民家の大部分は兵士たちの用に供された。とくに、いまの一術校正面から教法寺にいたる界隈は江田島銀座と呼ばれ、バー、キャバレーが乱立し、やくざ、暴力団の手が伸びていた。江田島の町民は、対岸の呉市民とともに、こうした特殊な戦後体験を耐えてきたのである」とは、井上の回想である。

「互和」の群像

さて、本論に戻る。江草隆繁は大正十四（一九二五）年、府中中学四年時で海軍兵学校を受験し、みごとに合格したのだが、翌十五年三月、入校直前の最終時の身体検査で、はねられるのである。風邪をひいていたのがレントゲン検査で曇って撮られ、結核と誤診されたと甥の仟《まさる》から聞いた。

結核は当時、不治の病とされていた。少年江草のショックは大きかったに違いない。そして、誤診とわかったときの驚き、悔しさ、屈辱も容易に想像がつくのである。それについて、ここに一つのデータがある。江草より海兵で四年後輩の壹岐春記は、採用予定の電報に接したとき、あいにく風邪で寝ていたが、母親は電報配達人に、「一緒に喜んで下さい」といって家に入れ、焼酎に燗をつけて早々と前祝いをやった。喜びを人に分かたずにはいられない気分だったのだろう。風呂の中で、飛び上がって万歳を叫んだ者もいる。

「男子たる者が、諸手をあげて何もかも忘れて、心から喜んだり嬉しがったりする無上の喜びを人生に於て一度でも経験し得れば幸福である、とするならば、私は後にも先にも一度だけそうした無我夢中になり得る喜びを経験した事がある。然るが故に私は幸福である。ではそれは何か。答えよう。それは海軍兵学校合格の電報を受け取った時である」と、ずっと後輩の宮光行（七十四期、八洲貿易代表取締役専務）は、連合クラス会誌に手記を寄せている。

それは、感きわまった一瞬であると呼んでさしつかえあるまい。逆に言えば、不合格となったときの落胆は大きい。しかも九分九厘合格と決まっているのに、最後の検査で落とされたショックは大きい。毎年一人か二人は、ひっかかったそうである。不合格と言い渡す軍医官も、横を向いて、うるみ声になる。「軍人だけが、お国に尽くす道ではないんだぞ」と励ましたところで、気休めに過ぎないのだ。

江草の場合、明らかに軍医官の誤診だった。荒れ狂いたいほど、やり場のない憤りに苦しむのが普通である。本来ならば五十七期生徒として入校できる条件だったからである。大正十五（一九二六）年三月、府中中学の四年修了組から六高（岡山）など旧制高校に七人が合格した。新設校としては、すこぶる好調な実績であり、学校も地域も湧き立った。

しかし、江草の心に乱れた様子は見られなかった。黙々と勉強をつづけたのである。翌昭和二（一九二七）年、こんどは風邪を引かぬよう心がけ、宿願を果たした。海兵と陸士の両方を受けて、いずれも合格したが、先に旧友佐々木が見抜いたように、本命はあくまでも海兵であった。

江草と同じ艦爆隊で三年後輩に高橋定《さだむ》がいる。現在、江草をもっともよく識る一人である。

江草の思い出を聞くと、「冷静な人でしたね」「冷静」という言葉を、高橋は三度も四度も繰り返した。心の動揺を抑え込む力は、天稟のものだったのだろう。冷静さからくる彼の機敏、的確な判断と行動は、その後、太平洋戦争、中国戦線でも遺憾なく発揮されるのである。

こうして江草は、昭和に入って初めての生徒として、昭和二（一九二七）年四月一日、晴れて、憧れの海軍兵学校の門をくぐる。府中中学第一回卒業生であり、他に同校からは佐藤善一が入校した。新設校の第一回生から二人も同時に海兵に合格したので、またしても府中中学は喜びの渦に包まれた。が、佐藤は気の毒にも目を悪くして、海兵卒業後、軍人として活躍の場を十分に与えられぬ日を過ごす。

江草は絵と俳句をたしなんだが、佐藤の俳句歴も年季が入っていたようだ。昭和十八年刊『戦ふ俳句』（三省堂）に、大阪毎日新聞、白衣俳壇入選句として佐藤の作品が見られる。

そっと来て菫のせたる静臥かな
北風や左舷に出せる煙草盆

桜が松の緑に映えて美しいこの日、入校した五十八期生徒は百三十三人であった。このうち昭和五（一九三〇）年十一月、百十三人が卒業した。入校時に比べて二十人も減ったのは、胸部疾患などで次の期（クラス）に編入した生徒が多かったからである。厳重な身体検査をかいくぐった生徒たちだが、病人の続出したところに訓練の厳しさが想像される。受験者は数千人で、合格者のうち中学首席卒業者は約三十人にのぼったという。ちなみに一期前の五十七期（百二十二人卒業）では、中学時代の成績が一番の者二十人、五十番以内三人、あとは全員五番以内から十番以内だった（吉岡忠一・元中佐の話）。このほか、はっきりしたデータとしては、六十二期が採用者百三十人のうち、中学で首席を一貫した者二十六人、五番以内を上下した者五十八人という実績があり、各期を通じ、全国の中学校の俊秀を集めていたことがわかる。

五十八期生の入校時は、三学年制度で、軍縮が影響して全校生徒を合わせてもわずか三百六十人ぐらいの小ぢんまりした規模で、分隊は十二に分かれていた。新入生は三号生徒と呼ばれ、二年生を二号、最上級生の三年生を一号と、番号が若くなるにつれて上級に進む。

五十八期が三年生（一号）のときに教程が八ヵ月間延長されて四年制となり、したがって五十八期は、兵学校の七十六年の歴史（最後は七十八期）を通じて、一号生徒を二回送る唯一のクラスとなった。

修業期限は、期によってばらつきがあり、四年間みっちり学んだ恵まれたクラスは六十三、六十四、六十五の三クラスだけだった。戦時には次第に短縮され、六十七、六十八期は各三年四ヵ月、六十九期は三年、七十二期二年九ヵ月、最後の士官七十四期（少尉）と七十三期は各二年四ヵ月となる。

話が前後するが、当時の中学生気質および受験風景について、五十八期の山田龍人がクラス会誌『互和』に、「おもいで」と題する随筆を寄せているので紹介する。

小生、佐賀の片田舎で生まれ、農家の長男は家業を継ぐのが例となっていたのを、父にせがんで中学までは進学させてもらったものの、おおかたの互和の諸兄と違って、勉強ぎらいの遊び好き、毎学年を及落すれすれで通り、五年生の時は、いわゆる弊衣破帽で、野球応援団のリーダーなんかやって、浮かれていたんだから、海兵受験など思いもよらないことであった。

ところが、級友の副島というのが、海軍大佐の長男で、名前も海夫とつけられていたのに、体が弱くて海兵に行けそうにない。そこで身代わりというわけではあるまいが、しきりに小生に海兵受験をすすめるので、はじめのうちは、冗談じゃないと受け流していたが、彼はさっさと受験用書類一切を取り寄せてくれて（中略）願書を出した。さあ、それから数ヵ月間というものは、きびしいノルマを定め、一切悪友の誘いを回避して、向こう鉢巻で猛勉強をつづけた。

さて、入学試験は、母校佐賀中学校で（中略）行なわれたので、毎朝入場前には級友ら数名の円陣に囲まれ、振れ！　振れ！　山田！　の声援に送られて、悠々？　試験場に上がって行った。また、あるやんちゃ坊主は、摺り切れ鉛筆を「餞別」と称して曰く、難問にぶち当たったら、これを持って汝の頭を軽く三べん叩くべし。難問たちどころに氷解せんと。まことにいいかげんなものではあった。

　山田は江草と同じく飛行機乗りとなり、夜間飛行機隊指揮官、兵学校教官兼監事などを歴任する。山田は力持で、家の倉庫から米俵一俵を持ち出して小遣い銭にしたり、相撲も強くて、戦時下の原住民から「ソロモンの王様」と敬称を奉られたりもした。互和の名士の一人である。

　採用予定者は入校直前、指定された島内の施設に宿泊する。ここではお国ぶりがよく出ていて、暇にまかせて碁、将棋をやり、勝ったら新聞紙を丸めてポンと相手の頭をたたくのが九州出身者、適当に合いの手を入れて観戦するのが関西出身者だった。

　やんちゃ坊主たちが遊んでいる二階へ、のっそりと現われた士官がいた。頭は薄いが、まだ三十歳をちょっと出たほどの年ごろだ。下士官を従え、おもむろに宣言した。

「私はアサクラダイイ（大尉）である」

　新入生の学年指導官、朝倉豊次《ぶんじ》大尉であった。学年指導官は、与えられた学年だけの教育を担当し、期指導官とも呼ばれる。生徒たちを立派な士官に育てあげる責任者である。

「君たち五十八期のクラス名は互和としたまえ」

　朝倉の一言で、この名が決まった。朝倉は江草たち五十八期生徒に生涯にわたって絶大な感化を及ぼすのである。

昭和二年、中国で国民革命軍が南京を占領し、列国領事館に侵入して放火、殺戮《さつりく》するいわゆる南京事件が起きた。日中関係も難しくなってきた。国内では台湾銀行取りつけをはじめとする金融恐慌で銀行の休業が相ついだ。昭和四（一九二九）年の世界的大恐慌が忍び寄っていた。芥川龍之介が七月に自殺し、プロレタリア文学が全盛期に入る。

第一次世界大戦後の不況は、関東大震災をはさんで大正末期から昭和初期にかけて日本をおおい、従業員の大量解雇が相つぎ、労使の死闘が各地で繰り広げられた。昭和四年の東大卒業生の就職率三十パーセントという記録もある。中学進学率が三十パーセントかそこらという時代に、やっと東大を出ても企業、役所にそっぽを向かれ、エリート学士もかたなしであった。重苦しい時代が国民の上にのしかかっていた。

だが、その一方で、多くの市民は、新しい昭和の御代が幸あふれるものであるように、と熱い思いで願った。小学生たちは、「昭和の子どもだ、ぼくたちは」と、高らかに歌った。

鶴見祐輔は、「昭和三年は日本の全盛時代であった。日本は米英二国とともに世界の三大海軍国であった。日本の国際的地位は実に高かった。日本は西部太平洋上の一大勢力であった。日本に相談することなしには、東亜の問題は解決できなかったのである。あの当時の日本は、実に火の出るような国であった」と、『新英雄待望論』の中で述べている。

鶴見が民族的覇気を基盤として昭和三年に著わした『英雄待望論』が、五十万部という当時としては驚くべき売れゆきを示したことも、一つの世相として指摘しておきたい。

この時期、日本はどこの国とも交戦状態にはなかった。国民の暮らしは楽でなかったが、何よりも平和が、人々の心を、生活を支えていた。

江田内の静かな波の秀も、平和と希望の色に映えて五十八期生徒を迎えた。

同期には、南太平洋海戦で空母「翔鶴」の第一次攻撃隊を率い、敵空母ホーネットを雷撃して航行不能に陥れ、ホーネットを乗り越えようとして舷側に衝突して自爆し、艦爆の江草と並び、二階級特進して大佐を贈られ、軍神の栄誉に輝いた「ブーツ」こと村田重治、同海戦の第二次攻撃隊指揮官として空母エンタープライズを直撃して中破させると同時に自らも被弾し、近くの駆逐艦に体当たりして「隊長機一機で二艦を屠る」と報道された艦爆の関衛《まもる》がいる。

戦闘機乗りだが、空、水、陸の各方面で戦い、津村敏行のペンネームで文才も顕著に、戦時中ベストセラー作品をものにした日比野寛三（旧姓石塚）、先に見た山田龍人らもクラスの名物男だった。優秀なパイロットだったが、惜しくも訓練事故で殉職した人に奥義光、下川万兵衛、栗栖《くりす》賢《むらと》らが見える。

現存者では、筆者が直接お目にかかったうち、戦闘機乗りで第一航空艦隊司令長官直率の二〇一航空隊飛行長として特攻隊を指揮した中島正、艦爆乗りで機動部隊航空参謀の奥宮正武、水上機乗りで最後は佐世保鎮守府航空参謀を勤めた江藤恒丸、横須賀航空隊教官渡辺初彦らが航空関係者である。

クラスヘッド（首席卒業者）の井沢豊は、大砲屋と呼ばれる海軍主流の砲術出身で、戦後は中央水産会社のトップに就任した。聯合艦隊作戦参謀だった千早正隆も同じく砲術出身だ。

千早は開戦前に、艦隊防空に関する画期的な論文を発表している。潜水艦乗りで、戦後は特攻「回天」戦没者の慰霊碑の建立に奔走した鳥巣建之助は、千早、奥宮とともに戦史研究にも力を尽くしている。

戦後は画家（酒井進・潜水部隊参謀）、書家（赤木敏郎・中国駐在日本大使館付武官補佐官をつとめ中国関係の仕事が主体）、禅師（宮崎勇・軍令部参謀）、ボランティア（土屋鉄彦・南方艦隊副官）など芸術、宗教、地域活動の分野で活躍してきた人もいる。前記中島は陶芸にも造詣が深い。その道で一流の人たちである。

いずれも太平洋戦争開戦時は少佐で、十九（一九四四）年、中佐に進級し、最前線の実施部隊の指揮官や参謀を勤めた中堅将校たちである。多彩な個性を持つとともに、概して温厚な人の多いクラスである。本書の主人公の性格上、飛行機乗りの紹介に片寄りがちな点は、ご了承願いたい。

五十八期も例外でなく、なまやさしい鍛え方でなかった。シビヤーテストの連続であり、五十八期からは哲学、美学、論理学、心理学が増えて三年八ヵ月に教程が延びた。学問と術科（兵学）と体育と武術と教養の五つを修得することが要求された。

試験の点数が足りないと、すぐ退校であった。卒業時に二十人も減っていたのは、先に述べた胸部疾患のほかに、点数不足があった。俊英ぞろいとはいえ、朝起きてから夜寝るまでの連続訓練は身にこたえたのだろう。

ことに海軍は、兵学校および他の海軍各学校とも、当然とはいえ短艇（カッター）撓漕《とうそう》と水泳は猛烈であった。撓漕で手のひらの豆はつぶれ、尻の皮はすりむけ、血が出る。こみ上げてくる胃液を飲みくだしながら烈風、寒波に汗だくで耐え、重いオールをこぎにこぐ。さぼって力を抜いてこぐと、海の中へ突き落とされたりもした。

武道を含め、あらゆる訓練のうち、いちばん激しい訓練が冬に行なわれる分隊対抗の江田島湾内の競漕、十カイリ以上を競う宮島遠漕である。ともに各分隊にとっては負けられない一戦だ。体力の限度を超えて気力でこいでいく。決勝点に入り、「かい立てっ」と艇長の叱声とともに、もう出ないはずの力が無意識に出て、オールが林立する。

水泳は、ちょっと型を覚えると、小舟で深いところへ連れて行って、いきなり放り込まれ、おぼれそうになって覚えさせられる。これが終わると、七メートル、十メートルと、順次高い飛び込み台に立たされ、「用意、飛べ」とくる。目のくらむような高い位置なので、足が震えだし、下から見上げる教官が、「いいか、おれが一、二、三と、号令をかけ終わったら飛び込むんだぞ」と、気合いを入れる。亀のように頭をすぼめて飛び込む者、顔から水面にぶつかって鼻血を出す者、腹からぶつかってペターンと音を出す者、足から先に真っすぐになって水底までぶつかり、はねかえってアザラシみたいに頭から浮き上がってくる者と、さまざまだ。

猛訓練は生徒に種々の反応を引き起こした。

クラスのイシカンこと日比野寛三（旧姓石塚）は工学博士への夢を捨て切れず、退校を考えて物理の試験に白紙を出し、神経衰弱扱いにされて病室に押し込まれた。そこで日比野は小指を切って、「出してもらえなければ死にます」と血書を書き、教官連中を驚かせた。さっそく退院となったが、何のとがめもなく、退校にはならなかった。

日比野は明治、大正の文豪で新聞人でもある村井弦斎（本名寛）の甥に当たり、ユーモアとペーソスにあふれた筆致で『海豹《あざらし》士官行状記』などの好著作がある。硬派・正当派で海軍を描いている千早と好一対である。

日比野と逆の方向をとったのが鳥巣《とりす》建之助である。鳥巣は福岡高校理科二年の夏休み、知人で神がかりの人に人相を観察され、「君は軍人になったら成功するよ」と強く薦められ、すでに高校全教科の半分を終わっていたのに、思い切りよく退学して海兵を受験、転身に成功した。

同じ官立学校なので、福岡高等学校在学中に他の官立学校を受けることはできない。冒険であり、落ちたらもの笑いになること必至であった。親類から、「うちの息子が博士になったころ、君はまだ大尉ぐらいにしかなっていませんよ」と忠告されたが、ひるまなかった。海兵に移ったら、同姓で読み方が違う鳥巣《とす》という校長がいて、その息子と勘違いされて得をしたことがあるという。

鳥巣は、朝倉学年指導官から広瀬中佐の古鷹山九十七回登頂談を聞いて発憤し、在学中百回登頂を果たして記録を更新した。卒業記念にさらに一回おまけし、計百一回登頂の保持者となった。

鳥巣によれば、兵学校は高等学校の教育の上に規律正しい生活ときびきびした訓練を加えた学校であり、赤レンガの寄宿生活にはすぐなじめたという。適応するには個人差があるということだろうか。

ハートナイスの若者

大多数の生徒にとっては、朝の起床動作に始まって就寝まで、分秒刻みの濃密、スピーディーな生活をこなすのが精一杯で、人目を引くエピソードをつくり出すほどの余裕は考えられまい。江草についても、そういえそうだ。

周辺の人たちをぐるっと回ったところで、江草生徒の生活ぶりに触れたい。といっても、江草と同じ分隊にいた人たちはすでに少なく、取材は手間取った。

まず中島正の話。

「江草は勉強もできたし、剣道が強かった。私と同じ初段で、私が卒業後、三段になったから、彼もつづけていればそのくらいにはなれたでしょう」

千早正隆の話。

「一号のころ、江草が青いリボンを腕に巻いているのを時々見ました。青マークといって、病気の際につける。課業の負担を軽減させる印です。江草の分隊には奥義光がいて、彼はスポーツ万能、勉強もじつによくできた。スポーツ、武道は最初から何をやらせても様になっていて、いまでも目に浮かぶのですが、柔剣術の試合で、彼は、気合いもろとも相手を倒しました。奥義光がいたため、江草は目立たなかったように思います。真珠湾攻撃の艦爆指揮官が江草と聴いたとき、あの地味な、あの青マークの江草が、あれだけ大きな働きをするとは、と、驚いたものです」

奥は卒業して任官後、北海道の西方海上で飛行訓練中、エンジン不調のため母艦に着艦できず、不時着水した際、殉職、英才を生かせずに終わった。

千早は、「もし奥が生きていたら、艦爆の江草、雷撃の村田に加え、戦闘機の奥と、航空関係で三人の名指揮官をわが五十八期から同時に出したことになったでしょう」とつづけた。

市来崎秀丸（元・聯合艦隊通信参謀）も、筆者への手紙の中で、

「江草は茶目気はありましたが、あまり目立つ方ではなく、スポーツマンでもなかったので、後に飛行機乗りになり、また戦争中、あのような偉勲を立てるとは考えられませんでした」

と述べている。

同じ飛行機乗りだった渋谷市郎が、「江草兄を追憶して」と題する一文を江草の妻聖子に出している。

「明朗豁達で円転滑脱、而も茫洋として迫らず、こちらがムキになっても飄々として受け流し、春風に鼻先をなでられたような気分にさせられ、いつの間にか笑いに誘われてしまう。飄々たる中に天性の剛毅さを包み、春風駘蕩として屈託のない、無欲恬淡、明快果断の快男児だった」

と、江草の性格を伝えている。寡黙で出しゃばらない、控え目な様子がうかがえる。さら

につづけて、

「彌山登山の訓練に古鷹山へ行ったとき、どういうわけか、ただ一人で登山訓練（筆者注・渋谷とは別分隊だった）に来た彼と一緒になった。山登りはこちらも不得意だったが、どう見ても得意に見えなかった彼の姿が、まぶたの裏に焼きついている。

二号のときの相撲大会で、小生の相手は彼だった。体も同じくらいで、一見強そうにも見えなかったが、本番で当たったら、力が強くて歯が立たなかったことを思い出す」

と結んでいる。

海軍では相撲を体技の一つとして重視していた。肉弾相打つ相撲の果敢なところが、海軍の攻撃精神の育成に役立つと見ていたからで、実力もたいしたもの。海軍相撲の名もあったほどである。江草は小学校のころから相撲は強かった。相撲は毎週土曜日に行なわれた集団の喧嘩と呼ばれる棒倒しとともに主要訓練項目に入っていたが、いまの海自幹部候補生学校では両方とも廃止され、代わって球技の数を増やしている。

井沢豊も、「兵学校時代の江草は、地味で、あまり目立たなかったように記憶しています」と述べたうえで、江草の功績に触れ、「勇気、胆力は採点できませんよ」と説明した。

海兵に入るような人の能力には、さほどの差は見られまい。まず、横一直線といってよいだろう。学科よりもあえて武道、スポーツに力を入れ、成績が下がっても、「両舷直（雑用担当の意味。または車引き＝いずれも最前列の働き手）が、自分には似合っている」などと、悠然たる者がいたくらいだ。

アメリカのアナポリス海軍兵学校では、「アンカーマン」といって、成績ビリの卒業者を同期生が胴上げして祝福してやる儀式がある。本人も、たまたま成績が良くなかったに過ぎないとして、席次にあまりこだわらない。アナポリス生活の明るい一面だ。

さて、兵学校の大試練（遠泳、追撃退却戦、彌山登山、宮島遠漕）のうち、遠泳を乗り切って、心身ともに自信がついたところで夏休みに入る。遠泳は、宮島から学校まで十マイル（級の低い者は六マイルまたは三マイル地点から。海軍ではマイルをカイリと同義語として扱う）を目標に泳いで帰るのだ。（昭和二年七月三十日の兵学校の記録には、「生徒遠泳〈本校表桟橋ヨリ大那沙美島ニ至ル実距離七浬、参加人員三〇二名〉」と出ている）

途中で通船にぶら下がり、昼食をとる。現在もこの苦行は受け継がれていて、乾パンを船から放り投げられたのを拾って食べると、塩辛い味が適量にしみていて、生気がよみがえってくるような気がすると、ある教官は話していた。

スモール（小便）を催すと、通船の船べりにぶら下がってするが、ホ、ー、ス、は冷え切って本当にスモールになっている。海水の圧力で放水はなかなか、相当な内圧を必要とする。向かい潮に気は焦り、遅々として進まない。難泳力泳十時間の末、ようやく帰りつく。午後六時になっている。あめ湯で思いきり渇をいやす。

遠泳から解放された夏休みほどうれしいものはなく、生徒たちはいそいそと故郷へ走る。八月いっぱい、たっぷり羽根を伸ばす。たいていの生徒は級友に会い、出身学校を訪ね、そのたくましく日焼けした顔、軍人らしくなってきた挙措動作をほめてもらい、ちやほやされて時を過ごす。

江草はちょっとばかり違っていた。彼は平服に着替えるや、まっしぐらに家の農作業を手伝うのである。三号で最初の夏休み、彼が帰郷後に手がけたのは、大げさかも知れないが、農機具の開発だった。まず、揮発油で作動するモーターをつくり、このモーターに脱穀機を接続させた。脱穀機の中は、心棒に鉄の円板を差し込み、揮発油に点火して円板が自動回転すると、稲の穂をどんどん投げ入れ、たちまち脱穀していく仕掛けになっていた。兵学校で習った理科の実験などを応用したものだ。父と一緒に農作業、それに御影石採掘業をしている次兄静夫が病弱なので、彼は農作業の省力化を兵学校に進んでからも考えていた。この脱穀機は二、三年間有効に働いた。

脱穀が終わると、アサリ採りに出かけた。兄弟と一緒に鯛漁で名高い鞆《とも》付近の芦田川河口まで自転車を走らせ、手製の大きな網を川底に入れる。竹で大きな枠をつくり、網を張ったもので一網打尽にすくい上げる。

手拾いとはまったく異なる大量漁獲で、アサリの山を自転車の荷台にくくりつけてこぐと、バランスを失ってしまうほどの重さだった。家に帰っては、ひたすら家業を手伝い、作業の能率を上げることに発明の才を振るうのである。

兵科、機関科、主計科の海軍三学校を同時に卒業した少尉候補生たち（互いに「コレス」と呼ぶ）は、一緒に軍艦に分乗して待望の遠洋航海の長旅に出発する。

平塚武は、機関学校（舞鶴）卒業式の前日、分隊を率いて作業に出かけた。校門を出ると、向こうから真新しい抱き茗荷《みょうが》の帽子に短剣をつるした海兵の少尉候補生たちが、大勢やってくるのが見えた。ひと足先に卒業し、江田島から舞鶴に上陸した連中だ。たとえ一日違いでも、上官は上官。いまいましいと思ったが平塚は、「ホチョー、トレッ。カシラー、ミギッ」と、やった。悠々と佐官並みの答礼をした連中の中にあって、「やあ、すまん、すまん」といった顔つきで、まじめに答礼したグループの中に江草がいた。

五十八期が人文科学の時間を増やすため、期間を八ヵ月間延長され、一号生徒を二回送ったことは前に述べた。江草が二回目の一号生徒のときは、九分隊で八ヵ月間を過ごした。九分隊の机は最後列で、右から加藤実、末次信義、堀知良、江草隆繁、赤木敏郎、亀義行、寺島美行、下川有恒、鹿島正徳、長崎富男の十人の順に並んだ。加藤は分隊をとりしきる伍長、末次は伍長補で、父親はそれぞれ加藤寛治軍令部長（大将）、末次信正軍令部次長（大将）なので、九分隊は別名「軍令部分隊」とも呼ばれた。

赤木敏郎氏（兵庫県宝塚市）からお手紙をいただいた。それによると、

「自習時間に方眼紙を取り出して五目並べをひそかに楽しんだ覚えがあります。私は右の江草、左の亀ともやりました。江草の印象ですが、一号九分隊の中でいちばんど根性のようなものがあって存在感が大きかった。風貌は村夫子然としていて気取らず、力まず、自然児の趣があった。ガリ勉的ではないが頭はよかった。茫洋としているが眼光が底力をただよわせ、暖かい人間味とおかしがたい威厳を兼ね備えていた。

碁は小生が黒を握ったが、彼の碁は肉を切らせて骨を切るような機略に富んでいて威圧を受けていた。いわゆる勝負師的な感性を備えていた。彼の言葉で印象に残っているようなものは記憶にありません。そういう言葉を残さないのが彼の特徴であったかも知れません。剣道部に私も籍を置いていた。彼は私より上であって何回か手合わせしているが、真っ向から振りおろす面の一本はずしんとこたえ、ほんとに真っ二つになるような剣勢を備えていた。彼が将官になっていて戦争があったら、戦術に強い艦隊の名指揮官になっていたかも知れない」

と、江草の面影を伝えている。

堀知良氏（山口県防府市）もお手紙の中で、

「ひげの濃い顔と出身地広島弁のナマリで、やたらと語尾に『……ケン』『……ケン』とつけて話していた。にこにこ顔で剣道が非常に強かった」

と江草の思い出を述べている。堀は水上機の名パイロットとして鳴り響き、旧姓は熊谷。熊谷次郎直実の末裔である。

口数が少ないからおとなしいだけなのか、というと、そうでもない。生命力、活気が遺憾なく示されているのである。同じ分隊にいるとそれがよくわかるらしい。海兵用語の「ハートナイス」の性格が、江草の言行には濃厚に現われていたようだ。

伝統精神に生きる

ここで目を江田島の教育参考館に移してみる。美しい新古典派の石造建物の館内二階に上がると、正面が東郷平八郎元帥室で、右手後ろを見ると、部屋の隅の薄暗いところに巨大な胸像が軍帽をかぶり、こちらを向いているのに気づく。近づいてよく見る。山本五十六元帥の胸像であった。

部屋の壁ぎわに並ぶガラスケースの中には戦士の遺品、遺書、兵法史料が飾られ、壁には日清、日露海戦、太平洋海・空戦を描いた絵画がすき間なく展示され、藤田嗣治の名画もある。総保管点数一万四千点のうち一割を常時展示、時に入れ替えている。遺族からの保管要請が年ごとに増えているらしい。

ひときわ目を引くのが戦死・殉職者四千二十九柱の名牌をきざんだ大理石で、壁面いっぱいに広がっている。卒業生一万一千人の三十七パーセントに当たり、その大多数が太平洋戦争での戦死者である。日本の海軍士官の戦死者の多いことに、見学にきた外国大使らは驚きの声をあげる。

特別攻撃隊二千六百三十二柱の名牌もあり、東郷平八郎のことを、「トウゴウダイラハチロウって、だれだい」と、先ほどまでわいわい騒いでいた中学生たちも、この二基の名牌を仰ぐと受験直前のように、衿をただした顔つきに変わる。館内を一巡して外へ出ると、男子はしゅんとした表情となり、女子はそっとハンカチで目頭を押さえている。粛殺の気、胸に迫るものがあるのだろう。

見学者は毎年十万人を数え、うち七、八パーセントが学生である。多い日は一日二千人が詰めかけ、整理するのが容易でないと広報担当者は話した。戦史を正しくつかみたいという、静かだが持続的な熱気が感じられる。

数多い展示資料を丹念に追っていくと、手帳の用紙を一枚一枚はがして並べたメモ書きにぶつかる。茶褐色に変色した紙片には八十年に及ぶ年輪がきざまれている。佐久間勉艇長の遺書である。艇長佐久間大尉ら十四人が乗り組んだ第六潜水艇は、明治四十三（一九一〇）年四月、岩国付近の瀬戸内海で潜航訓練中に機械故障で沈没、遭難した。

遺書は要旨つぎのとおりである。

小官ノ不注意ニヨリ、陛下ノ艇ヲ沈メ部下ヲ殺ス、誠ニ申訳無シ、サレド艇員一同死ニイタルマデ皆ヨクソノ職ヲ守リ沈着ニ事ヲ処セリ、我レ等ハ国家ノ為職ニ斃レシト雖モ唯々遺憾トスル所ハ天下ノ士ハ之ヲ誤リ以テ将来潜水艇ノ発展ニ打撃ヲ与ウルニ至ラザルヤヲ憂ウルニアリ、希《ねがわ》クハ諸君益々勉励以テ此ノ誤解ナク将来潜水艇ノ発展研究ニ全力ヲ尽クサレンコトヲ、サスレバ我レ等一《ひとつ》モ遺憾トスル所ナシ。

沈没ノ原因

瓦素林《ガソリン》潜航ノ際過度深入セシメ「スルイス・バルブ」ヲ締メントセシモ、途中「チェン」キレ、依テ手ニテ之レヲシメタルモ後レ、後部ニ満水セリ、約二十五度ノ傾斜ニテ沈没セリ

沈据後ノ状態

一、傾斜約仰角十三度位

一、配電盤ツカリタル為メ電灯消エ、電纜燃エ、悪瓦斯ヲ発生呼吸ニ困難ヲ感ゼリ、十四日午前十時頃沈没ス、此ノ悪瓦斯ノ下ニ、手動ポンプニテ排水ニ力《つと》ム（筆者・中略）
（右十一時四十五分司令塔ノ明リニテ記ス）

溢入ノ水ニ浸サレ乗員大部衣湿ウ、寒冷ヲ感ズ、余ハ常ニ潜水艇員ハ沈着細心ノ注意ヲ要スルト共ニ、大胆ニ行動セザレバソノ発展ヲ望ム可カラズ、細心ノ余リ畏縮セザランコトヲ戒メタリ、世ノ人ハ此ノ失敗ヲ以テ或ワ嘲笑スルモノ有ラン、サレド我レハ前者ノ誤リナキヲ確信ス

一、司令塔ノ深度計ハ五十二ヲ示シ、排水ニ勉メドモ十二時迄ハ底止シテ動カズ、コノ辺深度八十尋位ナレバ正シキモノナラン、

一、潜水艇員士卒ハ、抜群中ノ抜群者ヨリ採用スルヲ要ス、カカルトキニ困ル故、幸ニシテ艇員ハ皆ヨク其職ヲ尽セリ、満足ニ思ウ、

我レハ常ニ家ヲ出ズレバ死ヲ期ス、サレバ遺言状ハ「カラサキ」引出ノ中ニアリ（之レ但シ私事ニ関スルコト言ウ必要ナシ、田口浅見兄ヨ之レヲ愚父ニ致サレヨ）

公遺言書

謹ンデ陛下ニ白《もう》ス

我部下ノ遺族ヲシテ窮スルモノ無カラシメ給ワンコトヲ、我ガ念頭ニ懸ルモノ之レアルノミ、

左ノ諸君ニ宣敷（順序不同）

一、斉藤大臣（筆者注・諸先輩の氏名略す）気圧高マリ鼓マク破ラルル如キ感アリ

十二時三十分呼吸非常ニクルシイ
瓦素林《ガソリン》ヲブローアウトセシ積リナレドモ、ガソリンニヨウタ
一、中野大佐（注、氏名の追記らしい）
十二時四十分ナリ

沈没後の状態、復旧作業経過、部下の活躍ぶり、世話になった諸先輩氏名が列記されている。沈没して停電し、かすかに漏れてくる光を頼りに、充満するガスにあえぎながら、佐久間大尉はこの遺書をしたためた。数え年三十一歳。妻は前年に死去し、二歳の女児を残した。手帳の紙片の字があとへいくほど乱れているのが痛ましい。

責任感がそのまま文字と化したようなこの世紀の大遺書は、写しと英訳がイギリスの王室海軍潜水資料館に展示されているという。駐日イギリス海軍武官トンプソン大佐は昭和六十一（一九八六）年四月、呉市鯛宮神社で行なわれた第六潜水艇追悼式に出席し、「機械故障の全責任は自分にあるとして、将来のために提言を書き残す仕事を我が身に課した海の男の姿がありました。死は目前で、自分自身も肉体的に極限状況にあり、このような苛酷な状況であったにもかかわらず、部下の勇気をたたえ、上司や助言者の一人ひとりに感謝のことばを書き残す心のゆとりは最後まで失われませんでした。

イギリスの潜水艦乗りの間で佐久間艇長が本物の海軍軍人、真の紳士として高い尊敬を受けている理由もここにあります。佐久間艇長は、現代の私たちにとっても見習うべきお手本

です」

と、昭和十四（一九三九）年生まれのこの大佐は立派な日本語であいさつした。

いつ読んでも新しく、良心を鋭くえぐるこの遺書は、広瀬武夫中佐の言行とともに、日本では海軍軍人の心の規範であった。

五十八期生が一号の年の昭和五年四月十九日、大講堂で、重岡少将が、「第六潜水艇について」と題して講演し、佐久間艇長に見られる責任感の強さを海軍の伝統精神として強調している。

五和の名づけ親、朝倉豊次学年指導官も、この伝統精神にもとづく教育方針で五十八期生徒に絶大な感化を及ぼした。

朝倉は後に少将、戦艦「武蔵」艦長に昇進し、戦後は郷里の富山県黒部市に帰って逼塞《ひっそく》の生活を余儀なくされたが、後に市民憲章を制定し、市教育長として青少年の教育に尽くすなど、郷土の復興につとめ、四十一（一九六六）年、七十一歳で死去した。

黒部市は朝倉の功績を顕彰し、市制三十周年記念事業として市が発行した、「先覚著作シリーズ」の中に「朝倉豊次著作集」を記録し、六十一年八月、日展作家浦山一雄氏による胸像が完成して児童公園に設置された。市は別に朝倉教育賞も創設した。

朝倉は体力、体格とも衆に優れ、五十八期生徒が入校直後、執銃訓練で着剣した小銃の銃床を右手でしっかりつかみ、いとも軽々と水平に保持して生徒に示した。生徒一同、その臂《ひ》力《りょく》が強いのに目をみはった。古鷹山と宮島・彌山《みせん》登山競走、マラソンには生徒とともに参加し、健脚ぶりを示して十五、六も年下の生徒に負けなかった。

千早正隆の回想記がある。

オレについてこい、とは海軍に入って最初に教えられたことの一つだが、そのことを我々に最初に教えられたのが朝倉教官だった。ところが、私は当の朝倉教官から、その率先躬行とは反対の、「オレについてくるな」といわれたことがある。三号として鍛えられた年の秋に行なわれた一万メートル競走の時のことである。

日比野寛三先生が真っ先に飛び出し、校門といっても帰路ではなくて、往路だけの三百メートルぐらいだけを先頭を切った時のことだった。私はランニングは苦手であり、ことに早くても三十分以上かかる一万メートルなどは死ぬような思いであった。何とか最後まで走り終えるのが、やっとであった。日比野大先生のような勇気もないし、重い足をどたどたさせて八幡さまの前にかかるころには、すでに全校生徒の最後のグループの中にいた。

すると突然、私より少し遅れて走っていた私の分隊の伍長山岸宏生徒が「千早、朝倉教官について行け」と大声をかけた。はっと思って振り向くと、生徒のランニングパンツと異なった長ズボンの教官が、バネのきいた走り方で、早くも最後尾のグループに追いつき、追い抜いて行こうとするところだった。教官は、全校生徒が出発したあとから、おもむろに出発したものらしい。

これは困ったと、瞬間、私は思った。すると朝倉教官は、私を追い抜きながらどなった。

「千早、オレについてくるな。お前と私はペースが違う」私はほっとした。そして教官は、早くも我々のグループを抜いて、軽々と前のランニングパンツの群れの中に消えていった。

生徒の適性を見て指導するのが朝倉式であり、いわゆる軍隊の画一主義の教育とはまったくかけ離れた自由な教育方法であった。

堀知良は、「朝倉学年指導官の精神面の指導がわれわれのクラスに与えた影響は非常に大きかった」として思い出を語る。

入校当初、分隊対抗の運動会の練習の際、堀は走り高跳びをしていて脚を痛めた。そのため入校当初の基礎訓練（一ヵ月）で鍛えられるとき、堀は参加できず、見学することになった。堀はピョンピョン片脚で跳びながら、皆の訓練について回った。

訓練終了後、朝倉指導官から皆の前で、「堀の見学の態度は立派だった」と、たいへんほめられた。

また、朝倉は情の人でもあった。

ある日、生徒を集めた団らんのひととき、朝倉は調子はずれの音程で大声をあげ、富山の民謡を歌った。親元を離れて集まった生徒を少しでも慰めてやろうとの気持からだった。生徒たちは、聴きながら涙を流した。笑う者は一人もいなかった。

日曜ごとに、生徒たちはよく朝倉の教官官舎を訪ねた。現在黒部市前沢に住む妻たかの話によると、前の晩に米一升をとぎ、お汁粉の準備をすませておいても、当日は、またたく間に生徒たちの胃袋に突入し、もう一度たき直すのが常であった。生徒たちは帰りしな、靴のひもが結べないほど満腹になっていたという。朝倉はたかに対して、生徒の人物評価めいたことはひとことも話さず、公平をもって一貫した。いまでも朝倉を偲ぶ五十八期組とたかとの文通はつづいている。

新婚早々の若い教官は手許不如意になりがちだが、日曜日に生徒を歓迎する心は篤く、生徒があまり訪ねてこないと、「おれは評判が悪いのかな」と、気にしていたという。

十年後の昭和十二年、朝倉は生徒隊監事として、ふたたび江田島の土を踏む。井上龍昇生徒（六十八期。戦後、海上自衛隊呉総監）は作業場へ近道しようとして朝倉に見とがめられた。胸の名札を見て、朝倉は静かにさとした。「井上練習生、行くに小道を由らずだよ」と。公明正大が、朝倉の教育方針の根底をなしていた。

朝倉教官の話が出た機会に、松原博教官のことも紹介したい。朝倉おやじといえば松原おやじ。二人とも優れた指導官であり、海上武人の理想像として、多感な生徒たちは等しく渇仰していた。松原は誠実、剛直、無欲の高士といわれた。剣道の荒稽古に激しい闘魂を示し、「少々の風邪が何だ。道場でひと汗流し、水をかぶればすぐ治る」と、古武士のような風格で生徒を感化した。

浦孝一も名物教官だった。浦は相撲が大好きで、訓練の時間になると、生徒よりも先にまわしをつけて土俵に駆けつけ、にこにこして生徒を迎え、「押しゃば押しぇー、引かば押しぇー」と、行司役をつとめて盛んに九州弁でハッパをかけていた。

いっぷう変わった教官もいた。化学の時間、「亜鉛の製法なんかおぼえなくてよい。海軍将校が亜鉛を造るようなことはないのだから」と、黒板いっぱいに数式を書いた後で、「こんな方程式をおぼえなくてもよい。どういうものが何の役に立つか、その利用法ぐらい知っておればよいのだ」という。

そこで生徒が質問すると、教官は、「こんなこと知らなくたって大尉ぐらいにはなれるよ」と、すましたものだった。

何よりも人格の優れた人が教官に採用された。武官教官の採用条件に、兵学校時代の成績はあまり重視されなかった。

佐久間艇長ら先輩が築いてきた海軍の伝統精神にひたり、熱誠あふれる教官たちの訓育のもとに、江草は将校生徒として成長していくのである。

栗栖《くりす》腎《むらと》の日記から

江草と最も親しかった生徒は栗栖腎だったと、複数の同期生から聴いた。栗栖は広島県加計町出身で、大阪・北野中学からきた。卒業後の遠洋航海では艦内で江草と二人、泥酔しながら語り明した仲である。茶目気があり、よくおしゃべりしたという。中学卒業時、「性行」欄に「活気豪胆」とあり、「所見」欄に「剛健質朴まれに見るところ」と出ている。表面の出方は違っていても、江草によく似た性格ではなかっただろうか。霞ヶ浦航空隊教官当時、練習機を操縦中にエンジン事故で惜しくも殉職した。江草は、結婚後も妻に栗栖のことを懐かしんでよく話題にしていた。

遺児栗栖忠夫氏（大阪府堺市松屋町、阪南食品販売会社代表取締役）から遺品の中で最も貴重な日記を拝借した。中学卒業の少し前から書きはじめたこの日記から、あるいは江草の分身を、相似を感じ取る人がいるかも知れない。

昭和二年一月十二日（水）

けさ寒げいこの終わった後で教室に残っていて門から這入ってくる山田恒雄を見て「カバカバ」と大声で叫んでいたら、ちょうど枯れススキがきたので、びっくりして首を引っ込めたが運悪くわかったらしい。第二時間目の国語の時間に「外を向いて下品な声を出していたのは栗栖だろう」と言った。その時ジャコが大声で「ウワー」とおらんだので、皆も笑い、枯れススキもにが笑いをしていた。

　河馬カバと大声出せば枯れススキ

　　口をとがらし目をむきにけり

昭和二年四月二十一日（木）

準備教育中にはいろいろつらいこともあったけれど、概して海兵は良い所だと思う。上級生が先に立って下級生を指導して行く所だもの。他にこんな所はないだろう。それで上級生、下級生の間が不和かというに、下級生はよく上級生に服従して絶えてけんかがあった等よく他の学校にあるようなことは少しもない。この世に生まれた人間、だれ一人として恩を感じない者があろうか。否、いかなる大罪人でも親切に対するに仇を以て報ずることはない。それに国家は我等を信じ、我等を頼みにして何から何まで親切に世話をしてくれるのではないか。我らは悪人でもなければ大罪人でもない。されば国家の恩を感じないわけにはいかない。名誉栄達が何だ。いざ、ベストを尽くして尽忠報国を図ろう。

昭和二年五月十六日（月）

おれはよく養浩館（注・酒保）に行くくせがついた。これは本当によくないことだからあすからは絶対にやめよう。男子の覚悟はあくまで通せ。これくらいのことが守られぬわけはない。すべて海軍といわず軍隊にある以上は決心というものが大切であるから決心は堅固になるようつとめねばならぬ。

昭和二年五月十八日（水）

訓練終了後ア式フットボールの練習があった。この時、豊島が来ていなかった。夜の自習時間もまさに終わらんとする時、一学年は、二百メートルの出発点の所に集まれといわれた。おれは朝の自習終わりの後、直ちに窓を閉じなかったので殴られるのかとびくびくしていたが、豊島が来なかったのは五分隊が一丸となって進むという精神に外れたことだと言って皆殴られた。

昭和二年五月二十二日（日）

「外出点検後、赤木、綿貫、山本、俺の四人で伝馬船を借りて津久茂まで漕ぎつけた。途中で米原がスカール（小型ヨット）を転覆して泳いでいるのを奥が知らせたので、助けに行って救い上げて、我等の兵糧を分配してやった。おれも間もなく失敗をやった。山本が一緒に漕ぐというので二人で漕いでいたら櫓網が切れて、おれ一人がさかさまに墜落した。軍装をつけたままである。おれはあわてて縁をつかまえて上った。帽子がないので驚いたが、運よくおれが頭を出した時、米原が取ってくれていたので助かった。それから倶楽部へ行ってライスカレーを作ってもらった。おばさんが二十銭といわれたのであるが、二十五銭ずつ出しておいた。

昭和二年七月四日（月）

水泳の検定が行なわれた。長崎は非常に上手であったように思う。しかるに〇〇の如き者が四級で長崎が五級だったのは何としても解し難い。おれはもちろん五級だった。

昭和二年十一月十七日（木）

ああ、忘れ得ざる午前七時よ。永久に忘れるなこの恥を。生命の続くかぎり、そして顔の熱くなったこの熱を。そして再び思い返して奮起すべし。遂に見返さん時のこんことを。五分隊寝室室直長古賀繁敏生徒、毛布の整とん悪しきを注意せられたり。

昭和三年五月二十六日（土）

校長閣下訓示。「上級生と下級生との関係は部下と指揮者との関係に非ず。しかるに近時上級生に鉄拳制裁なるもの行なわれあると聞く。このことは前に戒め置きたることでもあるし、現鈴木軍令部長が校長時代に厳に戒められ、また記録にも残って居るはずである。鉄拳制裁は兵学校伝統の精神に非ず」

昭和三年九月九日（日）

楽しい日曜日だ。一号もきょうから巡航でいない。一号もうれしいだろう。二号も三号も同じことだ。永久に〇〇が帰らねばいいがと、バカなことも考えてみる。一日中倶楽部でのんきな生活を送ることになってしまった。天どんを食ったりすしを食べたりして一週間の精養をしておく。

海兵は、この当時、下士官である教員を含め、教官、教員数は生徒総数の七割にも及び、普通学はむろんのこと、スポーツ、武道にいたるまで各界一流の権威を配し、最先端を行く教育を施していた。有識者による各種講演も活発に行なわれた。ちょっとしたこと、たとえば練習船で東京港へ回り、その足で上野精養軒に入って洋食を食べるという行事もあったりして、こうした何気ない課外活動ひとつにも一流志向が顕著であった。栗栖の日記には、自分たちが大切に教育されていることへの感動が率直に表われている。

さらにこの日記が示すように、連帯責任が強調され、「おれは、そんなことやってないんだ」ではすまされず、所属する分隊の全員が「修正」の必要ありとして殴られた。

この修正は、時代によって多少の差はあるが、全海軍のあらゆる学校および太平洋戦争の三年前に編制された短期現役主計科士官、予備学生士官の教育でも実施された。鉄拳修正は、決まりやしつけに違反した場合にそれを体で覚え込まされる、文字通り体得させる手段であった。

鉄拳修正については変遷があって、この方面に明るい戦史研究家中村義彦氏によると、古い話ではイギリスがダートマス海軍兵学校の生徒たちに対し、杖、砂を詰めた靴下で殴る習慣があり、一八六二年の法令書には、新兵に対してどの程度まで殴ったらよいかなどと、明記してあったという。

日本海軍の兵制、教育体系は、先輩国イギリスからそっくり取り入れられたものである。その際、物を使って殴るよりは、手で殴ったほうが人間的？　ということになったらしい。手を使うと殴るほうも痛い。両方とも痛みを分かち合える理屈だ。

江田島では大正十二（一九二三）年、谷口尚真校長の時、「鉄拳ご法度」となったが、それ以前、大正八（一九一九）年、鈴木貫太郎校長の時も、いったんは禁止されているから、やめては復活を繰り返してきたわけだ。六十九期の戸塚浩二は、任官後間もなく、ある基地で、大佐が司令に殴られているのを目撃して驚いた。「海軍は殴り殴られ偉くなる」と、歌の文句にある。

人の顔に手を当てるのはわが武士道の礼儀に反するものであり、イギリス海軍の蛮風による弊害だから廃止しようという声が、明治の昔からたびたび出されてきた。第一、皇族を殴るわけにはいかない。（皇族は、陸海軍のどちらかの学校に入ることが義務づけられた。余談だが、海兵では毎週土曜日に棒倒しが行なわれ、殴られることがないため図に乗った皇族の鉄拳は痛かったという）

しかし、五十九期が入学したころから、また元に戻った。別に元を取るとか仕返しするとかではないが、殴られたクラスが一号になってから、六十二、六十五、六十八、七十一と、一号と四号の関係にあるクラスは、殴られ、殴りが、他のクラスよりも目についたといわれ、この中には「土方クラス」の異名を取ったクラスもある。通りすがりの一号までが、雰囲気に呑まれて勝手に興奮し、「おれもそれを聞いて憤慨した」などと理屈をつけ、殴るのに追い打ちをかけることもあった。

五十八期についていえば、まだのんびりした時代であり、一度も殴られないで卒業した人もいる。ただし、異例の事件としては、木場《こば》一丸《いちがん》の例がある。木場は五十八期の中でも硬骨漢としてきこえ、時間がきてものろのろと歩いている一号に向かい、「遅いぞ」とどなったため、生意気だとばかり、さんざん殴られた。殴られながらも木場は、鬼よりこわいと恐れられている一号を必死になって睨みつけていた。

五十八期が一号になった時は、殴っても殴らなくてもまったく自由とされていたが、殴った人は少ないようだ。一号を二回やったクラスだが、「江草も性格から見て殴らなかったでしょう」と、クラスの人から聞いた。太平洋戦争に突入後の七十二、七十三期あたりは、さすがに戦争の危機感から、先輩たちをはるかに上回る回数で鉄拳を頂だいしたという。

アメリカのアナポリス海軍兵学校では、こうした体罰は行なわれていない。不都合な生徒には「空中いす」と称して、食卓でいすを与えずに、腰かけた格好をさせ、食事をさせる罰がある。食事中、上級生から意地悪な質問が相つぎ、きちんと答えねばならない。運動場を何回も走らせることもある。

七十一期出身のある人は、「そんなやり方のほうが陰湿だ。ひと思いに殴ってくれたほうが、さっぱりする」と話した。国民性の違いだろうか。

連帯責任を強める感情は、おのずと良心を鋭く問う行為に導いた。

中島正の話。

「ある日、朝食の訓示で、教官が何の脈絡もない話に、相撲の話だったかな……脱線してしまい、笑い出す生徒がいたのです。食後に、さっき笑った者は前へ出ろ、といわれ、笑った何人かが前に出て殴られました。黙って隠れていてもわからないのに、きちんと前へ出る。自然にそういう気持になりましたね」

「きょう、ふんどしを洗わなかった者は前へ出ろ」と、ときどきいわれる。別に点検されるわけでもないのに、進んで前へ出て殴られる。

栗栖は倶楽部《クラブ》で、余分に金を払ったと日記に書いている。養浩館でもそうだが、羊羹、ラムネ類を買うと、伝票に数量を記入して伝票箱に入れ、月末に精算する仕組みになっている。これがいつも実際に買った分以上に支払われていた。数量に自信のないときは多めに記入する。正直とマナーが厳しく守られていた。

こうして、恵まれた環境で心身ともに鍛え抜かれた五十八期生は、昭和五（一九三〇）年十一月、卒業した。

五十八期生の体格は、入校時に身長が平均百六十三・五センチだったのが、卒業時は百六十四・五センチに、体重は五十四・四七キロが六十・五六キロに、胸囲は八十二・四センチが八十五・八センチに、青年らしいがっしりした体格になっている。江草の身長は百六十六センチぐらいということだから、平均よりやや高いほうだった。

卒業式は十一月十八日に行なわれた。海兵の卒業式は軍楽隊が演奏する「誉《ほまれ》の曲」の晴れやかな調べのうちに進められ、壮重、華麗な場面に、出席した父兄の間から思わず感激の吐息がもれる。その光景は、いまも卒業生の眼底に焼きついて離れない。

五十八期生が、このとき「おやっ」と思ったのは、クラスの生徒の父親である加藤寛治軍令部長と末次信正同次長が父兄の席に座っていたことだった。海軍の最高位に立ち、いまを時めく両大将は、本来、来賓の最前席に陣取ってよかったはずである。彼ら卒業生は、ここにも海軍のさりげないスマートさを発見した。

式が終わって、晴れがましい「少尉候補生」の辞令をもらった。父兄を交じえ、門出を盛んにする茶話会が催され、記念撮影のカメラにおさまる。毎年どのクラスもそうだが、海兵の卒業記念写真は、教官たちが最後列と両脇に引っ込んでいて、卒業生を前面に押し出している。実施部隊の最前線で活躍する若い候補生たちを祝福し、盛り立てる姿勢が鮮明に打ち出されていた。

昭和七年から十年までの間、イギリス人セシル・ブロックが英会話教師として江田島で教鞭をとった。ブロックは帰国後、昭和十四（一九三九）年に『江田島印象記』を書き、その中で、

「イギリスは民主主義制度を誇りとしているが、イギリス海軍士官は特権階級、中流階級の上層から出ているに過ぎない」

として、国民各層から子弟を集めている日本の海軍兵学校をうらやましがっている。生徒の生活が分隊組織になっているのは、「イギリスのパブリックスクールのハウス組織に似ている」といっている。しかし、日課の多いのには驚き、なぜ論理学、法律、心理学、哲学などを軍隊の学校で学ばねばならないのか疑問だと述べている。栗栖の日記にも、心理学を嫌っている様子が記されている。

一流の運動選手であり、生徒と一緒によく走ったブロックだが、体育の猛烈さには感動した、というよりは唖然とさせられた。とりわけ水泳、彌山登山競走は超人的訓練だと見ており、遠泳で朝八時にスタートした生徒が夕方七時ごろ戻ってきたことなどを挙げ、いささか

非難めいた筆致で書いている。

そして「兵学校の体育は東西スポーツの長所を取り入れたもので、全身を極度に鍛練し、団体精神、勇気、忍耐力を養うことを目的としている」と結論づけている。

英語の勉強では一、二年生徒は上達は早いが、三年生になるとだんだん鈍ると評し、上達するには字句の数を減らし、一、二年のうちに会話を増やす必要があると強調している。

またブロックは、授業中よく居眠りする生徒が多いのを見て、「彼らは疲れ切っている。英会話でいえば最後の二年間には、さしも優秀な青年たちも肉体的、知的に疲れ始めるのではないか」と同情している。

最後の章では、兵学校では民族意識があまり強過ぎると例をあげ、「もし日本が近代戦に参加して惨敗を喫するならば、日本人はもっと親しみやすい国民になるだろう」と述懐するとともに、五・一五事件以後、日本国内に興りつつあった大アジア主義思想を警戒している。

しかし、ブロック氏生徒や教官からの手紙をのせて、その友情こまやかな点をたたえ、「日本の武士とイギリスの紳士の二つの理想の結合によって（満州事変以後悪化してきた）国際問題を処理することを、心から希望してやまない」と結んでいる。

ブロックにあてた手紙から見て、英語のレベルの非常に高い生徒がいたことがわかる。

江藤恒丸（五十八期）によれば、入校以来、「日本海軍はアメリカと戦うような装備にできていない」と教えられたという。満州事変以前の日本では、少なくとも江田島には、ブロックが感じたような、大アジア主義や民族主義といった感情は見られなかった。五十八期の生徒たちも図書館ではあらゆる思想の本が読めた。一世を風靡した左翼論壇の雄、福本和夫の論文に没頭する生徒もいた。

言論、思想は、江田島ではむろんのこと、海軍の他学校でも完全に自由であった。

第三章　りんどうの花

航空主兵の胎動

三年八ヵ月間、兵学校で鍛えられた五十八期生徒たちは、昭和五（一九三〇）年十一月十八日、卒業したその日、少尉候補生として練習艦隊（「八雲」「出雲」）に乗り組み、実務練習の航海に船出した。十一月十八日、兵科候補生百十三人（江田内《えだうち》）、同二十三日、機関科候補生三十六人（舞鶴）、同二十五日、主計科候補生十五人（宮津）と海軍他学校の同期卒業生（コレスと呼ぶ）を順次回って収容し、初めは内地航海、その後で五ヵ月半に及ぶ遠洋航海に計百六十四人が参加、海に慣れるとともに実地訓練に励んだ。

練習艦隊の実務練習は激しく、当直に、分隊勤務に、術科に、配置教育に、ゆっくり休む暇がないほど充実していて、候補生の苦労は下士官兵を上回り、牛馬よりもひどいといわれた。

遠洋航海に出発したのは昭和六（一九三一）年三月五日である。午前十一時半、「もやい放て」「両舷前進微速」艦長の力強い声で練習艦隊は横須賀港の岸壁を離れた。後甲板では軍楽隊が「軍艦マーチ」を奏で、見送りの機動艇に乗った家族たちから、いっせいに帽子やハンカチ、小旗が打ち振られ、「万歳」「元気でね」「行ってらっしゃい」と、熱狂的な声援がつづく。この歓送に対して、候補生たちは、等間隔に立ち並び敬礼する登舷礼でこたえる。

機動艇とも別れの時刻がきて、候補生たちは帽子を大きく打ち振る。艦隊はスピードを加え、横須賀港の深い緑と街並みが遠く霞んでいく。卒業式と並んで感激に酔いしれる光景であった。

遠航の航路は基隆、馬公、香港、シンガポールからマラッカ海峡を通って、西へコロンボ、アテネ、ナポリ、マルセイユとつづく。

候補生たちの最後の難関が待ち受けていた。天測である。星の高度を測って艦の位置を求める天測は航海術の基本なので、これができないと一人前の士官にはなれない。眠い目をこすりながら、自信がつくまで、みっちりやらされる。

　きょうも天測見上げる空に
　泣いたあの夜の星が飛ぶ

という歌が残っている。

江草は船酔いに強く、天測でペアを助けて抜群の力を発揮した。日の出の一時間前、「候補生天測起こし」の号令がかかる。以下は「八雲」で江草と天測ペアを組んだ渡辺初彦（横浜市神奈川区）の回想である。

インド洋にはいると陸地が見えないので、二週間ほど連日天測をやらされた。星と水平線が同時に見える日没直後と日の出前に、私が六分儀を構えて星の高度を測ると、江草が甲板時計（ストップウオッチ）を手にして正確な時間を読んでいく。それを私がノートに記入する。次は交代だが、星と水平線が同時に見える時間帯は短いから素早くやって交代しなければならない。夜になって球面三角法による複雑な計算をして星の位置を出すのだが、三時間ぐらいかかる。ロランで簡単に算出できる現在と比べ隔世の感がある。

計算が間違うと陸地に艦が乗り上げてしまうことになり、担当の指導官付中尉に大目玉をくう。ところが、艦がぶると計算どころではない。

江草は艦の揺れに動じなかった。計算も確かで、船酔いに弱い私を助けてくれた。私が天測で落伍しないでやっていけたのは、まったく彼のおかげであり、彼にはこのような優しさがあった。

アジアの港に入るたびに、居留する白人社会の勢いを目の当たりに見て、候補生たちは一様に、日本がタイとともにアジアで数少ない栄光ある独立国であることを肌で感じ、身の引き締まる思いがした。

狭い、眠い、熱くてたまらぬ艦内の一日の訓練が終わった後、「八雲」の居住区で江草と栗栖は酒を飲み、二人とも真っ赤な顔になって話をしていた。マルセイユに上陸し、パリではルーヴル美術館で、世界各国から絵画、彫刻などの傑作を失敬してきたナポレオンの心臓に度肝を抜かれた。ヨーロッパではこのころ、「イッツ・ア・ロング・ウェー」がはやっていた。

"It's a long way to Tipperary
It's a long way to go；
It's a long way to Tipperary
To the sweetest girl I know！
Goodbye Piccadilly,
Farewell Leicester Square,
It's a long,Long way to Tipperary,
But my heart's right there.

第一次大戦後のイギリスで大流行し、日本では太平洋戦争後、ヴィヴィアン・リー主演の映画「哀愁」のバックミュージックとして知られた甘いメロディーの歌である。

ローマに行ったときだった。イタリア大使が後の総理大臣吉田茂、海軍武官が平出中佐で、ムッソリーニ首相の閲兵を受けることになった。その前夜、栗栖腎は、「おれは天皇陛下のほかに拝謁するのはいやだ」と酒を飲んで暴れだし、期友がハンモックに縛りつけた。翌日、全員が通常礼装に身をかため、列を組んでムッソリーニ首相に対し、「カシラ右」の礼をしたが、栗栖は一人昂然と前を向いたまま、宣言したとおり、ファシスト首相に敬礼をしなかった。

日比野寛三の『海豹《あざらし》士官行状記』によると、半数が左を向いたとあるが、仔細に観察した赤木敏郎によるとそうではなく、栗栖の反骨ぶりが目立ったという。

江草はこの遠洋航海でモーツアルトやショパンなどのレコード、それにプレーヤーまで買い込んでいる。一般に歌われる曲といえば、まだまだ酒席に出る民謡、俗謡の類が幅をきかせていたこの時代に、西洋クラシックレコードの収集なのである。

筆者からこの話を聞いて、同期の渡辺初彦は驚いた。

「え？　江草がクラシックレコードを？　それは初耳です。私ぐらいかと思っていましたのに」

渡辺によれば、兵学校時代、化学の教授に小田茂雄という人がいた。東大出身で、姫路高校から転任してきたが、ピアノ、ヴァイオリンの名手で、スポーツも万能、この時代には珍しい硬式テニスをよくするという、多彩な才能に恵まれた人であった。

渡辺は小田教授からテニスを習うとともに日曜ごとに学校敷地内にある官舎を訪れ、小田夫妻の演奏を鑑賞していた。遠洋航海で寄港した際、渡辺はさっそくシンガポールでベートーベンの第五番を、香港でモーツアルトの三十九番を買い入れた。

これら本場のレコードは、まだ日本国内では発売されていなかった時代である。買い込んだレコードが赤道直下を航行したときに暑さで曲がってしまい、帰国後、元にもどすのに骨が折れた思い出が渡辺にはある。

しかし、武人のイメージが濃い朴訥そのものの江草が、自分と同じジャンルのレコードを買い集めていたとは、渡辺は想像すらできなかった。事実、兵学校で西洋クラシック音楽のファンが増えだしたのは、五十八期よりも後のクラスなのである。

江草の趣味は高尚だった。後に見るように、結婚後、病床の妻に尺八を吹いて聴かせたりしている。

世界中が、まずは平和であった。平和な時代にふさわしいカルチャーショックを若い心に受け止め、八月二十日に帰港した五十八期生たちは、つづいて砲術、水雷、通信、航空の四つの術科講習を四ヵ月間受ける。そのために砲術学校、水雷学校、通信学校、霞ヶ浦航空隊とまわり、各術科の専門的、基礎的事項を現状に即して学ぶ。候補生教育の締めくくり、ないしは仕上げとして行なわれ、少尉任官後の勤務に役立たせるのが目的だった。

ところが、江田島生活と練習艦隊実習が厳しかったため、その反動もあって、術科講習期間には「遊」と「飲」に、新たな展開を示す動きがあった。「遊」は玉突き、アイススケート、ダンスなど。「飲」は主たる稽古先として横須賀のパイン（小松）、フィッシュ（魚勝）といったレス（料亭）が海軍士官行きつけの一流どころとして狙われたが、ハーフ（半人前）と呼ばれた候補生たちは上げてもらえず、「任官したらいらっしゃい」と門前払いされ、やむなく二、三流どころを開拓しに行った。

術科講習の期間中に江草は、府中中学時代の親友今井俊正と久しぶりに出会った。今井は海兵団で新兵教育を終えた後、練習用巡洋艦「大井」主砲砲員に配属され、昭和六年十一月、普通科水雷術練習生を卒業したのだが、さらに半年余り横須賀水雷学校に残っていた。そこへ五十八期生たちが水雷学校に実習にきて再会した。同じ級友の佐藤善一をまじえ、三人は学校に近い田浦町のそば屋に上がって飲みはじめた。

飲みながら三人は中学時代の先生、友人の思い出、消息、現在の仕事について熱中して話した。今井（当時、二等水兵）は水雷術練習生を優等賞の銀時計で卒業しており、それを披露して二人に喜ばれた。江草と佐藤はこもごも、「兵学校で勉強したように努力すれば何でもできるなあ」と、遠泳、カッター遠漕の激しさを振り返り、三人は時のたつのを忘れた。

突然、今井が大声をあげた。

「オリャー、時間が切ったど」

時刻を守ることは厳格無比の海軍である。今井の頭に、恐るべき先任衛兵伍長の顔が浮かんだ。後々の考課に響くのだ。酔いがすっかりさめた。

「よし、わしが頼んでやろう」

江草が意を決したようにいった。

三人は足早に学校に駆けつけ、先任衛兵伍長に江草がいった。

「今井が時間を切ってすまん。じつは、今井はおれらの中学の友だちで、久しぶりに会ったもんだから話がはずんで、気がついたら少し遅れてしまって申し訳ない。よろしく頼む」

これを聞いて先任衛兵伍長は別に文句をいうでもなく、一言注意をして許してくれた。普通だったら外出止め一ヵ月になるところだった。江草らが帰った後で、その先任衛兵伍長は感にたえたように今井にいった。

「お前はいい友だちをもって幸せだなあ」

もっともその後で、めりはりをつけて、つけ加えた。

「今後は絶対に遅れてはいかんぞ」

今井は優秀な下士官が学ぶ海軍選修学生を経て大尉まで昇進した。江草について、「典型的な農村青年であり、頭のよい好青年だった」と、つぎのように話している。

「田舎の朴訥な家庭育ちで、都会ずれがしていない頼もしい青年だった。中学時代は生意気ざかりで帽子の格好を変えてみたり、ラッパズボンにしてみたりするものだが、それすらもせず、帽子などは五年間同じものではなかったかと思う。

ことばも落ちついてゆっくり話し、他の人と争ったのを見たことがなかった。人目を引くような振る舞いもなく、いつも笑顔で、おい今井、と話しかけてきた。剣道はうまく、私はよく面を取られた。心身ともに健全で、こせこせしない性格が飛行機乗りに向いたのかなと思われる」

こうして術科講習を終えた五十八期生たちは、昭和六年十二月二十四日、各艦配乗を命じられた。いよいよ艦隊勤務のスタートである。

江草は「羽黒」に乗り組んだ。基準排水量一万トン、三十五・五ノット、二十センチ砲十門、十二センチ高角砲六門、六十一センチ発射管十二門、搭載機二機、主機タービン十三万馬力の強力な装備と高性能を誇り、全世界の注目を集めた最新型の重巡洋艦であった。

この年の九月、満州事変が起こった。翌七（一九三二）年四月一日、江草は少尉に任官、晴れて一人前の海軍士官が誕生した。そして、この前後の年、日本航空界は大きな変貌を遂げつつあった。

昭和五年、機体、発動機ともに初めて日本人の手になる九〇式艦上戦闘機が完成した。日本で初めて飛行機が飛んでから二十年、ライト兄弟が動力を配備した飛行機で人類初の飛行をしてから二十七年目の画期的な事件であった。

勢い空への憧れが、五十八期生たちを駆り立てた。したがって五十八期には、飛行機搭乗員になった者が操縦士（パイロット）と偵察員を合わせ三十二人と過去三年間に比べ多くなっている。

民間航空機でいえば、昭和二（一九二七）年、リンドバーグが大西洋無着陸横断飛行に成功し、飛行機こそが文化を運ぶもっとも有効な手段である、との認識が市民の間にも広まり、わが国にも民間パイロットが数多く誕生した。

こうした時代の空気を反映して、少尉に任官した前後、江草は家人に宣言した。

「おれは将来、飛行機乗りに決めたど」

「飛行機はあぶにゃあからやめろ」

「だれが何いおうと、おれは飛行機に乗る」

海兵受験のときもそうだった。いったん心に誓ったのちは、後には退かない。

「羽黒」を一年で退艦後、江草は昭和八（一九三三）年、飛行学生を経て同年十一月二十八日、館山海軍航空隊に配属され、艦上攻撃機（雷撃と水平爆撃）の訓練を受けることになる。その月の十五日、中尉に昇進した。

当時、世界各国とも軍用機といえば戦闘機が主流であり、戦闘機が軍用機の元祖であった。五十八期の奥宮によれば、航空母艦を急降下爆撃機で攻撃し、海上航空基地としての機能を奪おうという構想は、昭和九年ごろ、源田実大尉（戦後、参議院議員）が戦闘機で研究し、海軍がのちに正式に採用したものだという。

ところが、後発のわが国には本格的な急降下爆撃に適する飛行機がなかったので、昭和九年になって、アメリカから購入したヴォート・コルセアという複座の飛行機を九〇式水上偵察機と名づけて、急降下爆撃の基礎的な研究、訓練に着手した。その結果、一応の目途がついたので、ドイツから単座、複葉のハインケル爆撃機を購入し、これを複座に改造して九四式特殊爆撃機（略称特爆）と名づけ、ただちに空母「龍驤」に配属した。昭和九年十二月のことであった。

新しい機種を採用した際は、まず横須賀航空隊で詳しくテストすることになっているのだが、前例を破ってただちに空母に搭載し、実用実験を艦隊ではじめた。この特爆は後に九四式艦上爆撃機と呼ばれるようになった。馬力を増して九六式とし、昭和十六年から練習機になった。太平洋戦争で活躍した九九式艦爆の原型である。

五十八期生が初めて艦隊の航空部隊に勤務した昭和十年には、右に述べたとおり正式採用した特爆が実用実験に入っていた。そのためこのクラスの人に急降下爆撃隊勤務者が他のクラスに比べて多かった。

その結果、この年には奥宮、関、西原晃、翌年以降には川口茂彦、寺島美行、上敷領清、江草が専攻した。

艦爆草分けの奥宮正武（PHP研究所顧問）の説明によると、この急降下というのが、じつに得体の知れないもので、操縦者をさんざん手こずらせた。急降下開始前の高度と爆弾を投下する時の高度では、風の強さが違っている場合が多く、正しく照準を合わせてもなかなか命中しなかった。降下角度の測定も慣れないうちは誤差が大きい。そのうえ、主目標である艦船は高速で走り回っているので、命中させるのはますます難しい。

訓練中最大の敵は、荷重（G）である。自分の体重と同じ圧力が一Gであり、二Gなら体重の二倍、三Gなら三倍の圧力が、機首を引き上げた時にかかる。一瞬、目の前が真っ暗になる。五Gになると目から火花が散る。奥宮が経験した最大のものは、七・五Gであった。掛け値なしの命がけの猛訓練である。

一日五、六回急降下訓練を繰り返すのだが、気圧の激突を受けて胃下垂による食欲不振、不眠症、白血球過多などの航空障害が顕われ、やめる者も出てきた。先進国のアメリカでさえ、元気のよいパイロットが、「ヘル・ダイバー」（地獄の降下者）と恐れているほどだから、その冒険性は容易に察せられよう。

急降下爆撃は命中率が高い半面、地上からの対空砲火に見舞われ、被害も多かった。初めて実戦に使われた日華事変の当初には川口、上敷領《かみしきりよう》両大尉が、昭和十七（一九四二）年の南太平洋海戦では関少佐が戦死した。

館山航空隊で艦上攻撃（水平爆撃と雷撃）の訓練に従事していた江草は、昭和九年四月、空母「鳳翔」に乗り組み、翌十年十月に大分県佐伯航空隊に配属となる。翌十一年十一月十六日、分隊長に、同年十二月一日、大尉に進級する。

艦攻から艦爆へ移ったのは佐伯航空隊にいた十一年ごろと思われる。最初は偵察からはじめ、後に操縦にかわる。両刀使いの腕をみがいた。

奥宮は昭和十三（一九三八）年九月、九六式艦上爆撃機を操縦して試験飛行中、火災事故で重傷を負ったこともあって、江草とは同じ機種でありながら勤務場所が異なり、ほとんど顔を合わせたことがなかった。このため、江草の初期訓練ぶりについて、具体的なデータは残念ながらつかめていない。

源田実元大佐の話では、江草は源田の同期でもっとも相許した入佐俊家大佐にその人柄、戦闘の指揮ぶりがよく似ているとのことである。源田が江草から聞いたところによると、江草は飛行学生を出た直後、入佐大佐の偵察員を勤めていたという。入佐は昭和九年五月に「鳳翔」の分隊長に就任しているから、ちょうどそのころのことだろう。

「ずいぶん入佐さんにきたえられました」と、江草は源田に話している。日華事変がはじまってから渡洋爆撃隊長として名をあげた入佐は、責任感が強く、戦術面でも高度のものを持ち、「陸攻爆撃の神様」と呼ばれた。「その入佐先輩に手を取って教わったのだから、江草がいくさ上手になるのは当たり前というべきだろう」と、源田は見ている。陸攻爆撃の神様が、のちの艦爆の神様を育て上げるのである。

初級士官の周辺

江草が艦爆の偵察員、ついで操縦員として腕をみがいていたころの日本はどんな状況に置かれていたのか、少しさかのぼって見なおしてみたい。

日本の対華二十一ヵ条要求（日本の特別利益地域とされた南満州および東部内蒙古について日本人の土地所有、商工業、農業の経営、居住・往来の自由を認める、など）が中国側を憤激させたことは先に述べた。

これが五・四運動を初めとする中国側の排日抗日運動に火をつけ、収拾のいとまもなく運動は中国全土に広がっていった。

中国革命の父孫文は日本に理解があった。彼は大正十三（一九二四）年十一月、神戸で「大アジア」と題し演説した。その中で、

「わがアジアは欧州より長じたものは何もないと考えていた（中略）しかし、日露戦争が起こり日本が勝った。これは最近数百年間におけるアジア民族の欧州人に対する最初の勝利であった（中略）日本がロシアに勝って以来、アジア全民族は盛んに独立運動を起こした」

として、日本海海戦の勝利をふくめた日露戦争の世界史的意義を強調するとともに、

「日本民族はすでに一面欧米文化の覇道を取り入れるとともに、他面アジアの王道文化の本質をもっている。今後日本が世界の文化に対して西洋覇道の犬となるか、東洋王道の干城となるかは、日本国民の慎重に考慮すべきことである」

と、日本に対し、友邦としての強い期待を寄せていた。が、孫文は惜しくも翌年病死した。日本にとっても手痛い損失であった。孫文の死後は、中国のナショナリズム、反日運動はますます盛んになり、満州では張学良政権が生まれてから大規模な鉄道が敷設され、蔣介石の国民政府に忠誠を誓う青天白日旗がひるがえった。

さらに昭和四（一九二九）年の大恐慌は日本国内にも多くの失業者を出し、活路を求めて満州へ移住する邦人が続出、在満邦人の生活確保、生命の不安の排除が急務となってきた。資源の乏しい日本としては、国内経済の建て直しを満州に求めよ、との声が日ごとに強まっていった。

孫文の死後、満州ではつぎつぎと事件が起こり、昭和六（一九三一）年八月、偵察のため興安嶺方面に潜行していた陸軍参謀本部の中村震太郎大尉が中国側に殺害された。これらの事件は日本陸軍に、満州支配の上で格好の口実をあたえた。

つまり昭和六年八月四日、南次郎陸相は軍司令官・師団長会議で満蒙問題に触れ、「近時右方面の情勢が帝国に取りて甚《はなは》だ好ましからざる傾向をたどり、むしろ事態の重大化を思わしむるものあるは真に遺憾とするところなり（中略）このときに当たり職を軍務に奉ずるものは益々奉公の誠を固くし、教育に訓練に熱と誠とを尽くし（後略）」（東京朝日新聞夕刊）

と、演説した。

普通は秘密にされている軍会議の内容が発表されるのは異例のことである。朝日は八月五日付社説で、「陸相の政談演説」と題し、「軍人が単純に軍務の打ち合わせをする師団長会議において、同様に軍人たる陸相の口からかくも堂々たる満蒙論を吐かせて、それで果たして政治の綱紀は乱れないものであるか」

と強く批判した。

この社説は元朝日新聞記者高宮太平の説によると、

「陸軍の施策にあきたらぬ国民感情の盛り上がりを、外征によって転換させようとする手段を、完膚なく叩いたもの」だったという。（高宮太平著『人間緒方竹虎』）

きなくさい、激越な議論の果てに九月十八日、柳条湖で日本の関東軍が鉄道を爆破し、運命の満州事変の火ぶたが切られた。翌七年一月には上海事変が起こった。三月、関東軍の建国工作により、満州国が成立した。満州族の首領の子孫である溥儀《ふぎ》が満州国皇帝として即位した。

リットン調査団は、日本の満州における権益を認めながらも、この傀儡《かいらい》国家を是認するわけにはいかなかった。

昭和八（一九三三）年二月、日本は国際聯盟を脱退し、世界から孤立する。この年、ドイツにヒトラー政権が誕生し、孤立した国同士がイタリアを交え三国同盟へと歩み寄っていく。日本をめぐる国際環境および政治、経済、軍事の驚くべきテンポの早い変化の中で、江草は艦隊乗組員として、霞ヶ浦航空隊飛行学生から館山航空隊を経て、佐伯航空隊員として職務を黙々とこなしていった。

上海事変で軽巡洋艦に乗り組んでいたクラスメートたちは、早くも戦火を浴びていた。陸戦に参加した人もいたが、幸い戦死者はいなかった。

五十八期で兵学校教育が八ヵ月間延長になり、人事配置でそれだけギャップがあったので、配属になった軍艦では、候補生の身分でいきなり本配置に就《つ》かされるという厳しさであった。

上海事変が三ヵ月で解決後、艦隊は平時の状態にもどった。平穏な状態が五年間つづいた。これは五十八期生の少、中尉の全期間に当たる。五十八期生にとっても唯一の平和な時期だったが、それでもこの間に航空殉職者六人、海上公務死一人、計七人の犠牲者を出した。ほかに病死が四人あった。

江草の親友栗栖も航空殉職者の一人であった。昭和十一（一九三六）年七月八日朝、栗栖中尉は霞ヶ浦航空隊教官として九三式水上中間練習機を操縦、一等整備兵曹加藤正二を同乗させて試験飛行中、土浦付近の上空三百メートルあたりで突然、機体が火を噴いた。

栗栖は、まず加藤をパラシュートで避難させ、自分は火災に包まれた機体を安全地帯に運ぶため操縦をつづけ、茨城県内の水田に不時着した。一方、パラシュートで数百メートル離れた水田に降下した加藤兵曹は、墜落現場に駆けつけ、燃えさかる機体に飛び込んで栗栖を助け出した。

栗栖は全身に大やけどを負い、六日後の十四日夕刻、息を引き取った。数え年二十八歳で、身重の妻あい子は二十四歳であった。

「部下を降下させ焰の飛行機を操縦」（大阪朝日）「沈着果敢な栗栖中尉、燃ゆる愛機を操縦、まず加藤兵曹を避難させ、安全地帯に無事着陸」（東日）「落下傘降下を譲合ふ、猛火機上の美談」（読売）と、各紙はトップでこの事件を伝えた。

電信柱に引っかかったパラシュートを取りはずす作業現場の写真のわきに、何か、おかしいのをこらえているような茶目っけたっぷりの栗栖の顔写真が出ている。

吹きつける火を避けるため背面飛行をつづけたという記事もある。各紙とも最後まで事件経過を追い、「空の華、栗栖中尉様態急変す」「火焰飛行の勇士栗栖中尉殉職す」と、栗栖の沈着果敢な行動をたたえ、部下との信頼関係の厚さを克明に伝えている。

江草はこの事件のころ、佐伯空分隊長として艦爆の訓練に励んでいた。急降下爆撃法はまだ模索の段階で、降下角度も一定せず、毎日目標に測定器を設けて、一人ひとりの降下角度を測定していた。九十度を超えて降下し、反転する隊員もあった。

同じ空に生き、互いに航空操法の研究に従事する仲間同士として、この親友を失った江草の悲しみはいかばかりであったか。兵学校時代伝馬船から落ちたこと、遠航で痛飲し、徹夜で議論したこと、ムッソリーニの閲兵を拒否した姿……。栗栖にまつわる懐かしい思い出で、江草の心は打ちひしがれていたことだろう。

拡大する中国戦線で

栗栖が殉職して五ヵ月近くたった十一年の十二月一日、江草佐伯航空隊分隊長は、大尉に進級した。日中関係はますます複雑になり、ぬきさしならぬものになってきた。

この月に、中国では蔣介石が誘拐された西安事件が発生した。蔣介石が西安に赴き、張学良と楊虎城の両軍に対して共産軍攻撃を呼びかけたが、これに反対され、逆に両軍は蔣介石の宿舎を襲って彼を逮捕、監禁した。この事件で親日派だった蔣介石は抗日統一戦線へ踏み切った。歴史の歯車が、また一つ大きく回転した。

世相といえば、この年を中心に昭和九年から十三年ごろまでの間、戦前戦後を通じて息長く愛唱される流行歌がつぎつぎに生まれ、人々を楽しませた。「二人は若い」「東京ラプソディー」「青い背広で」「支那の夜」など、軍国調の見られない甘い歌がはやった。が、十二年ごろから「軍国の母」「進軍の歌」「露営の歌」などの軍歌もぞくぞくと発表される。上野の山周辺や東京の街角などにも物乞いの姿が目立ちはじめる。軍事費がふえ、国民生活を圧迫しだした。

昭和十二（一九三七）年七月七日夜、盧溝橋の闇を貫いた一発の銃声が、日中全面戦争の引き金となった。日本政府はこの事件を「事変」として処理しようとし、不拡大方針で臨んだが、戦線はたちまち華中、上海へと飛び火し、泥沼化してしまう。最初は遠い、よその国の出来事ぐらいにしか思っていなかった大多数の日本国民は、通州の日本人居留民が多数惨殺された事件（七月二十九日）と大山勇夫海軍大尉が虐殺された事件（八月九日）で、事変の重大性に気づいた。

通州の惨劇は、後の日本軍による南京虐殺に比べ規模こそ小さいが、残虐な殺害が大山大尉事件とともに戦後、極東国際軍事裁判（東京裁判）で明らかにされた。

上海陸戦隊の戦いや渡洋爆撃のニュースが国民の血をわかせ、臨時国会で二十四億四千万円の事変追加予算案はあっさり可決された。

江草が勤務していた佐伯基地では、いち早く特設航空隊が編成された。日本海軍の陸上にある海軍航空部隊のうち、横須賀航空隊を除く全艦爆隊は第十二、十三航空隊に編入され、この二つを合わせて第二連合航空隊、略して二連空と呼ばれた。江草は十二空分隊長として大連の周水子基地に向け、九四式艦爆を操縦して八月七日に佐伯基地を飛び立ち、その日のうちに到着した。艦爆、艦戦（艦上戦闘機）各十八機が配置された。

周水子は遼東半島の南西端、旅順港と大連港の中間にある地区で、この飛行場は満州の空の玄関である。といっても、開戦当時は幅二百メートル、長さ八百メートル程度の黄土地帯を飛行場と呼んだだけであり、舗装した滑走路はなかった。食料、燃料、弾薬の補給、基地設営も順調に進んだ。盛夏のため気温は三十五度を超え、湿度は七十パーセント以上で風もなく、裸になっても汗が吹き出た。ビールは燗《かん》がついたように熱かったが、もちろん氷はない。夜になっても気温、湿度とも下がらず、隊員たちは死んだようになって眠った。そうしたある日の朝、突然、

「全機三十キロ爆弾搭載、信管は瞬発」と指揮所から艦爆隊に下令された。

「瞬発信管を使うのだから、飛行場を攻撃するのだな。どこだろう」と、隊員たちは殺気だった。江草の部下として任務についていた高橋定中尉は、敵の便衣隊（ゲリラ）が遼河上流に機雷十数個を放流し、それが渤海湾を漂流中であるとの情報をつかんでいた。午後になって江草分隊長が三機を率いて哨戒することになった。

「おれたちは急降下部隊の搭乗員だ。浮遊機雷を攻撃するのは荷が軽すぎる」

「機雷は爆撃照準器では見えない。攻撃のしようがない。駆逐艦にやってもらうことはできないのか」

隊員たちの目は、互いにそう語りあっていた。

渤海は九州の二倍の面積がある。この海は黄土を溶かして黄色い。その海面下二、三メートルを黄色の機雷が流れている。これを肉眼で見つけるのは至難のわざであった。

江草分隊長は出発直前に総員集合を命じて訓示した。

「この作戦は、地味だけれどもきわめて大切な仕事だと思う。おれはこの作戦をいつまでもつづけるつもりだ。きょうは手始めだからおれが行く。残った者はバレーボールの試合をやって遊んでおれ」

この作戦は燗ビールよりもまずそうだったが、その晩、江草はつぎのような話をした。

「戦争になったら金鵄勲章をもらわなければ軍人ではないと思っている者がいる。何を措《お》いても早く戦場に出て、功名を稼ごうという似非《えせ》軍人だ。おれたちは手柄を立てるためにここに来たんじゃない。周水子に急速展開した理由は、第一に北京山東の敵航空部隊の蠢動《しゅんどう》を押さえることだ。これはいい。第二は、言いたくないが、陸軍と海軍の先陣争いだ。先陣争いといえば聞こえはいいが、陸海軍の功績の分配を適切におこなおうとする配慮なんだ。これはいやだ。そんな配慮をしてもらいたくない。中国との戦いはよくわからんが、とにかく落ちついて、よく考えて戦いたい」

江草のこうした考え方は、高橋が自家出版した大作『飛翔雲』に詳しい。高橋は江草の考え方にまったく賛成だったが、戦争とはそんなものかと、がっかりしたという。宇治川の先陣争いを引き合いに出すまでもなく、日本人は功名心にはやりすぎ、大局を見失いがちである。江草は高橋にいった。

「この周水子から北京（当時は北平といわれた）へは六百マイルもあるぞ。わが九四式艦爆の行動半径はその半分にも満たないのだ。青島までも届かないぞ」

何のためにここまできたのだ、と江草は不満だった。これら一連のことばに、江草が中国との戦争に批判的であったことがうかがえる。

江草と高橋は兵学校で一号と四号の関係だったが、当時は全生徒合わせても五百人足らずだったのに、高橋は在校中、江草の存在に気づかなかった。それはともかく、彼らは同世代の日本人と同じように日中間の歴史的な経緯をよく知っていた。日露戦争後の数年間は、列強各国だけでなく中国も親日的で日本の立場を認めてくれていた事実も。ところが、第一次大戦を契機として日本が中国側にとっては高圧的としか映らぬ要求を出すようになって以来、唇歯の関係を目指していた両国の関係がすっかり狂い、これが盧溝橋事件の遠因になっていることをも知っていた。日本の交渉姿勢は拙劣だったのである。

ところで機雷哨戒作業だが、案の定、艦爆隊員の目には入らず戦果なし、功績ゼロに終わった。陸軍の船団を守ろうとして報われぬ努力だけが残った。しかし、一人として不平をもらす者はなく、朗らかにバレーボールや野球に興じ、賞品の酒を分かち合って飲んだ。

八月十四日、中国空軍十数機が、上海の陸戦隊本部および黄浦江上に停泊していた軍艦「出雲」、呉淞《ウースン》沖（上海の揚子江口）の巡洋艦を爆撃した。聯合艦隊の航空部隊が中国空軍の爆撃戦に立ちあがった。この日から一ヵ月後、艦爆隊は周水子から上海市の公大《クンダ》に移動した。江草の部下だった藤田多吉（鳥取市美萩野）からの手紙で、ここでの江草のエピソードを一つ紹介したい。

公大基地から戦線爆撃（陸軍部隊の前進援護など）をしていました。使用機が九四艦爆から九六艦爆に替わるころでした。江草大尉は眼光鋭く、小太りの浅黒い顔をし、美髯の分隊長でした。顔つきに似合わない、優しい分隊長でした。私は搭乗員仲間では最下級の若年兵でしたので、攻撃搭乗番でないときは（多い日は一日三、四回爆撃に行きました）毎食の食卓番といって、配食、跡片づけなどをしていました。昼はほとんどの日が飛行場で野外食でしたので、いつのころからか子犬がまつわりつき、飛行場と宿舎の往復にもついて回るようになりました。

ある晩、その子犬が士官宿舎のほうにでも迷い込んだのでしょう。おうい、藤田、お前の犬だぞ、と大声で呼ばれ、連れてこられました。私は叱られると思って外に出ましたが、江草分隊長はそのまま子犬を私に渡して帰られたのにびっくりしました。

日本海軍は、このころすでに中国空軍の実力を知っていた。昭和七年の上海事変の際、日中の空戦が行なわれていたからである。同年二月五日、空母「鳳翔」を飛び立った所茂八郎大尉の指揮する三式戦闘機三機は、上海北方の上空で、中国の戦闘機三機の奇襲を受けた。敵はコルセア戦闘機で、日本海軍の航空史上初めての空中戦となったが、天候不良のため数撃の戦いでもの別れとなった。江草、高橋らは所大尉から、「日本も中国も戦術、技能は同じだった」と強調されていた。

九月十五日、艦爆隊の陸戦協力は中断され、南京爆撃の計画が三艦隊司令部から発令された。攻撃部隊編成の総指揮官は二連空の司令官三竝《みつなみ》貞三大佐であった。航空参謀が細目を説明した。

「今回の首都南京攻撃は、南京市の軍事目標（高角砲・機銃陣地、気象台など）を爆撃するのが目的ではなく、そうと見せかけて敵の防空戦闘機をおびき寄せ、これを撃墜するのが作戦目的である。艦爆隊はおとりになるだけで、爆撃は精密でなくてよい。敵の防空砲火は三千メートルには届かないから安心してよい」

戦闘機と艦爆を合わせて七十二機使い、制空権獲得がこの作戦の目的であると強調された。参謀は艦爆隊に対し、いいにくいことをはっきりいった。おとりになれとは、わびしい命令だった。機銃陣や砲台を狙えという命令なら、張り切ってやれるのにと思い、高橋は江草に聞いてみた。すると、

「敵に闘志がある限り制空は簡単にできないし、爆撃も侵入法がむずかしい。一回で制空権を取ることなど、できるものじゃない。制空隊（戦闘機）という名は栄誉あるものとされ、合戦のさきがけをしたい人たちの気持を満足させるためのものだ。こういうことは謙信、信玄の合戦のときからあったことだし、気にするな」

という返事だった。そばにいた戦闘機分隊の南郷茂章《もちふみ》大尉もうなずいていたので、高橋は納得した。南郷も名パイロットとして知られた人物で、中国戦線で戦死後、マスコミは「空の英雄」として讃えた。

九月十九日午前八時、艦爆隊は第一回攻撃に飛び立った。女性作家数人がきていて、カメラを向け、「海軍はスマートね」などとお世辞をいったりしていた。

いよいよ南京に向かう。高度三千メートル、紫金山が近づいてきた。そのとき、腹の底にしみ込むようなショックがあって、前方に黒煙が上がった。高角砲の弾幕だ。危険だと思った瞬間、坂本大尉が率いる小隊の一機が火炎を引いて落ちて行った。つづいて小川中尉の小

隊の一機が直撃弾を受け空中に飛び散り、さらに二機が砲煙につつまれた。つぎは、江草隊。そのつぎは高橋の小隊が狙われる。二十秒ぐらいの間しかない。

出発前、航空参謀は、「敵の高角砲は三千メートルには届かないだろう」といったが、何を根拠にあんなことをいったのか。敵の高角砲は三千メートルの高度に初弾を撃ってきた。しかも五、六発の弾幕で、各弾の間隔は五十メートルもなく、弾幕の直径は二百メートルにも及ぶ。

第四弾幕が、江草の左側面の少し高いところで炸裂した。江草は第四弾幕を受ける直前、右斜め下に飛び込んだ。高橋もその右下にもぐり込んだ。次の瞬間、江草は第五弾幕の下にもぐり込み、緩降下に入った。高橋はその右へ。やっと死地を脱した。

砲煙は後方に去った。と、江草小隊は機をめぐらし、中国国民党本部手前の高角砲台を狙った。落とされた二機の仇討ちである。むき出しの激しい闘志であった。

高度七、八百メートルになったころから敵の十三ミリ機銃が飛んできた。曳光弾が十発に一発ぐらい混入していて、それがアイスキャンデーのように見える。赤と黄のアイスキャンデーが飛んできて、目の前でポキリと折れて落ちていく。敵の機銃弾が飛んでくるときは、腹の下を撃たれないために、弾の下をくぐるようにして飛ぶ。

高橋隊が揚子江上に抜け出ると、江草がゆっくり蛇行しながら待っていてくれた。高橋はほっとひと息入れると、全身が滝のような汗で、ふんどしまでぬれていた。

公大飛行場に着陸し、司令部の前に整列した。そこで知ったのは、南郷大尉の率いる戦闘機と水上偵察機が敵の戦闘機七機を撃墜したことと、それを聞いて有頂天になっている司令官たちの姿であった。おとりにされて戦死した艦爆隊四人に対する悔みのことばはついに聞かれなかった。四人には、親やきょうだいたちもいる。江草大尉は、司令官の目の前で参謀たちをにらみつけ、

「敵の高角砲は、三千メートルに飛んできた」

と、司令部のテントがふるえるほどの怒声を上げ、後も見ずに艦爆隊のテントのほうへ立ち去った。高橋は江草について歩きながら、「これで戦死した四人も少しは浮かばれるだろう」と思った。

この戦いで中国の測的がきわめて早く、正確であることがわかった。高橋によれば、山勘《やまかん》に頼る日本の直接測距法ではなく、中国は日本の飛行機を立体三角形の頂点に置いて追跡し、刻々の距離を計算する計算距離法を適用しているらしかった。恐らくドイツ式の測的計算盤があって、ドイツ人が操作しているかも知れないと思われた。

制空権を取れるなどとは、とんだ思い上がりであった。そのわけは、当時の中国は英、米、ソ連の三国から飛行機を買い入れ、パイロットもこれらの国々から応援を受けていたからである。翌昭和十三（一九三八）年に、南昌上空にソ連戦闘機I15（複葉、最大速度三百六十二キロ）、I15改（同、三百七十キロ）、I16（単葉、四百五十四キロ）が、それより半年か一年遅れてアメリカの戦闘機ホーク3型が姿を現わしていることを、戦闘機乗りの中島正大尉が確認している。

いずれも九六式艦爆では太刀打ちできないスピードである。ドイツは後に日本と同盟を結ぶのだが、日華事変勃発早々に、日本は事実上、航空戦に関しては世界の列強と戦っていたわけである。

列強の精鋭機と比べて日本の飛行機のエンジン性能の悪さが、昭和十年ごろから日華事変にかけて指摘されていた。エンストで突っ込んで自爆といった事故が日華事変後も後を絶たず、パイロットの中にはやけ酒をあおり、無軌道な生活に走る者もいた。こうした中で、きっぱりと諦観に徹しているパイロットたちがあった。まだ二十代の江草もその一人だった。江草は真夜中に自習で技術書や取扱説明書によく目を通し、事故に備えていた。

十二年九月の第二次南京爆撃で下関《シャーカン》の機銃陣地を爆撃後、江草機のエンジン集合排気管が黒煙を吐いた。江草は揚子江の水面すれすれまで降りてふたたびはい上がるようにして飛びつづけた。公大に着陸するまで、そんなことが三回あったのを、高橋が見ている。揚州では車輪が水をすくって、それでも無事に帰りついたことがある。司令に戦闘報告した際、江草はエンストについては全くしゃべらず、

「きょうは二、三回死にそうになったわい。仕方がないわい、なあ高橋」

と、備後弁で話したのを、高橋はきのうのことのように覚えている。このエンストはいずれも敵弾によるものではなく、整備不良が原因であった。

九月二十五日、南京爆撃は終わった。十一回の攻撃であった。中国政府は相当な打撃を受けたといえよう。この攻撃について高橋は改めて筆者に言明した。

「私たちは中国人に対して同族意識をもっていたから、民家を攻撃するなどということはしなかった。民家を攻撃しても、意味のないことだ。艦爆隊は全力をあげて敵の防空砲火と対決しながら中国政府の戦争指導機関を爆撃したのであって、国際法的に見て世界から非難されるような爆撃はしていない」

この年の九月末、日本政府は、

「爆撃目標は軍事目標に限定し、細心の配慮のもとに正確に実施している」

との談話を発表したが、世界の世論は日本の主張を認めようとしなかった。日本はその四年前に国際連盟を脱退して世界から孤立していたのである。

余談になるが、中国側はしばしば伝単（宣伝ビラ）を日本軍基地にまいた。「この日本軍人の首を持参したら賞金をやる」として、元《げん》単位の額とともに顔写真がのっていた。偉大な八字ひげを生やした江草を幹部と思ってか、いちばん高い額が記されていた。「何だ、おれの首がこんなに安いのか」と文句をいう将校たちもいた。

空母「龍驤」とともに

蔣介石軍が重慶へ退却し、中支作戦が終わった昭和十二（一九三七）年十二月一日、江草は空母「龍驤」の分隊長に任命され、中国の沿岸封鎖作戦と発艦訓練に当たった。

この空母は「赤城」「加賀」につぐ新型空母で昭和八年七月に就役、基準排水量一万六六百トン、発着甲板の長さ百五十七メートル、速力二十九ノット、飛行機搭載数三十六機で、准士官以上八十人、下士官兵八百六十人が乗り組んでいた。十一年六月に発行された『軍艦龍驤案内』によると、一日の食糧費消全量は米三石六斗、麦一石二斗、肉六十貫、野菜四十貫、しょうゆ五斗、砂糖五十斤、みそ二十五貫。電気釜を使い、二時間で八百五十人分の食事をつくった。酒保では菓子、酒、ビールが市価より安く、夏はラムネを一日に二百本つくり、一本一銭五厘で売った。

がり版刷りの「龍驤」新聞を一等整備兵だった北野三郎が保管している。この新聞は日華事変の戦況をはじめ時事落語、川柳、小説、詩歌、欧州ニュースなどを克明に載せており、海上勤務という隔絶した環境をうるおす場として役立った。

朝まだき翼も軽くわが愛機甲板せましと飛び立ちにけり
南海の風なき空を高々と白雲を縫ひて戦闘機ゆく

と、パイロットらしい作品が並んでいる。

艦の組織は、艦長の下に副長、飛行長、飛行隊長、分隊長の順になっており、分隊長は運用、通信、飛行と十ぐらいの分担にわかれていて、それぞれ大尉が所管していた。

北野は江草の第八分隊（艦爆）直属ではなかったが、飛行長の伝令として働くようになってから、いつの間にか江草の下にいるようになっていた。

空母は風上に立ち、秒速十四メートルの合成風速になってから離着艦が可能になる。十四メートルに達したかどうかは、噴出する水蒸気の傾きでわかる。

「蒸気送れ」

「蒸気出ました」

飛行長と、伝令になったばかりの北野との間に、こんなやりとりがあった後、

「風速十四メートル、着艦よろし」

と、北野が叫ぶ。飛行長と北野との距離は、甲板上で三十メートルぐらいしか離れていないが、飛行機の爆音でさえぎられ、飛行長の耳に声が届かない。飛行長は現在の状況をすっかり忘れたように、双眼鏡を手に空を見上げたままである。北野は人指し指を出し、ついで指を四本出して十四メートルに達したことを懸命に知らせるが、飛行長にまったく通じない。といってこの動作をやめてしまったら、こっぴどく叱られそうだ。仕方なく指を出す動作をつづけていると、それと気づいたのが飛行長のわきにいた江草分隊長だった。江草は、「もういい、こっちへこい」というふうに北野を手招きした。これが何回かあった。無駄な動作をしなくてすむので、兵員にとってはありがたい。

よく気がついてくれる分隊長だなあ、と思った。

実戦さながらの猛訓練のもとでは、飛行長はいちいち細かいことにかまっていられない。ささいに見えるが、兵員にとっては重要なこの気配りに、北野は心から感謝した。

北野が書類に印鑑を押してもらいに士官室に行ったときのこと。口やかましい上官に、「きたない服装で入ってくるな」と、どやされた。

似たような話だが、スプルーアンスが若いころ、上官に、「あまりおれのそばに近寄ってしゃべるな。お前のつばがとんで、おれは伝染病にかかってしまうぞ」と嫌味をいわれ、おとなしいスプルーアンスもこのときばかりは怒ったという。狭い艦内の居住区では、とげとげしくなりやすい。着衣が汚れていなくても文句をいわれる。

そこでつぎに印をもらいに行った際、どうしたものかと、北野が士官室をうかがっていると、ちょうどそこへ江草がやってきて、室内に入ろうとして立ち止まり、

「何の用だ」

と、たずねた。北野が説明すると、

「よしわかった。ちょっと待ってろ」

と、書類を受け取って入り、艦長か他の上官に何かいいながら机上の印鑑を押し、北野に戻した。北野は書類を持つと士官室のわきに立ち、江草がくるのを待ちわびた。十九歳の北野にとって、江草がくれば、こわい偉いさんに顔を合わせずにすむのである。

伝令は会社でいえば秘書に相当するので、周囲の人たちをよく見ることができる。

「みんな、だいぶ疲れてきたようですよ。そろそろ上陸にしますか。一万円しますからな」

着艦する機の動きを見て、江草が艦長にしばしばこう話しかけたのを北野は覚えている。

艦長は意地の強い人だった。生殺与奪の権を握っている艦長に、上陸を催促するのは越権と誤解されかねない。江草の柔らかい語り口には、ごく自然な説得力があった。待ちに待つ乗組員の上陸は、江草の進言に負うところが大きかった。

「おい、こんどはいつ上陸だい」

おかげで、北野はよく仲間に聞かれた。

飛行長伝令というよりも、北野は実質的には江草の伝令に等しかった。

一万円しますからな、とは搭乗員一人の養成費のことだが、隊員の生命が金で購えないことを江草はもちろん知っている。軽いいい回しで角をたてずに説得する江草独特の表現だった。

ついでにつけ加えると、飛行機一機の製作費は十万円であった。大企業のサラリーマンの初任給が百円程度の時代なので、いまでは一億円に相当する。機体とエンジンが主体だったので、エレクトロニクスの化け物のようないまの飛行機と比べると、ずっと安上がりではあった。

走りつづけて波と風に揺れる船体。しかも滑走距離は短い。空母の離着艦はむずかしい。縦、横に揺れるほか、この「龍驤」はお尻を左右に振るので、おいらん道中の異名があった。くせが悪いのだ。「龍驤」は台湾海域にあって主として南支方面で行動し、江草は同期の関、下川、一期下の小福田各大尉とともに攻撃に向かう合間、部下を技術指導していた。

「パス高い」

着艦する機をじっと見て江草がそういうのを、北野はノートに記入した。

パス（ＰＡＴＨ）とは飛行機が着艦する際の進入角度である。母艦搭乗員の訓練で、離艦して左または右に旋回し、第四旋回を終わって着艦する際の角度が四・五度から五・五度が正常なパスである。

失速寸前に近い低い角度が要求され、技量未熟だと本能的にパスが高くなりやすい。パスが高いと注意されるのはそのためである。

前部二輪と後輪が同時に三点着艦するのが正常とされ、カエルのような格好で滑走路に入り、後続機の邪魔にならぬよう前方に着艦できれば一人前だ。ところが、実際には三点同時に着艦すると機体が浮き上がってしまう恐れがあり、ほんのわずかな時間のズレを前輪と後輪の間につくり出す必要がある。じつにむずかしい仕事だ。

訓練に先立つ江草の説明は論理的で詳しく、へたな操縦でもあまりやかましくいわなかった。「もう少し何とかならんかなあ」と首をかしげ、つぶやく程度であった。

当人は命がけで操縦している。いうべきことをいい、当人もわかっていながら技術的に上達が遅いのである。はたでとやかくいうのは逆効果だと、江草はじっと見まもっていたのである。しかも変転常ならぬ気象条件が相手である。やかましくいっても仕方がない、と思っていたのかも知れない。

昭和十四年、「龍驤」で艦上攻撃機（略称艦攻、水平爆撃と雷撃）の一等兵曹だった砂原篤三郎氏（清瀬市中里）からお便りをいただいた。

「龍驤」で江草さんの艦爆隊とわが艦攻隊で、共同の夜間爆撃訓練をやった。当時、私の配置は艦攻隊一小隊、つまり艦攻隊嚮導機《きょうどうき》（先頭機）の操縦で、偵察は分隊長の西岡大尉、それに電信員の三人である。

まず艦攻隊発進、間を置いて艦爆隊が発進する。艦攻隊は敵を求めて予想地点に向かう。そして目標弾を一定間隔で落とし、偏流を測定し、艦爆隊に艦攻隊の針路を示すとともに艦爆隊の有視界飛行に資する。

当時の艦載機には自動操縦装置はついていない。夜の会合法で母艦とぶつかる場所を五分か十分、早くか遅く通過すれば、もう母艦の姿はわからない。漆黒の暗闇の中で完全に灯火管制をしている艦船を発見しようというのだから至難のわざである（中略）艦攻隊は「敵艦船」（「龍驤」）の前方に進出して吊光弾《ちょうこうだん》を何発か落とす。真昼のように明るくなった敵艦に向かって艦爆隊は吊光弾をかいくぐり、急降下爆撃を決行する。投弾後、強い光を背に前方暗闇の中で機首を引き上げる。へたをするとストール（失速）になって墜落する。そこで艦攻隊が大きく旋回しながら艦爆隊を集合させる。帰投である。（筆者注・爆撃訓練は擬襲といって、母艦に対し襲撃行動態勢をとり、もしこの場合投弾したとしたら命中できるかどうかを判定する）

海上に直径三十メートルから四十メートルほどの礁がある。その礁も夜光虫でかすかに認められる程度である。それに向かって艦爆隊は高度二千メートルから六十度のダイブをやる。そして持っている演習弾を全部これにたたき込む。まったくみごとである。まるで爆撃の神様を見ている感じである。その礁に全部命中させるためには、もちろん分隊長が指揮する先頭機の進入点が大きくものをいう。江草さんはそれをやってのけた。

　砂原氏の手紙はさらにつづく。砂原氏は沖縄特攻作戦に分隊長として参加する寸前、作戦中止になった経験をもつ。このときの経験から、

「特攻も分隊長（指揮官）が先に体当たりをする。これが海・空軍の鉄則である。春秋に富む若者をあの世に引き連れて行くのである。この若者を叱ったり意地悪したりできるか。江草さんが、いつもニコニコしておられたのはそういうところであろう」

と綴っている。

「龍驤」時代に、江草の果敢で剛直な性格を遺憾なく発揮した例がある。中国戦線で顔なじみの高橋定が「龍驤」に乗り組み、また江草と一緒に勤務した。昭和十三年九月初め、テニアン、サイパン、ロタ方面に行動した。炎熱地帯での連続訓練が目的であった。七日の午前七時ごろ、高橋はロタ島南西百カイリ付近で、列機を一機連れて出発した。九六式艦爆で六時間の航法通信の訓練である。ところが帰投の途中、母艦まで五十カイリのところで、急激に発達した台風にのみ込まれてしまった。

　母艦の予定位置まで帰ってきたが、母艦は台風の中心にいるらしく、まったく見えない。思い切って台風に突っ込む。豪雨と突風でものすごい乱気流だ。急降下爆撃機でなければ空中分解したかも知れない激しさだ。（九六式は十二Gに耐えられる構造）

五分ほどしてから黒雲の中にひときわ黒い母艦の影をみつけ、ほっとして近づいた。そして驚いた。三十度以上のローリングを繰り返しながら艦首を波間に突っ込み、うねりの山を甲板にすくい上げ、潮の奔流が甲板を洗い、とても着艦できそうな状態ではない。

そのころ艦上では、

「ロタ島に不時着陸させよう。アメリカに連絡する」（筆者注・ロタ島はアメリカ領土）

と、艦長。

「いえ、着艦させましょう。高橋なら大丈夫です」

江草が反対する。

「スタビライザーが壊れるぞ」

「かまいません」

「不時着だ」

「いけません。着艦です」

江草は断固として譲らない。母艦上空で旋回しながら、高橋はなぜ着艦許可のサインが出ないのか不思議でならない。二十分ほどたって、母艦はようやく風上に向き、スタビライザー（横揺れ防止装置）が発動してローリングが少しおさまった。

着艦しようとすると波しぶきが車輪を洗う。これがいちばん危険だ。波しぶきを巧みに避け、無事着艦し、高橋はフックを艦上に張られたロープに引っかけ、ことなきを得た。列機も無事着艦した。

飛行機の燃料は一時間足らずしか残っておらず、ロタ島までは百カイリの遠距離なので、着艦するほかはなかったわけだが、着艦に失敗していたら、「艦長に逆らってそれみろ」と冷たい目で見られたことは間違いなかった。この話を筆者から聞いた二年後輩の高岡迪《すすむ》・元中佐は「失敗したら、江草さんは自決ものだったでしょうね」といった。

「江草さんは可能なことと不可能なことをはっきり区別し、可能なことは強硬に貫く人でした」

高橋は、南京空襲の際に司令部の見通しの誤りを大声で論難した姿と合わせ、相手によって態度を変えない江草の不退転の強さを偲んでいる。

訓練の合間、くつろいだ時間には若い士官たちはずいぶん野放図に遊んだらしい。

「オイ、艦長を呼ぼうか」

ある晩、酔った西岡一夫大尉がいった。西岡は江草と同期で、西岡のいるところ、常に笑いの渦が巻き起こる、といわれた活気に満ちた男である。西岡はもうビールを一ダースほど飲み干している。このくらいたてつづけに飲むと、排尿は色、味ともビールそっくりになる。面倒なので厠《かわや》にたたず、西岡は空のビール瓶に自分の液体を排出し、それを飲んで循環させている。自分のものだからかまわない。そこへ、

「オース」

艦長が入ってきた。

「さあ、艦長」

西岡が自分の液体の入ったビール瓶をコップに注ごうとした。すると江草の手がさっと伸びて、

「艦長、こっちがいいでしょう」

と、本物のビールが入った瓶を手にしていった。艦長も心得たもので、江草のほうにコップを差し出した。付き合っても悪ふざけには参加しない。これも江草式だ。

このころの江草の印象について、「龍驤」航海士だった平塚清一氏（国分寺市本町・当時中尉）からお手紙をいただいた。


江草様は口ひげをはやした田夫野人のような方で、極めて優しく、気取らず、これが艦爆の神様として敵から恐れられている方とは到底《とうてい》思われませんでした。その飄々乎とした姿はいまでも眼底に焼きついています。もしいま生きておられても、江草様は絶対に自分の戦功は口にしないだろうと思います。江草様とはそんな方でした。


この口ひげは佐伯航空隊のころからはやし、後ろからでもひげの両端が見えるほど長く大きく伸ばした時期もあり、「ネコイワシ」との仇名があった。ネコがイワシを食わえた後姿に似ていたからだ。名前をもじって「江草たかひげ」とも呼ばれた。

この目をみはらせるような口ひげは、着艦した時しおたれる。で、両手でそれを上に向けて直す。この間数秒。わずか数秒だが後続機を誘導する整備員としては気が気ではない。そ

れでも何とか機体を格納庫に入れることができた。「江草さんの後続機は、口ひげを手入れする時間を計算して少し遅く着艦したのでしょう」と説明する後輩がいた。格好をつけるというのではなく、ひげの濃い体質なので、いちいち剃るのが面倒だったのではないかと考えられる。

やがて戦闘機の中島正も乗り組み、「龍驤」は五十八期のクラス会の観を呈した。

夢の中の蝶

訓練と戦闘が果てしなくつづき、日本の運命が大きく変わりつつあった。独身江草の私生活も変貌を迫られた。

華中で戦っていたとき、同じ第十二航空隊で戦闘機隊飛行隊長であった岡村基春中佐が、江草の人柄に惚れ込んだのである。

岡村はわが国戦闘機の練成期と国産機の開発期にかけてパイロットとして成長し、令名はつとに海軍航空関係者の間に鳴り響いていた。昭和七年、横須賀市浦郷に海軍航空技術を研究する総合機関である航空廠が設立された際、九〇式艦戦を駆使して小林淑人、源田実と組み、運動性に富む乱舞をやって「空中サーカス」と呼ばれた。

ある日、

「機がフラットスピン（水平きりもみ）状態になったら助かるだろうか」

と、パイロット仲間と議論になり、「おれが実験してみよう」と、岡村は自らテストし、落下傘で飛び降りたが回転するプロペラに触れ、左手の指三本を切断する大けがをした。金六百円也の慰労金が出た。

「何だ、おれの指一本がたったの二百円か」

岡村はそういって部下を集め、料亭でひと晩豪遊してそれを使い果たした。そのくらいの金なら小さな家一軒建つかも知れない時代である。豪胆な男であった。兄の徳長もパイロットで、少佐で退役している。

岡村兄弟は高知市の出身。基春は、東京都千代田区の日本キリスト教団富士見町教会の名誉牧師島村亀鶴とは、高知市の県立海南中学校（現小津高校）で同級生であった。

島村は教団の重鎮で、現職牧師のころ、時の首相片山哲が彼の説教を聴きに欠かさず礼拝に出席した。説得力のある説教内容できこえていた。岡村基春について彼はつぎのように話した。

兄の徳長さんは、中学の教練のとき「前へ進め」と号令をかけられるとまったく曲がらず、背嚢《はいのう》を負い、剣を持ったまま川に飛び込んで、先生を驚かせたが、弟も闊達な点が似ていた。義俠心が強かった。喧嘩の仲裁がじつにうまかった。本人もよく喧嘩してたけどね。私も喧嘩をしたことがあったが、たいていは岡村君について行って「ヤレヤレ」とけしかける応援役だった。

彼は腕力があり、度胸満点で受けて立った。いつも弱いほうに味方していた。いじめられる生徒をきちんとかばう。頼まれて他のクラスにも遠征に出かけていった。いい喧嘩ぶりで、天性きらわれない土佐っ子のいい性格をもっていた。クラスをまとめるリーダーシップもあった。彼のような生徒がいたら、いじめの問題なんか起きませんよ。勉強もよくでき上位の成績で、数学は抜群だった。

私も中学時代は軍人より優れた職業はないと思い、中二で陸軍幼年学校を志したが近眼のため果たせなかった。だから岡村君の海兵入学はショックだった。

その言行から、彼は信者でないのに最も聖書的な人だったと思う。私みたいな者が牧師になって、なぜ神は彼を牧師にさせなかったのだろうか。岡村君なら人情に厚い、常識の深い、いい牧師になれただろうに。

中学卒業後、お互い消息不明になってしまったが、もっと早く彼にイエスを知らせておけばよかったと思う。

島村は（岡村も）明治三十三（一九〇〇）年の生まれだが、七十年以上も昔の岡村のことをじつにはっきりと覚えている。キリストの僕《しもべ》となった島村が、最初軍人志望であったという話も時代を感じさせる。

家庭人としての岡村はチャールストンを踊り、確かな音程で「マリネラ」を歌って二人のこども、洋子、武彦姉弟を楽しませた。音感に優れ、街で聴いた歌詞とメロディーをその場で覚えてしまい、次の場でただちに歌って聞かせた。多趣味。芸者にももてたが、公私の別は厳しく守った。

　華中で戦闘がひと息ついたある日、遊んでよいとの指示が出た。Ｓプレー（芸者遊び）が主体である。江草は岡村隊長の前に進み出て、

「制服ですから失礼します」

　そう断わって隊舎に戻った。遊びに行くときは「プレーン」といって平服でなければいけないのだ。

　部下の話によると、江草は芸者のいる席では、ただ黙って杯を重ねるだけで、飲むほどに青くなった。「だから江草さんは芸者にもてなかった」のだという。江草は芸者のかもし出す雰囲気が偽りの感情に見えて、我慢できなかった節がある。岡村に会ったときも、そうした席に出たくないために、わざと制服を着ていたと思われる。

　制服の後姿を見て、岡村はすっかり感じ入ってしまった。遊び人の岡村は、自分と正反対の出方をする江草に讃嘆の情を禁じ得なかった。日ごろの働きぶりは、二年後輩の源田から聞いていたことだろう。

　余談になるが源田と江草は、周水子、公大基地転戦の際に初めて知り合った。同じ広島県人のよしみで、二人は宿舎で親しく話を交わした。

　昭和十二年十月のある日、揚子江中流の安慶に敵機が移動して待機中との情報が入った。江草、南郷両大尉が出撃することになったが、五機の少数機で大陸の奥深く進入するのは非常に危険で、しかも基地帰投は夜間になる。味方の対空砲火にさらされるのも覚悟しなけれ

ばならない。そうなれば不面目この上ない。が、二人は、

「味方に撃たれてもかまいません」

といって機上の人となった。

源田は翼の上にあがって最新の情報と注意事項を江草に与えた。江草は、

「安慶の標高はいくらですか」

ただそれだけを聞いた。標高がわかれば爆撃に必要なデータが計算できる。このとき、源田はつくづく、

「この男は使えるなあ」

と感服した。

そうした隊内での江草に対する評価を見聞するにつれ、岡村は、

「この男に自分の妹を。海軍航空広しといえども、妹の結婚相手は江草しかいない」

と思い詰めるようになっていた。

第一、自分みたいなタイプの男と結婚したら妹がかわいそうだ。妹には自分と正反対の男を、と、かねがね考えていたのだった。

その妹の聖子《きよこ》（本名は清子、戦後、聖子を常用）は、小学校時代から級長をつとめた才媛で、美しく、津田英学塾を出て母親のそばで甘えていた。結婚などはまだ考えてもいなかった。

昭和十三年十二月、聯合艦隊が別府湾に入港した。江草は招かれていたとおり、大分航空隊飛行長の岡村基春中佐を訪問した。聖子も兄に厳しくいい渡されて、きていた。見合いで

ある。

「飛行長の妹さんならいいですなあ」

江草は以前から岡村にそういっていた。

事情を知らぬ江草と同期の西岡一夫が、

「おれも行く」

といってついてきた。西岡は岡村と同じ高知県の出身である。江草は内心弱ったに違いないが文句もいえず、西岡の自由にさせた。

聖子は兄に二人を紹介されたが、あがってしまい、どちらがだれだかわからなくなってしまった。酒が進み、

「飛行長、あしゃあ、こじゃんとやりゅうがですけんど、どうですろう」

土佐ことばが盛んに出るほうが西岡大尉とわかった。では、こちらの仁丹の広告の絵のような大きな八字ひげをはやしている人が、と、聖子は息をのんだ。

うん、うん、とうなずくように二人の話を聴きながら、江草は黙って杯を上げ下げしている。何だか怖そうな感じがした。聖子は早々に滞在を切りあげ、鎌倉の母の許に引き揚げてしまう。

入れ替わるようにして江草の母が福山からやってきた。息子の嫁になる予定の女性を見にきたのだ。ところが、その人はもういない。息子は何もいわず、そんな母にかねて約束の飛行訓練を見せた。超低空で乱舞する荒っぽい操縦ぶりに、母親は度肝を抜かれた。平常冷静

な江草だが、このときはずいぶん荒れていたようだった。母親を連れてきたとき、江草の顔色の悪いのに、旅館の従業員が驚いたという。ショックが大きかったのを隠せなかったのだろう。

すったもんだの末、昭和十四年二月に二人は婚約し、同期の中島正大尉が結納を大分市の岡村宅に届けた。大先輩が正座して押しいただく姿に、中島はくすぐったいものを感じた。

江草は聖子と婚約したころから大分市春日町に住む岡村基春宅をしばしば訪れ、子どもの洋子、武彦姉弟に「おひげのおじさま」となつかれた。

岡村は妻に先立たれた後に再婚したが、子どもたちは新しい母親になじめなかったらしい。武彦は、冬は手足があかぎれだらけのうえに垢がこびりついていて、かさぶた状になっていた。

江草は岡村の家にくると、武彦を抱いてふろに入り、

「痛くないようにして、きれいにしてあげるからね」

と、いいながら、湯舟の中で武彦の手足を温めて垢をほとびらかせ、ゆっくりと丁寧に洗ってやった。そのたびに、

「うつくしくなったよ、たけちゃん」

と、声をかけた。

岡村の後妻に気をつかって、子どもたちを避けて通ろうとする岡村家の来客の中にあって、江草はそんなことにはおかまいなく、「たけちゃん」「たけちゃん」とかわいがった。武彦

も江草がくるのを待ちかねて、たてつづけに質問した。

「航空母艦から出て行って敵を攻撃したあと、どうやってまた母艦に帰ってくるの」

国民学校二年生の質問に対し、江草は図を書いてわかりやすく説明する。

「海軍でいちばん速い船は何ですか」

と尋ねると、江草は優しい顔で、

「魚雷艇だよ。四十ノットも出るんだよ」

と、教えた。

また、一航海したら軍艦をドックに入れて速力が落ちないよう、船底についたカキを落とし、整備することも教えた。

あるとき、別府湾に空母が入港し、武彦が父親に連れられて見に行った際、九九式艦爆が翼をたたんで納まっている格納庫の前で、江草がにこにこ笑いながら迎えてくれた。

「叔父様も（叔母様同様に教師になって）、平和な時代に生きて教壇に立っていたら、生徒たちに慕われる立派な先生になっていたことだろう」

と、武彦は思っている。

目を中国に向けてみると、全面戦争に発展した日華事変は、昭和十二年十二月に日本軍が首都南京を占領してからは、いっそう泥沼の深みにはまっていった。中国側は国共合作を成立させて持久戦に持ち込む決意を固め、トラウトマン中国駐在ドイツ大使の和平調停は失敗に帰した。こうして翌十三年一月、近衛内閣は有名な「国民政府を相手とせず」との声明を発表し、和平交渉は打ち切られたのである。

親日反共の汪兆銘政府が三月、南京に成立し、日米通商条約が七月に入って突然廃棄を通告された。日米関係がいっそう悪化しはじめる。戦時経済によるインフレの打撃を受けて、国民生活は昭和十四年から窮迫のテンポを早めた。統制経済のもと、衣類にスフが入り、米は配給制度へ。街からパン屋、大衆食堂が減り始め、甘い物を求めて市民らは今川焼きなどに行列をつくった。

世相がこのように貧寒の度を加える中にあって、江草と岡村聖子は十四（一九三九）年五月、遠出を試みた。いまでいうデートである。

江草が宮崎県富高基地で飛行訓練をしていたころで、彼は大分市の岡村基春宅まで聖子を迎えに行き、威儀をただして岡村に、

「妹さんをお借りしていきます」

そう宣言し、阿蘇山に連れて行った。

これは江草の発案で、時節がら、結婚後ゆっくり旅行を楽しめそうもないので、つとめて休暇を利用してよい思い出をつくろうという考えであった。

婚約中とはいえ結婚前の旅行は、当時の常識では抵抗のあることだった。ためらう聖子に江草は話した。

「結婚式は神と人との前に結婚を誓うのだから、もしその前に人が勝手に結ばれるようなら、それは野合の衆と変わらないよ。少しでも不安があるのなら旅行はとりやめよう。信頼して

くれて、この休暇を楽しい生涯の思い出にできたら、うれしいね」

　これが、クリスチャンでもない男のことばであった。聖子はこのひとことで、一緒に旅行する決心がついた。この時点から、自分が生涯を託してついていけるのはこの人だ、と思うようになった。

　江草は結婚後、問わず語りに聖子に話した。

「聖子があまりにもまじめだったから、（結婚するまで）手が出なかったんだよ」と。

　聖子は妻から見た江草像について、

「江草はきわめてストイックなタイプと見えるかも知れませんが、ひとことでいえば、彼はストイックどころか、真の自由人であったと思います。人間の自己中心性から見事に解放された自由人であり、どんなときでも細かくゆき届いた他への思いやりのある人でした」

　と筆者に話した。

　津田塾時代、旧約聖書の権威浅野順一牧師の導きでキリスト教の洗礼を受けた聖子は、クリスチャンでもない江草が、キリスト教にも劣らぬ立派な考え方をもっているのに驚いた。

　婚約の旅で、二人はチリンチリンと鈴を鳴らす馬車に乗って阿蘇の八合目まで登った。そこから噴火口まで歩く途中の山かげに、りんどうの花が咲いていた。その清楚な青紫の花を、二人はあかず眺めた。季節はずれに、まるで二人のために咲きだしているように思われた。

　旅館に着いて男女別に仕切った風呂に入り、境をへだてておしゃべりをしたが、湯から上がった聖子は乗り物の疲れに長湯がたたり、急に高熱が出て苦しみ出した。もともと蒲柳の質である。

熱にうなされながら聖子はしきりに、「帰りましょう」といいつづけた。江草の休暇は三日間で、休暇が終わるまでには帰艦しなければならないという厳しい軍律が頭にあって、聖子は無意識のうちに呼びかけたらしい。江草がそのことばを聞きながら、目に涙を浮かべて氷袋を取り替えていたことを、聖子は後で宿の人から聞いた。

注射が効いて熱がさがり、聖子は少し眠った。夢の中で蝶が二つとんでいる。かわいいな、と思って聖子はほほえんだ。

目がさめたとき、江草が、

「にっこり笑っていたけれど、どうしたの」

と聞いた。

「いま夢の中で蝶ちょが二つ、仲良く飛んでいるのを見ましたの」

すると江草は、かたわらの紙を取り上げて何やら書き、読んでくれた。

蝶二つ夢を脱け出し五月空

江草は余技に俳画などを描き、スケッチブックを旅行の際に持ち歩いていた。が、惜しいことにすべてミッドウェー海戦で失っている。

ついでに説明すると、五十八期には絵の上手な人が多く、酒井進は戦後あひる会の会員に。

中島正は福岡県立三池中学時代から本来は画家志望であった。「龍驤」士官室で浴衣にくつろいだ江草が図鑑か何かに出ている蛙を描いている姿を、中島がスケッチしている。中島は、江草が俳画を好んで描いていたのを知っている。

江草と聖子の結婚式はこの秋、東京で大西瀧治郎少将、淑恵夫妻の媒酌のもとに行なわれた。記念写真を見ると、江草の偉大な八字ひげは小さく刈り込まれている。聖子がいやがっているのに気づいて、いつの間にか刈り込んだようだった。

東京駅発の通称「新婚列車」に二人は納まり、箱根を目指した。鎌倉女学校、津田塾を通じての親友の佐藤富美（旧姓高梨）も見送りの輪の中にいた。

「乗ってらっしゃいよ」

気軽に招く聖子の声につり込まれ、では帰宅の途中までと、富美も車内に足を運んだ。華やかに着飾った二人に対し、周りにいた外国人たちが、「どちらが花嫁だろうか」と話し合っているのを、英語に堪能な二人は笑いをこらえて聴いていた。

第四章　機動部隊、北へ

サイレント・ネイビー

結婚して間もない昭和十四（一九三九）年十一月、江草は横須賀航空隊の分隊長兼教官に任命され、砲煙の戦場を離れて久しぶりに陸上勤務に戻った。海軍軍人は基地からさほど遠くなく、しかも閑静な土地として鎌倉方面に住む人が多く、このため住宅探しはたいへんだった。が、幸い静かな住宅街の一隅に落ちつくことができた。

ある日曜日、二人で鎌倉の街を散歩しての道すがら、江草は刀剣屋に入って一振りの短剣を買い求め、緋色の綾織りの絹袋に入れて聖子に渡した。護身用の懐剣として大切にするよう、武人の妻としての心がけをそれとなく求めたのであった。

聖子の親友の佐藤富美がよく遊びにきた。富美は津田英学塾を出て貿易会社に一時勤めたあと、良家の子女としての花嫁修行に移ったのだが、継母と折り合わず、弁当をつくって聖子夫妻のスイートホームに出かけるのを楽しい日課としていた。若い女性二人は一緒に昼食をとり、おしゃべりに時を過ごしているうちに江草の帰館を迎え、そこで夕食となる。終わって三人でトランプをはじめる。江草は真顔で参加した。ブリッジで鍛えている男が、七並べやババ抜きに、飽きもせず打ち興じるのである。楽しいひとときに鬱屈《うっくつ》した気分が柔らぎ、富美は帰る。若夫婦が一緒に駅まで送った。

男が妻の友人を軽く見るのが普通の時代に、仕事に疲れて帰宅し、妻の客の相手をしたのち、その客を駅まで毎晩送るのである。が、富美は江草の嫌な顔をまったく見たことがなかった。江草は、自分のいなくなった後の聖子を思い、富美との友情が末永くつづくようにとその後押しをしていたとも思われる。

新婚の二人は無心によく遊んだ。二階を借りていたのだが、一階にはだれも住んでいないのを幸いに隠れん坊をする。押し入れから便所に至るまで、嬉々として隠れたり見つけたりしてはしゃいだ。

二人だけで夢中になりがちな新婚家庭であっても、佐藤富美の例でもわかるように、他の人がすっと入り込めるような家庭の空気を江草はつくっていた。部下の兵隊が遊びにきて帰るときも、やはり二人で駅まで見送った。

「お客さまだからね」

江草はそういって、いまのグリーン券に当たる青切符を聖子に買わせた。若い兵隊はよく食べる。五品六品と料理をサービスする。そのため聖子は大森に住む長兄徳長宅にいる母に無心に行くことも一再ではなかった。江草は聖子の母に対し、自分の母親に向かうように、その足の爪を切ってあげたりした。

家庭ではこうしてくつろぎ、親身になって人との付き合いを重ねていく半面、陸上勤務とはいえ、厳しい訓練の日々が、またはじまっていた。

海軍航空は必勝の信念や愛国心を声高に叫ぶことはしない。黙って、静かに航空機の改善、搭乗員の質の向上を図るのが伝統となっていた。艦上から出発するのを主とした爆撃機の分野で見ても、九四式艦爆にはじまって九六式、九九式、彗星《すいせい》とつづき、陸上爆撃機の銀河、流星と、太平洋戦争末期まで飽くことのない機種の研究、開発が行なわれた。

右手に操縦桿、左手にスロットルレバーを握り、レバーでエンジンをふかして飛行に移る。ダイビングから反転、宙返り、横転、旋回と地球の引力に逆らう訓練をつづけ、部下に模範を示す。

鳥でもない人間がこのような不自然な動作を重ねると、先に述べたような気圧の影響による航空症状を起こしやすい。江草は中国戦線以来二年三ヵ月に及ぶ激闘で体調を崩し、風邪を引きやすくなっていた。

結婚したころは顔色も悪く、やせて、毎晩のように寝汗をかいた。洗濯機のない時代のこと、汗まみれになった寝巻を何枚も洗うのは新米《しんまい》の妻には骨が折れた。物資の欠乏が目につくようになっていたが、聖子はつとめて栄養価の高い食物を探し、薬草を煎じて飲ませ、夫の健康回復に手を尽くした。

もともと鍛えた体であり、そうした聖子の心遣いもあって、江草の顔に生気が戻り、体に肉がついてきた。

ある日、クラスメートの一人が新家庭を訪れ、

「お前が引き入れするかも知れんと聞いて見にきたんだが、元気じゃないか」

と、安心して帰っていった。

引き入れとは、海軍用語で休職のことをいう。結婚したてのころまでは、江草の健康は最悪の状態にあった。一日四、五十本は吸うヘビースモーカーで、指先が小刻みに震えていた。

「たばこは毒だから止めてください」とストレートにいうと心を傷つける。そう思って聖子は、

「あなた一人の体じゃないんですよ」

と、やんわり注意した。

江草はすぐそれと気づいて禁煙した。隊内でも話題になったらしく、

「倉でも建ててやろうと思っているんだ、といってやった」

と、江草は笑いながら聖子に話した。

新婚家庭のことはひとまず休み、横須賀航空隊当時の活動にふれたい。横空といえば最も重大な任務をもつ航空隊で、権威があった。横空職員である飛行将兵は人物、識見、技能いずれも抜群で、将来の海軍航空を背負って立つという人材ぞろいであった。

「江草さんはやることは的確で、正真正銘、全身全霊をあげて打ち込む。静かで、何ともいえぬ威厳のある人でしたね」

昭和十四年秋に行なわれた年一回の大演習を振りかえりながら、東京都品川区大崎で会社を経営している志賀淑雄（当時中尉・戦闘機乗り）は、きのうのことのように感慨を語る。

「陸奥」「長門」「扶桑」「山城」の戦艦群が千メートル間隔で並び、これを駆逐艦、巡洋艦がずらりと取り巻いて護衛する。上空には直衛の戦闘機が飛んで警戒している。この戦艦群を狙う雷撃隊が編隊を解き、四方八方から入り込むのだが、その前に艦爆隊の接敵、攻撃がある。

江草の指揮する艦爆隊が単縦陣（一本棒）となって戦艦群に突っ込んでくる。これを志賀たちの戦闘機隊が妨害するわけだが、艦爆隊は最初の三機が一番艦、次の三機が二番艦と、つぎつぎと目標に降下していき、戦闘機隊につけ入らせる隙《すき》を与えない。江草と部下の息がぴったり合っているのだ。志賀は舌を巻いた。命中率もすこぶる高かった。

横空時代の江草について、高畑岩夫元少尉（旧姓染矢。大分県佐伯市）からお手紙をいただいた。高畑氏は、艦爆の神様といわれた江草が「染矢の前に染矢なく、染矢の後にも恐らく染矢は出ないだろう」と嘆賞したほどの艦爆の達人であり、恩賜の銀時計の受章者である。

江草大尉は私が昭和十四年十月、「赤城」から横空に転勤になった当時の艦爆分隊長でした。搭乗員生活十年余の間に接した上司の中で、いちばん懐かしく思い出の多い人です。大きい眉と濃いひげ、微笑の中にも目は鋭く、なすことすべて緻密で、そのうえ胆のすわった方でした。寡言実直、一度も部下を叱ったことはありません。諭《さと》すという文字は、この分隊長のためにあったといっても過言ではありません。部下はすべて心酔、団結いたしました。分隊長の方針として艦爆は空戦能力もあり、戦闘機隊に存分に働いてもらうためにも艦爆の空戦技術の向上をと、私たち三名を戦闘機分隊に出向させました。（中略）当時の横空の戦闘機隊は、片翼で有名な樫村兵曹をはじめ猛者ぞろいでした。空戦から射撃まで艦爆隊の意地をかけて頑張りました。艦爆隊は急降下爆撃で引き起こしのときは相当な荷重がかかるのです。それに耐える体力ができているため、巴《ともえ》戦では一瞬のうちに追撃に回り、有利な空戦の展開ができました。

この訓練を終了、つぎには九九艦爆対九六戦闘機の空戦訓練を行ないましたが、信じがたい成果が出ました。艦爆隊が展開中、戦闘機の追撃により単機の空戦となり、高度二千メートルから三千メートルまで夢中で互格に戦い、負けなかったのです。

艦爆隊の爆弾投下後の離脱時の危機は、味方戦闘機の援護は望まれず、艦爆機同士の相互援護に結論が出され、研究がなされました。そのおかげで後日のブーゲンビル島ブイン基地より発進、ガダルカナル島ルンガ泊地艦船攻撃の死闘の際、私の二番機がグラマンに追附攻撃されているのを助けることができました。（中略）みんな江草分隊長の指導の賜物です。

空戦、退避の研修が進む中、分隊長は、私たち三名を率いてこんどは双発の九六陸攻の操縦訓練です。恐らく双発の急降下爆撃機銀河（試作中）は自分の手で完成しなくてはならないと決意されていたことと思います。分隊長がこの機と運命を共にしたことは終戦後承りました。（中略）

机上の理論より実戦重視の分隊長は、標的艦「摂津」に対する爆撃訓練を実施されました。旧式戦艦「摂津」は自由自在に回避を続ける。艦上は鉄板で覆われ、中央マストの観測所から見ているので弾着は正確に報告されました。個人個人の照準点決定の根拠、弾着点、各人の技倆差等々、急降下爆撃法及び隊員指導法の研究に没頭されました。

また三機編隊による急降下法も研究され、その成果は昭和十五年秋か十六年春、皇族が横空ご台覧の時、飛行場内ご座所のすぐ前にある目標旗を囲んで三発の命中弾でお迎えできました。二番機安藤五郎兵曹、私も三番機で参加しました。目標がご座所に近くてちょっと心配でしたが、分隊長のことですからこれくらいのことがやれないで実戦に役立つものか、ぐらいの自信と胆っ玉だったようです。(後略)

操縦上達の方法について高畑氏は、「基本に忠実であること、そして迷わないことです。何でも同じことです」と、電話での質問に答えてくれた。

横空時代の江草について、もう少しつづけよう。三福岩吉氏(高知県土佐市宇佐町)から手記をいただいた。三福氏は珊瑚海海戦に参加、第五航空戦隊の空母「翔鶴」艦爆第一中隊長として敵空母(レキシントン、ヨークタウン)に致命的打撃を与えた後、グラマン戦闘機と交戦、右眼を負傷した。これに先立ち、昭和十六(一九四一)年四月十六日から八月中旬まで約四ヵ月間、分隊士として江草の下で働いた。以下は手記の要点である。

江草分隊長は平常は物静かで口数の少ない方でしたが、いわれることは簡潔明確で判然としており、おちついて肝のすわった底力を感じさせた。分隊長から私の受けたご指導の中で、特にいまでも記憶に残っていることが二つある。

その一つは、着任早々、ごあいさつを申し上げたとき、

「兵学校出身の搭乗員は頭にしろ技倆にしろ、下士官兵に絶対負けてはいけない」

と、いわれたことである。毎日の隊員の搭乗時間割を決めて黒板に書くのは私の仕事であったが、私の搭乗時間は、常に下士官兵よりも多く、一日三時間取っていた。二ヵ月ぐらいして空戦の訓練を始めた。相手は古参の安藤、染矢一飛曹。人物にしろ技倆にしろ、まさに先生である。順次一般下士官兵を相手の訓練に移る。飛行科学生を卒業したばかりで、技はともかく体力、気力においては絶対に負けない自信があったので、最初から思いきりやったものだ。

空戦の訓練時には、手あきの下士官兵はみな指揮所の外に出て空中の格闘戦の様子を見上げるのが常であり、特に分隊士たる私の訓練にはみな興味を持ち、着目していたように思う。着任と同時に分隊長より与えられた訓示の所以はここにあった。

私は後日、「翔鶴」乗組員となってから部下に対して、

「敵戦闘機と遭遇した時には、逃げるばかりだと百パーセントやられる。逃げずに飛びかかっていけば、相手をやっつけるか、こちらがやられるか五分五分の公算となる。思い切ってやれ」

と、いっていたものである。

コロンボ攻撃の後、単機で帰ろうとしたとき、ホーカーハリケーン（注・イギリス戦闘機）一機と遭遇し、格闘戦の末、撃墜したことがある。これも、横空で江草分隊長指揮下の訓練の賜物である。

その二。爆撃目標として老朽艦「摂津」を使い、航行中の「摂津」に対して演習用一キロ爆弾を投下、実戦さながらの訓練をすることがあった。江草分隊長指揮のもと、東京湾外で急降下訓練が実施された。そのとき、江草分隊長の編隊の誘導ぶりを初めて見て、

「ああ！　これだな」

と、思い当たったものである。

高度四千メートルで接敵する。はるか遠方から目標の風上側に占位し、時々、機首を左右に振って目標の動静を確認しつつ急降下地点まで接近し、早目に浅い角度で進入する。漸次角度を深くして、高度五百メートルで降下角度五十度から六十度で爆弾を投下する。余裕しゃくしゃくとして流れるが如く、一糸乱れぬ一連の運動である。

私の飛行科学生当時修得して以来の接敵方法は、風上側から風向に対して左、右いずれでも三十度の角度をもって目標を見やすいようにして接敵するやり方である。この方法だと、初心者は角度が深くなりすぎたり、風を真後ろに受けられないことがある。命中率をよくするポイントは、急降下中に風を真後ろに受けることと、爆弾の投下時に、機の降下角度を五十度から六十度以内に納めることの二つである。

江草分隊長の方法であれば、風は最初から真後ろに受けているので、風力の加減のみを計算して早目早目に角度を調整すればよく、ほとんど毎回狂うことなく、確実に、最良の態勢になりうるのである。

余談になるが、横空で私の列機として、小隊で急降下爆撃訓練をやっていた下士官が、開戦前、ふたたび「翔鶴」で同じ分隊となり、私の小隊の列機として訓練をしたところ、

「分隊士、ずいぶんうまくなりましたね。ついていきやすいですよ」

と、感想をもらしたことがある。

横空では同期の下川万兵衛が戦闘機分隊長、村田重治が艦上攻撃機分隊長として立ち働いていた。先の栗栖の例で見たように、この時代には訓練中の事故で殉職者が相ついだ。下川も犠牲者の一人であった。下川は名戦闘機零戦、つまり零式艦上戦闘機搭乗員であった。

零戦は皇紀紀元二千六百年（昭和十五年＝一九四〇）に兵器採用され、下一けたのゼロを採って通称ゼロ戦と呼ばれた。

零戦が採用され、実施部隊で訓練に使われていた昭和十六（一九四一）年四月、空母「加賀」で二階堂易中尉が急激な垂直旋回をしていた際、主翼の外面に大きなしわが発生し、さらに降下したところ、外板の一部が補助翼とともに飛散した事故が起きた。

横空のテストパイロットだった下川は、たまたま事故機と製造番号が近い機があったので、それを実験してみることにした。ところが、急降下で実験飛行中に飛行機は空中分解し、下

川は脱出することもなく殉職した。四月十七日のことである。

当時、零戦は中国で大きな戦果をあげていただけに、海軍部内のショックは大きかった。ちょうどそのころ、空母「龍驤」で一緒だった北野三郎が横須賀基地勤務となり、江草と建物の階段でばったり顔を合わせた。懐かしそうに北野が敬礼するのに対し、江草はにらみつけるようにして駆け去った。「あの江草隊長が……何だろう?」と解せなかった。後になって、下川大尉の殉職の日だったのだろう、と北野は納得できた。

その前の年には、同期の亀義行大尉が戦死している。渋谷市郎が生前、江草家にあてた追悼文を見せていただいた。つぎの内容である。

昭和十五年、横須賀で亀の海軍葬後、遺骨を仙台に送る役を本来なら小生が果たすべきだったのに、勤務の都合で躊躇していたら、江草が進んで代わってくれた。

ひげが伸びていたようで、水交社の売店で安全かみそりを買ってきた彼に、せっけんでもつけたらとすすめたが、そんなものは無用と、あの濃いひげを素剃りして、どこかに血をにじませていたっけ。巧まず気取らぬ、憎い心意気が懐かしい。遂にその借りも返せないうちに、永い別れとなってしまった。

二十代後半からやっと三十歳に達した若さの同期生たちが、殉職者、戦死者に名を連ねた。こうした犠牲者たちを乗り越え、たじろがず、たゆみなく機種の改良、開発が進められた。技術陣とテストパイロットとの一体作業はますます強化されていった。江草もテストパイロットの一人であった。

ここでまた、家庭人としての江草に話をもどす。

江草は横空時代、出勤の際、かばんの中にかならず聖子の写真を入れていった。結婚前に撮ったもので、はにかんで少し斜めにかまえた和服姿である。アメリカ海軍では艦上勤務の場合に妻の写真を胸にしまっていくのは珍しくないが、日本海軍で日米開戦前に、それも陸上勤務であるにもかかわらず、妻の写真を常時携帯するのはあまり例がない。

休みの日、二人はよく散歩した。隣家の夫人と道で会う。先にあいさつされた後、

「いまの人はだれ？」

と、江草。

「あら、お隣の奥さんじゃないの」

「あ、そうか」

数日後、また同じ夫人に出会う。その直後、同じ質問を江草は繰り返す。

「もう忘れたの。お隣の奥さんよ」

また、こんなこともあった。

道すがら、男が少年に大八車を引かせ、後ろから鞭を当てているのに出会った。

「何をするか、やめんか」

と、江草は顔色を変えて男をどなりつけた。

江草が怒った顔は、聖子にとってこれが初めてであった。ことばづかいは丁寧で、「やあ、いらっしゃい」と聖子におどけていい、聖子を「きいこ」と呼ぶこともよくあった。

中国との戦争は解決の目途もつかず四年近くになり、日本の非を鳴らすアメリカと日本の間で日中間の和平回復をめざす交渉が十六年三月からワシントンではじまった。「日本はワシントンで結ばれた九ヵ国条約を守るため、中国大陸から全面撤退せよ」と、ハル国務長官は原則を固持して譲らず、いたずらに日時が流れていった。

海軍軍人である江草は、太平洋の波が逆巻き、荒れていくのを肌にひしひしと感じていた。日米開戦前に、江草のクラスメートは戦死、殉職、病死を合わせ、すでに二十二人に達していた。妻と交わすことばの一言、一言にも、「こんにち、ただいま」の時を大事に過ごす習慣がついていた。十五年七月、長男浩之が生まれた。

出産後の八月ごろ、聖子は体調をくずして臥せっていた。江草が突然、「チガラスの曲を吹いてやろうか」といって、浴衣姿で膝を組み、聖子の枕元で尺八を吹きだした。千鳥の曲を、ふざけてチガラスの曲と呼んだのだ。艦隊が入港して上陸するたびに、別府あたりで習ったらしく、一回の授業ごとにお師匠さんのハンが受講証明書に押してあった。どういうわけか名前を三郎としてあった。三男だから三郎で間違いはないわけなのだが。

聖子も琴を習っていた。

「二人で琴と尺八を合奏して、暮らしたいね」

「ええ、そうしましょう」

枕元で静かな会話が交わされた。

横須賀航空隊勤務では後に飛行場整備監督を任された。前任者の吉岡忠一少佐（当時。神戸市長田区）に見込まれ、吉岡が司令に江草を推薦した結果の人事であった。横空には選り抜きの大尉、少佐が約三十人働いていた。吉岡は高度と爆弾の命中率との関係を研究していたが、

「会議のたびにどうすれば目標によく当たるかについて、江草さんは風向、風速、射点、高度などを問題点として、じつに優れた質問を私に出した。私の同期（五十七期）に小牧一郎という名艦爆乗りがいたが、江草さんは小牧と同じくらい優秀な人だった」

と、話している。

三福岩吉中尉が横空にきた時期は、江草は既に同期の奥宮とともに、艦爆の名指揮官としての実力を蓄えていた。

対米開戦前夜

昭和十六（一九四一）年二月初め、第一航空艦隊旗艦「加賀」は、有明海の志布志沖に錨を入れていた。幕僚源田実中佐は、当時鹿屋にいた第十一航空艦隊参謀長大西瀧治郎少将から一通の手紙を受け取った。

「相談したいことがあるから鹿屋にきてくれ」とのことだった。

鹿屋基地に到着した源田は、さっそく大西参謀長の公室に案内された。大西はいつものとおり微笑を浮かべ、ゆっくりと話を切り出した。どんなときでも落ちついて、話すのも歩くのも悠然としているのが大西の特徴である。江草夫妻の媒酌人であることは前に述べた。

「ちょっと、この手紙を読んでくれ」

と、一通の手紙を懐から取り出した。

源田が何気なく見ると表には、

「第十一航空艦隊司令部　大西少将閣下」

とあり、裏には、

「山本五十六」

と、書いてあった。何か特別な便できたらしい。むろん郵便ではない。美濃罫紙に山本独特の達筆が墨痕あざやかに浮き出ていた。

字句どおりに、はっきりとは覚えていないが、内容は、

「国際情勢の推移如何によっては、日米開戦のやむなきに至るかも知れない。日米が戦う場合、わがほうとしては、何かよほど思い切った戦法を取らなければ勝ちを制することはできない。それには開戦劈頭《へきとう》、ハワイ方面にある米国艦隊の主力に対し、わが第一、第二航空艦隊飛行機隊の全力をもって痛撃を与え、当分の間、米国艦隊の西太平洋進攻を不可能ならしむるを要す。この作戦をいかなる方法によって実施すればよいか研究してもらいたい」というものであった。（源田実『真珠湾作戦回顧録』）

源田はこの手紙を一読して、

「うーん、偉いことをやるもんだ」

一本取られた、というのが実感であった。

源田はつづける。

「それまで西太平洋海面における邀撃《ようげき》作戦を固定した兵術思想とし、艦の設計、製作から艦隊の演習、術科の訓練、兵力構成に至るまで、すべてこの思想のもとに三十数年間を過ごしてきたわが海軍の用兵家にとっては、この山本聯合艦隊司令長官の構想は、全く青天の霹靂《へきれき》だったに違いない」

事実、それまで何百回となく繰り返された演習、図上演習で、大正十一（一九二二）年二月のワシントン軍縮条約により対米英六割の勢力しかもっていなかったわが海軍が勝つことは、特別な幸運にでも恵まれない限り、あり得ないことであった。

大西少将のもとを辞した源田は「加賀」に帰り、ひそかに検討をはじめた。一週間後、源田は二つの案をもって大西少将に提出した。素案の素案だが、二種類の攻撃計画であった。

第一は、雷撃（魚形水雷で攻撃）が可能な場合。第二は、雷撃が不可能な場合である。

雷撃をするときは、艦上攻撃機（略称艦攻、雷撃と水平爆撃）の全力を雷撃機とし、これと艦爆の共同攻撃をするというもの。雷撃が不可能な場合は、艦攻は全部おろして、その代わりに艦爆を積み、攻撃は全面的に艦爆に依るというものである。使用空母には、第一航空戦隊（略称一航戦）の「赤城」「加賀」、第二航空戦隊（二航戦）の「蒼龍」「飛龍」の全力

（四隻）と、第四航空戦隊（四航戦）の「龍驤」を加えたものであった。

大西少将は四月初め、源田案をもとにして起案書をまとめ、山本長官に提出した。大西案は九月ごろ、源田に示された。いくつかの変更が見られたが、雷撃の能否がこの作戦の成否を決するものであることに変わりはなく、浅海面雷撃がその後、母艦部隊の重要な研究項目となった。

雷撃関係の中心は「赤城」飛行隊長の村田重治であった。源田が、「ブーツ」という仇名のある村田重治に聞いた。

「どうだ、ブツ、できるか」

「何とかいきそうですなあ」

この一言で作戦が決まった。

最大の難関である浅海面の魚雷発射問題が解決したのは、機動部隊の内地出撃が迫った十一月十日前後で、これで真珠湾攻撃に関する一切の技術的問題は解決された。残すところはそのための特種魚雷の不足分を受け取るだけで、これは遅れて出港する予定の「加賀」が引き受けることになった。

九月に入ると、ハワイ攻撃のおよその案はできていたので、空中攻撃隊が編成された。予定変更があったりして、結局、第一航空艦隊に所属する一航戦と二航戦の空母四隻を主兵とし、第一次攻撃隊百八十三機、第二次攻撃隊百六十七機の計三百五十機が参加した。総指揮官は淵田美津雄中佐であった。淵田は戦後、キリスト教伝道師となり、全米各地に福音の爆弾を投げ与える運命をたどる。

指揮官と列機搭乗員が気心を合わせられるようにと、空中統一指揮が行なわれた。一、二航戦の艦爆は「蒼龍」飛行隊長の江草が統一指揮することになり、一航戦の艦爆隊は宮崎県富高基地に、二航戦の艦爆隊は鹿児島県笠ノ原基地に結集した。

一方、艦攻は一航戦が鹿児島基地、二航戦が出水（鹿児島）を基地とし、うち水平爆撃を淵田、雷撃を村田の統一指揮と決めた。

そして艦上戦闘機は、一、二航戦とも大分県佐伯基地に集中し、「赤城」飛行隊長板谷茂少佐が統一訓練をした。

江草は十月十五日付で少佐に進級した。

十月のある晴れた日の午前、有明湾に碇泊していた旗艦「加賀」の長官室をめざし、第一航空艦隊麾下の各母艦飛行長、飛行隊長がぞくぞくと「加賀」の舷梯を上がって行った。むろん母艦の艦長、司令官、幕僚も一緒である。

全員そろったところで、小柄でがっちりした長官南雲忠一中将が口を切った。

「万一、日米開戦ともなれば、わが第一航空艦隊はＡＩ《エーアイ》（ハワイのこと）空襲を行なう予定である。容易ならざる作戦であるが、何とか成功にこぎつけなければならない。極秘中の極秘であり、機密の漏洩は即敗北を意味する。しかし、一切を機密の幕の中に包んでいては訓練にも身が入らないだろうし、訓練計画や実施も思うにまかせないだろう。そこで直接飛行隊の教育訓練に当たる飛行隊長及び艦長、飛行長に集まってもらった次第である」（源田実

『真珠湾作戦回顧録』)

陸から海へ、海から空へと戦いの中身が飛躍しようとしている。人類がいまだかつて経験したことのない冒険的な作戦企図を知らされたのだが、江草ら飛行隊長たちの受け止め方はきわめて冷静だった。源田は後に、その中の一人に、南雲長官の話を聞いた直後の感想を求めたところ、

「はじめは、ちょっと、ぎくっとしました」

と、答えた。これほどの大作戦を聞いて、ぎくっとしなかったとしたら、よほどの傑物《えらもの》か鈍感な人だろう。動揺を外に出すか出さないかであった。

同じ十月、源田参謀は佐伯基地にも飛来し、人払いした指揮所で、一、二航戦の戦闘機隊の隊長、分隊長に対し、真珠湾攻撃計画を説明した。

志賀淑雄大尉がこの計画に反論したが、「文句をいうな」「最初は片道攻撃の案であった。すでに確定である」と一喝された。志賀は、源田を送り終わってクラスメートに、「このような大事をいまから話すとは軽率と思わぬか。もし漏れたらどうなる。おれは自分が怖いよ」と話した。志賀は真珠湾攻撃の際、「加賀」に乗り組み、第一次制空隊第二隊指揮官として活躍する。

源田は、「こんな猛訓練の目的は何だろう。アメリカのどこを狙っているのかな」と、風呂屋で兵員が話していたというのを人づてに聞き、指揮官クラス以上には一応伝えておいたほうがいいと判断して右のように説明したのだった。

やはり同じ十月のある日、「加賀」艦爆隊員として富高基地で訓練に励んでいた小瀬本《こせもと》国雄一等飛行兵（当時。岐阜県高山市）に突然「蒼龍」への転勤命令が出た。小瀬本はあこがれの母艦搭乗員になった十六年四月から「加賀」に配属され、居心地のよさを喜んでいた。それを察した上官の分隊士（中尉）がわざわざ呉鎮守府の人事担当者のもとに二回も足を運び、転勤のないように頼んでくれたばかりだったので、ショックは大きかった。早くから善行章をもらった小瀬本は優秀なパイロットであり、「加賀」としても当分の間は引き止めておきたかったのだ。とはいっても、軍隊に私情は許されない。まして海軍という組織は、平常から人事交流が活発で、適材適所主義による人材活用で組織の強化を図っているのである。しぶしぶ承諾した小瀬本は、久しぶりに汽車に揺られての異動を考えながら荷造りを進めていた。爆音がするので滑走路を見ると、一機の九九式艦爆が着陸するところだった。尾翼に「蒼龍」のマークが入っている。胴体後部には、濃緑の地に黄色のペンキで虎縞の模様が一面に塗られている。へんな飛行機だった。

「汽車で行くのが待ち切れずに迎えにきたのか」

小瀬本は面白くなかった。

九九式艦爆から降りてきたのは、目の大きな、小太りで、ひげの剃りあとが濃い士官だった。士官は用をすませると、外にいた小瀬本のそばへやってきて、

「小瀬本か」

と声をかけた。思いのほか優しい声に、ちょっとびっくりした。

「はい、よろしくお願いします」

と答えると、

「荷物は飛行機に積んで一緒に行こう」

と指示された。

これが江草と小瀬本の出会いであった。

小瀬本は、最前からの不満がいつの間にか消しとんでいるのに気がついた。

「隊長がわざわざ迎えに飛んできてくださったのか」

と思うと、胸が熱くなった。

小瀬本が同年兵一人ひとりと肩をたたき合って別れを告げている間、江草は一言も発せず待っていた。

艦爆隊員全員が、訓練を一時中止して見送りの位置についている。江草は黙って見送りの人々にいちばん近い離陸線に機をつけた。ここでまた、江草の無言の思いやりに、小瀬本はふたたび胸を熱くした。

機は快晴の空に飛び立ち、江草は家族や加賀の訓練状況を後席の小瀬本にたずねた。小瀬本は楽しい気分で答えた。このとき、小瀬本は二十歳二ヵ月で「蒼龍」艦爆隊というより二ヵ月後に真珠湾を襲う全搭乗員の中で、最年少だった。したがって編隊訓練ではいつもしんがりであったのだが、虎縞模様の隊長機はすぐに目につき、どんな位置、角度からもよくわかった。

空中での江草はいつも風防を全開にし、座席をいっぱいに上げ、仁王立ちになって操縦席から立ち上がるような格好で飛んでいた。風防を開けるのは、風防に付着したごみやしみを艦船と見誤まる恐れがあるからだという。徹底した仕事ぶりに若い小瀬本はすっかり心服した。

海軍は歌の文句にもあるとおり、きちょうめん、をモットーとしている。江草の後のクラスでつくられた「五省」の一節にも、「無精にわたるなかりしか」というのがある。艦船であれ飛行機であれ、複雑な機械、計器類を取り扱う仕事であり、しかも狭い居住区内で団体生活を続ける限り、きちょうめんな性格、動作が当然ながら要求される。それにしても、江草のきちょうめんぶりは徹底していた。

先輩搭乗員が、「江草、きょうはもうそのへんで切りあげろ」と訓練日程を短縮させたことがある。上官の命令なので仕方なく服したが、以後、江草は彼を嫌って、そうした上官の気質を少しでもその部下に見たりすると、彼には珍しく八つ当たりした。でたらめ、いいかげんさが許せないのである。

余談だが、江草は小瀬本を迎えに行ったとき、すでに真珠湾攻撃計画を知っていたに違いない。その少し前、江草は中国戦線で共に戦った高橋定大尉にも、「どうだ、またおれと一緒に働かないか」と、それとなく打診している。高橋は残念なことに、霞ヶ浦航空隊の教官として学生とサッカーをしていて大けがをした後遺症が重く、江草の希望に応じられなかった。

富高基地では海岸の砂地に白いペンキで甲板を描き、一キロの模擬爆弾を当てる訓練が昼夜の別なく行なわれた。笠ノ原基地でも同じように夜間編隊飛行、夜間着艦、索敵、急降下爆撃、射撃など熾烈きわまる訓練がつづいた。標的艦「摂津」に対する急降下爆撃も練度があがるにつれ、命中率が高くなっていった。

急降下爆撃の場合、一番機が命中させるのはきわめてむずかしい。それは敵艦のスピード、風力、風向などのデータがほとんど推定値のためである。二番機以後だと、一番機の結果を見て照準を修正できるので命中の確率はずっと高くなる。ところが、訓練と歴戦で鍛えた江草隊長の爆撃は、第一投弾にもかかわらず、かならずといっていいほど命中弾を得ていた。ツーと突っ込んで、機首をぐっと引き起こす。格別深く突っ込んでいるようにも見えないが、ぴたりと命中する。小瀬本ら後続の隊員たちはひたすら感服して見ていた。それだけに二番機以後がはずしたら恥ずかしいので、隊員たちは一撃必中をめざしていっそう訓練に励んだ。昼間は四時間、夜間は一時間半から二時間、連続二週間が肉体的に限度である。それにしても異様な猛特訓であった。

ところで江草はこの夏、満一歳になった長男浩之を背中に乗せて由比ケ浜の海に遊泳したのだが、その後がいけなかった。海からあがって唇が紫色になっている幼児に、江草夫妻は鉄火巻を食べさせた。そのためか浩之は翌日から重い赤痢にかかり、隔離病棟に入院する事態となった。聖子は次の子どもを懐妊していた。乳幼児赤痢は、当時極度に危険な病気だった。が、聖子は身重の体にもかかわらず、隔離病棟に入って浩之の看病をしていた。

江草が「蒼龍」飛行隊長を命じられたのは八月二十五日付である。幼い長子は重病、そのうえ身重の妻を残しての艦隊転出であった。


十一月初旬、艦隊航空隊は所属の空母へ収容されることになった。「蒼龍」艦爆隊も、笠ノ原基地を離れ、全機母艦へ着艦した。これが四十五秒間隔の連続着艦収容である。木の葉が浮いたような空母。右へ左へ揺れ、前にも後にも沈む艦に対し、最後のパスに入って接艦するのだ。いったん艦尾に入ったら絶対にやり直しがきかないので、ベテランパイロットでも全神経を集中して操縦するのである。人呼んで「着艦サーカス」という。以下は『艦爆一代』（小瀬本国雄）から引用させていただく。


母艦収容後、第一航空艦隊の一、二航戦と五航戦（「瑞鶴」「翔鶴」）の各飛行機隊が訓練の総仕上げともいうべき、佐伯湾在泊中の聯合艦隊の主力艦船に対する攻撃訓練をした。

艦爆隊は指揮官江草少佐の細かい指示を受けて編隊を組み、佐伯湾に向かった。空を圧する艦爆隊の千メートル上空には制空隊のゼロ戦が軽快に飛翔を続け、威風堂々の陣容に、搭乗員は伝声管で実戦そっくりだなと感嘆の声をあげる。

戦爆連合の大編隊が、めざす佐伯湾上空に近づいた時、はるか彼方から突如として敵に擬した戦闘機が数十機、艦爆隊の頭上へ殺到してきた。すかさず、これを迎え撃つ制空隊の戦闘機が三つどもえとなって、壮絶な空戦を展開した。

残余の戦闘機はわが艦爆隊へ突進してくる。艦爆隊は江草隊長機の「トツレ」（突撃準備隊形つくれ）のモールス信号で一本棒になって目標を確認する。めざす目標は山本長官の座乗する旗艦「長門」である。目標上空で「トトトト」（全軍突撃せよ）が下令された。

各機は一撃必中の気迫を込め、「長門」をめざして突っ込んでいく。偵察の高野兵曹が、刻々と高度を知らせてくる。

「高度千メートル」

「八百」

「ヨーイ」

「六百、撃てえ」

爆弾投下索を思い切り引く。と、同時にぐいと操縦桿を両手で折れよとばかりに引き寄せる。体全体が座席の中に押しつけられ、目から火花が散り、かすんで何もみえない。目がかすかに見えるようになると、高速を利用して低空を避退しながら前機に編隊を組む。実戦さながらの大空の一大航空ページェントである。

攻撃終了後、飛行隊はがっちり編隊を組み、全機空母へ帰り着艦した。この壮絶な攻撃訓練は三日間実施された。一回の訓練に参加した飛行機隊は合計三百数十機で、これが開戦当時の空母隊の全容であった。

こうして「蒼龍」を旗艦とする二航戦は佐伯湾に入港した。久しぶりに上陸が許された。

帰艦すると分隊長から急に、「身辺の整理をして、不要な物品は全部佐伯に陸揚げするからまとめておくように」と申し渡された。次々と陸揚げされる荷物を見て、私は何となく、「再びあの荷物を手にすることはないのではないか」と、そんな不安が脳裡をよぎった。が、ハッとわれにかえり、そんな思いを強く否定するのだった。

戦闘機と爆撃機による戦爆連合の同時、共同攻撃体制が、こうして編成されたのであった。

隠密の北上

こうした日夜を分かたぬ激しい訓練のさなか、予期していた「その日」が刻々と迫りつつあった。

十月、近衛第三次内閣の総辞職後、ただちに東條内閣が成立した。国民の虚を衝いたような政権交代劇だったが、多くの人々はまだ日米交渉に期待をつないでいた。庶民にとっては十一月一日の煙草の大幅値上げのほうが身近なショックであった。この日の東京朝日新聞は一面に四段抜きで「煙草画期的値上げ」の見出しで「桜」の十八銭、「朝日」の二十銭をいずれも二十五銭に引き上げるなど、二十種類のたばこの改定定価表を掲載している。この値上げで平年度一億四千六百万円の増収が見込まれているとしている。

ＡＢＣＤ包囲の鎖がじわじわと日本を締めつけつつあった。来栖大使がアメリカに飛んで、先に交渉に臨んでいた野村大使と力を合わせ、難局打開に当たった。感謝祭出席を取りやめたルーズヴェルト大統領、ハル国務長官と野村、来栖両大使の会談が行なわれた。交渉は困難であっても絶望、衝突という見通しをたてる人は少なかった。

十六日、江草は鎌倉市材木座で留守を守る妻に手紙を書いた。（注・かなづかい、漢字を現代表記に改める。妻の名清子は、戦後聖子を常用）

きょうは久しぶりに当直将校として船の操舵を号令してみた。二年ぶりだ。天気はよく、揺れもせず絶好の航海だ。当直が終わってから大森と大分と広島へ手紙を書いた。だいぶ暇になったからだ。早く書きたいと思いながらも一日延ばしにきょうまで延ばした。

大分と大森へは酒盗のお礼と、とても元気で居ること、いま与えられた配置はたいへん重要配置なので重責を果たすため一生懸命やって居るからご安心下さいという意味のことを書いた。広島へは返事の意味で論功と進級を書き、たいへん元気で暮らして居ること、浩之も庭で砂いじりをしたり、ラジオ体操のまねをするようになったこと、疲れるので昼寝も夜休む時もいい子をしているらしいこと、清子も元気で順調だから、十二月半ばには安産するこ と、生まれる子どもの名前はもうつけたことを書き、少佐にはなったし子どもも、もうすぐ二人になるので書類その他を便利にするため戸籍を分けていただきたいということを書き添えた。

あす上陸でもできれば何か送りたいと思うけれど、上陸はどうもどうなるかわからぬ。（あす上陸できなければ十二月二十八日の記念を買うような所へこれから後上陸するかせぬかわからぬ＝注・この個所はペンで幾筋も消して読めないようにしてある）十二月二十八日をことしこそ記念したいと思う。
書きたいこともあるが、明朝一番定期で手紙を出させるためと、もう十二時を過ぎて居るのできょうはこれで止める。くれぐれも体を用心なさい。
十一月十六日　　　　　　　　　　　　隆繁
清子殿

封筒には四銭の軍人切手が張られ、「検閲済」のスタンプが押してある。差し出しは、「横須賀郵便局気付軍艦蒼龍　江草隆繁」となっており、十一月十六日付の消印である。

これは疑いもなく遺書のつもりで書いた手紙であろう。大森（岡村徳長）、大分（岡村基春）、広島（福山の実家）にそれまで手紙を書いたことはなかった。戸籍独立のことも戦死後の妻子の生活を考えてのことと思われる。

聖子は忘れていたが、十二月二十八日は、初めて基春の家で聖子と会った日らしい。その記念の祝いの品も買う機会がなさそうなので消してあるのだろう。

十七日、佐伯湾にいた「赤城」に突如、山本聯合艦隊司令長官がきて、各級指揮官を集め訓示した。「赤城」艦爆隊の阿部善次大尉（現名・善朗。東京都小金井市）はこのとき、山本長官が、

「アメリカの太平洋艦隊司令長官キンメル大将は数クラスを飛び越えて抜てきされた優秀な提督であり、立派な人である。従って、決して油断をしてはいけない。サムライは寝込みを

襲ってはいかん。枕をけって、相手をして目をさまさせるのが第一だ」

と、淡々とした語り口で訓示したのを覚えている。阿部はこれに先立つ十月中旬、笠ノ原基地の士官宿舎会議室で、十人ほどの士官とともに、ハワイのオアフ島と島内にある真珠湾の模型を見せられている。阿部は江草について、

「ブリッジが強かった。宴会では黙って静かに飲む。ちょっと人を笑わせることをいう。いつも明るく、大人の風格があった」

と、懐かしそうに印象を筆者に語った。

「赤城」は山本長官の訓示後、十八日午前九時に佐伯湾を出港した。そして、同じ十八日の正午、「蒼龍」「飛龍」も何気ない様子で佐伯湾を出港した。航空関係の隊長クラス以上の指揮官を除き、乗組員は行く先を全く知らされていない。またいつもの猛訓練が始まるものと思っていた。

「蒼龍」艦長柳本柳作大佐の伝記『柳本柳作』が出身地、長崎県平戸市立図書館に保存されている。私家版として書かれたもので、その一文として艦上攻撃機一等整備兵（当時・のち上等整備兵曹）伊藤鉄三郎氏（青森県むつ市）は、「死生一如」と題し、つぎのように書いている。


鹿児島県とはいえ熊本県境に近い高原の夜は冷たかった。出水基地での明け暮れ、午前、午後、夜間、または黎明飛行等、内容は発着訓練から爆撃、射撃、雷撃、霧中飛行、計器飛

行等、あらゆる訓練のための作業だった。搭乗員はもちろんたいへんなことではあったが、整備員はもっと苦労が多かった。絶え間なく使用される機体の点検には一分の見落としも手抜かりも許されなかった。

飛行前の点検はもちろん、特に飛行後はただちに異常の有無の確認、燃料系統、電気、油圧操縦系統、無線、計器類に至るまで、ネジ一本、針金一本の緩みも直接事故につながることを思えば、それこそ寝食を忘れて当たらねばならなかった。

「こんなこともできんのか」

「わからんのか、勉強が足らん」

ちょっと間違えば鉄拳が飛んでくることを覚悟せねばならなかった。

十八日佐伯湾を出港。大規模な演習へ向かうと知らされた。真夜中、拡声器の音がして、静かな声で、

「間もなく金比羅宮沖を通過する」と放送された。

「おや、改まって何だろう」

と思いながら吊床の中で眠ってしまった。恐らく大きな酒樽が海上はるかに奉納されるだろうなあ、と思いながら。

翌日は、「第一種軍装に着替え、総員集合」がかかり、将兵正装して整列。柳本艦長の凛々しい姿が台上に現われ、大陸の戦況や国際情勢の緊迫した空気、本艦としても、いつ参戦の命があっても対応できる覚悟であることを諄々と説かれたあと、厳かに伊勢神宮に遥拝

し、各自故郷の方向に向かって、しばし黙禱を捧げるよう命ぜられた。大規模な演習へ出かけるとはいえ、ずいぶん念の入ったことだと思っていた。

艦長の訓示内容から、おぼろげながらもただならぬ戦雲を感じ取った者もいた。十一月中旬の海は寒い。飛行訓練もなく、暇をもて余し気味の若い兵員は発着甲板へあがって四方の海を眺めたり、体操をしたりの毎日だったが、だんだん寒さが身にこたえるようになってきた。艦は北上しているのである。

十一月二十二日、入港用のラッパが戦艦「比叡」の艦内に鳴り響いた。

「おい、ここはどこだろう」見渡す山々は雪に覆われ、山頂から吹きおろす風は肌を刺した。

「比叡」は十一月十八日夕、横須賀港を出港した。行く先は艦長しか知らなかった。防暑服と防寒服を同時に積み込んだので、「比叡」の高角砲指揮官茂木《もてき》明治少尉らは、

「北方から南方までにわたる大演習に参加するのではないか」

と話していた。

「比叡」は金華山沖を北上し、二十一日になると、どこからともなく巡洋艦、駆逐艦が一隻また一隻と現われ、「比叡」と同じ方向に黙々と北上をつづける。

そして二十二日、千島列島エトロフ島単冠《ヒトカップ》湾の岬を回って湾内を見渡した時、乗組員は思わず、

「わあっ」

と驚きの声をあげた。そこには「赤城」「加賀」「蒼龍」「飛龍」「瑞鶴」「翔鶴」の六隻の正式空母を中心とした大機動部隊が並んでいたのだ。

以下は茂木少尉（のちに大尉）の回想である。


十一月二十三日午前、機動部隊旗艦「赤城」から信号があって各司令官、司令、艦長は「赤城」に集合した。その打ち合わせに出席した「比叡」艦長西田正雄大佐は午後になってから帰艦した。その夕刻、「比叡」艦内に「総員集合」の号令がかかった。それでも私たちは重大事態に巻き込まれつつあることには気づかなかった。

吹雪は上がっていたが、残光の中を北西風が吹きさらす露天甲板は寒さがきびしかった。

西田艦長は号令台に立ち、満面を紅潮させて音吐朗々と命令を伝達した。

「わが機動部隊は二十六日当地を出撃する。目的は開戦へき頭ハワイの米太平洋艦隊を撃滅するにある。多年訓練に励んできたのはこの時のためである。諸子の勇戦奮闘を望む」

一瞬、満場は静まりかえった。それから一、二呼吸後、期せずして総員が、

「うわーっ」

と絶叫した。これが雄哮《おたけび》というものかと私は思った。


公刊戦史によると、二十三日、各級指揮官、二十四日、飛行科士官を「赤城」に招集し、南雲長官の訓示を受け、作戦の打ち合わせをした。木の葉のように揺れ動く内火艇へサーカ

スもどきの作業で一人ひとりタイミングよく飛び移る。海の男ならではの敏捷な動作である。舷側からこれをのぞく兵員の眼は、「一体何ごとか」と異様に輝く。給油船八隻がせわしげに動き出し、各艦へ補給して回る。「赤城」の甲板中央には、真珠湾と湾内の米艦船群の精巧な模型が置かれてあった。

南雲長官は飛行科士官に対し、

「暴慢不遜なる宿敵米国に対し、いよいよ十二月八日を期して開戦せられんとし、ここに第一航空艦隊を基幹とする機動部隊は開戦へき頭、敵艦隊をハワイに急襲し、一挙にこれを撃滅し転瞬にして米海軍の死命を制せんとす。

これ実に有史以来未曾有の大航空作戦にして皇国の興廃は正にこの一挙に存す。本壮挙に参加し護国の重責を双肩に担う諸子においては誠に一世の光栄にして、武人の本懐何ものかこれに過ぐるものあらんや」

と訓示した。

これを受け、「蒼龍」では柳本艦長が壮烈きわまりない訓示をした。

「斃《たお》れてのち已む、ではない。最後の一兵になろうとも、一片の肉、一滴の血が残れば、それにて敵にぶち当たれ。歯一本残れば、それで敵にかみつけ」

柳本艦長はふだんは入れ歯を押さえながら話すくせがあり、若い兵隊にはそれがおかしかったが、このときは威儀をただし、激しい心の昂揚にふるえながら謹聴した。その一語一語は全乗組員の胸をえぐった。いかなる激しいことばもこれ以上のものはないと思われた。真珠湾を秘していたのをわびているところも訓示にあった。

テルモピレーの戦いで、ギリシャ軍は、まだ短剣を残した者は短剣を揮い、武器なき者は素手や歯を用いてまで防衛につとめた。二千四百年の歳月を隔てて、戦士の心には通いあうものがあった。

訓示につづいて柳本艦長は一段と声を強め、

「軍歌はじめ、佐久間艇長」

と号令をかけ、広い飛行甲板の中央に歩み出て一同を見回し、佐久間艇長の第六潜水艇の軍歌を歌い出した。

身を君国に捧げつつ
おのが務めをよく守り
斃《たお》れてのちに已まんこそ
日本男児の心なれ

輪になって飛行甲板を回る千三百人の軍歌行進。その一節一節に精魂を傾けつくし、声はついに破れ果てる。この模様を「蒼龍」砲術長・金尾滝一（旧姓山本）は伝記『柳本柳作』の中で、つぎのように描写している。

どの顔も涙が光り、声に泣き、腹のどん底を絞り切った大合唱は、まさに黒金の隔壁を突き抜け、砦の外にこだまして、そのままハワイへの吶喊《とっかん》の声となった。どしっ、どしっと鉄甲板を踏みならす靴音は調子高く、機の翼に反響して、それはまさしく太平洋進撃の軍靴の響きそのものだった。

こうして軍歌大合唱は終わったが、将兵たちの心は宇宙のどこかを駆けめぐっているような所在なさにおそわれていた。山本（金尾）当直将校がとまどっていると、艦長はすかさず、

「きょうは腹いっぱい飲ますがよい」

と、飲まぬ艦長には不似合いの指示を出した。山本がただちに、

「酒保開け」

の号令をかける。兵隊たちの緊張し切った顔は、たちまち破顔となる。こうなると新参の兵たちは忙しくなる。酒、ビールからつまみの用意に追いまくられる。

テーブルに並んだ品によって、その腕前が評価されるのである。酒保から買ってくる者、烹炊所《ほうすいじょ》へ銀ばえに行く者に分け、艦内を駆け回る。銀ばえとは、主計科の責任ある人と懇意になり、その日の手つかずで余ったものはもちろん、入用のものを内々でもらってくることで、決して盗んでくるわけではない。

各兵員室には、艦長寄贈のお神酒が上座に飾られる。手放しの無礼講に、狭い兵員室は歓声の巷と化す。格調高い軍歌や鬼ヶ島退治になぞらえたハワイ征伐談、ねじり鉢巻の剣舞と

つづく。宴たけなわになったとき、訓練の激しさで「人殺し多聞」と呼ばれた猛将山口多聞司令官と柳本艦長が兵員室に姿を見せた。

酒と無縁の艦長も、このときばかりは真っ赤な顔をして大きな湯のみを手に談笑し、やがて酒の入ったやかんをさげて一人ひとりに千鳥足でついで回った。山口司令官は酒豪らしく落ちつき払っている。

突然、だれかが叫んだ。

「艦長胴上げ」

一同ワッと艦長を取り巻き、

「ワッショイ、ワッショイ」

と、艦長を、ついで重い司令官の胴上げがはじまった。二十数回の胴上げである。二人ともご機嫌そのもの。艦長はひげの濃い頬を相手かまわずすりつける。そのたびに、

「痛い」

「助けてくれ」

と悲鳴が起きた。こんどは楠本幾登飛行長、江草飛行隊長の胴上げに移った。楠本はなぜか人呼んで「ロジさん」。戦後四十年以上たっても本名だとばかり思い込んでいた元士官もいた。磊落な性格で、江草とは佐伯基地時代から息のあったコンビで、江草とともに顔をほころばせ、宙に舞った。

ふだんの酒宴と違っていたのは、俗な歌が聴かれなかったことである。酒杯乱舞の間にも、

将兵たちは受け持ちの戦闘配置に出向き、酒、するめ、勝ち栗を供え、敬虔な祈りと合掌を捧げた。

魔のアリューシャン航路

十一月二十六日朝六時、警戒隊の抜錨を先頭に第八戦隊、第三戦隊、哨戒隊、空母部隊の順に、南雲機動部隊は逐次、単冠湾《ヒトカップ》を風の如く去って、片道三千五百カイリ（一カイリは千八百五十二メートルなので約六千五百キロ）の遠征の途についた。しかし「赤城」は試運転の際、スクリューにワイヤーを巻きつけ、これを取り除くために約一時間遅れて出航し、阿部善次大尉は前途に一瞬不吉なものを感じた。

冬のアリューシャンは狂乱怒濤の海である。ここで伊藤鉄三郎・元上等整備兵曹の手記をもう一度あげたい。

うねりが大きくなるにつれ、一機、一機と試運転する時には慎重な努力が必要であった。防寒服で身を固めているとはいえ、肌を刺す寒さはたとえようもなかった。前後左右へ揺れる艦上の風に加え、プロペラの風圧、いまにも飛び立ちそうな飛行機の上下での作業は容易なものではなかった。

自分の呼気が眉毛やまつ毛の先へつららとなって下がってくる。防寒服の毛も凍ってしまう始末である。くる日もくる日も昼なお暗く、もう波などという表現では間に合わない。怒濤の山である。奥羽山脈の谷間から登り下りしているような感じだ。全長二百メートル以上の母艦群も谷底へ落ち込んだかと思うと山の頂上へ。ピッチングだけでなくローリングもはなはだしい。

左右の護衛駆逐艦は見るも無残に翻弄されている。波の中を潜っているようなものだ。乗員はどんなだろうか。このころから船酔いのために食事もとらず、格納庫の中にへばっている者も出てくる。

乗組員たちは昭和十年、太平洋大演習の折り、駆逐艦二隻が大波にたたかれ、艦橋前部が刃物で切ったようにすっぽり切られて青森県大湊港に入港した事件を思い出した。まさか波ぐらいで鉄の塊である軍艦が切断されるはずはないと、そのときは思ったものだが、いまこうして巨大なうねりを見ていると、やはり、と思うのであった。

もう少し伊藤氏の手記をつづけよう。

飛行機がきしみながら滑り出しそうになる。もしタイヤの空気圧が少なければ隣の機と接触しかねないほどである。整備員は大切な飛行機を航行中に損ねてはいけないと、車輪止めのほかに鎖で二方へ張り、さらに太いロープで脚をぐるぐる巻きにして繋留する。必死の作業である。夜も警戒に当たらねばならない。眠ろうにも鉄板の上ではじかに振動が頭に響き、眠られるものではない。

体がころがりそうになるのをこらえる。兵員が振り子を下げて傾斜を測る簡単な計器をつくってみた。これによると最高二十数度のローリングであった。何かにつかまっていないと立っておれる状態ではない。六十度のラッタル（階段）がちょっと見には水平になったように感じるのである。

魔の海の悽愴苛烈な状態が、目の前に浮かび上がるような記述である。主計科の烹炊員《ほうすい》の苦労も並みたいていではないし、食べるほうもたいへんである。テーブルの上に食器を並べることができず、天井からひもで配食鍋を釣り下げ、各自食器を持ち、通路に張りめぐらされたロープにすがり、艦の傾きを計算に入れて、まず素早く飯を盛って食べ、副食物は後から別々に食べる。かんでいる暇はない。卓上を滑ったり走り回ったりする食器を押さえ、追いかけながら食べるのはスリルがあったという。

単冠湾を出港後、四日目か五日目、突然、

「国籍不明の艦を探知した」

との情報で、艦内は色めきたった。だんだん距離が近づいてくる。司令部では撃沈やむなしの判断であったが、幸い濃霧と暴風雨に助けられて察知されることなく過ぎ去っていった。艦隊を毎日悩ませていた気象条件が、機動部隊を守ってくれたのである。「ただいまの艦はソビエトの商船だった」と、艦内拡声機が放送した。

無線は一切封鎖されていた。

第八戦隊の藤田菊一参謀（当時）は、

「一寸先は何も見えない。濃霧がやっと晴れたとき、各艦が迷わずにきちんとついてくるのを見て、ああよかったと、腹の底から喜んだものだ」

と、家族に何度も話している。迷い子になりかかった駆逐艦があったらしい。

ところで第六艦隊の高橋勝一通信参謀（当時。横須賀市秋谷）は昭和六十二年十二月、筆者の質問に対し、

「ハワイに近づいてきたころ、荒天でもみくちゃになり、機械が故障した潜水艦が、無線封鎖を破って打電連絡した疑いがある」

と話した。無線封鎖は徹底していたと戦史で知らされていた筆者にとって、元通信参謀のこの発言は、大きな驚きであった。これが事実とすれば、アメリカに傍受された可能性があるといわねばならない。緊迫した日米関係の中でアメリカは、この年の四月、ノックス海軍長官の指示で陸海軍共同によるハワイ防衛計画を完成。十月下旬にはキンメル太平洋艦隊司令長官が「敵性国家」が採るハワイ攻撃企図を想定して飛行機、潜水艦によるハワイ近海の哨戒を下令していたからである。そうなると日本の大艦隊がくるのを知っていて、アメリカは空母だけをハワイから退避させたという推理も現実性を帯びてくる。

荒天に難航する日々の中で、時には嘘のようにのどかな小春日和もあった。こんな日には、別に作業もなく、若い将兵たちは間が持てず腕が鳴り、エネルギーの捨て場がなかった。

「蒼龍」では体育指導係でもあった山本滝一砲術長が、ある日、手あきの乗組員約六百人を

飛行甲板に集めて綱引きをやらせた。同艦最大のホース（二百メートル）を甲板いっぱいに延ばし、それに荒武者どもが鈴なりに取っついた光景は壮観であった。

ころはよし。進軍ラッパが鳴る。両舷直に分かれた艦首軍と艦尾軍は、力いっぱいに引っ張り出した。なかなか勝負がつかない。艦は多少の動揺もあって、そのたびに一メートルぐらいは一進一退するが、決定はくだせない。この大きな見ものに、艦橋からお偉方も大勢、顔を出し、やんやと応援をする。しかし、五分たっても、十分たっても、やっぱり動かない。そのうちどうやら艦首軍が三メートルぐらい勝ったので、山本は勝負のラッパを吹かせようと思ったら、艦尾軍が盛り返してあと一メートルまで挽回した。

綱引きはいったん負けだしたら、簡単に挽回できるものではない。それが負けだしてますます闘志を燃やし、逆転しだしたので、また一進一退となった。山本は業を煮やし、現時点の一メートル差をもって勝負点にしようと、休戦ラッパを吹かせた。そして艦首軍に軍配を上げようとしたとたん、柳本艦長が出てきて、声高らかに、

「艦尾軍の勝ち」

とあべこべの宣言をくだした。

だれもが逆だと思ったが、兵員たちは艦長自ら采配を振るったことに満足し、大笑いをして喜んだ。

艦長はただちに兵員を集め、

「艦尾軍がずるずる負けだしたにもかかわらず、徹底的にがんばって、ついに一メートルま

で挽回した不撓不屈の精神は絶讃に価する」

と訓示した。この裁定に全員が納得した。

柳本の考えは常に合理的であり、若いころの日記には、中国民衆への理解のゆき届いた対中国関係打開への提案も見られ、国際情勢にも明るかった。若い将兵によく接し、該博な知識を上手に語り、内容も充実しているので、外部の情勢に飢え切っている海の男たちの喜びは一通りではなかった。

合理的、科学的な人であったが、一面、右の例でわかるようにたいへんな精神家であり、その「斃れてのち已まず」の敢闘精神は全乗組員に浸透していた。柳本は、また稀に見る体力の持ち主であり、単冠湾を出港して十二月三十一日呉軍港に入港するまでの三十五日間、用を足すほかは一切艦橋をおりなかった。食事は艦橋でとり、折りたたみ椅子に腰かけたまま途切れ途切れに睡眠をとったという。

十二月一日の御前会議で日米開戦の決定が下された。

翌二日の夕刻、山本聯合艦隊司令長官から南雲機動部隊に当てた有名な「ニイタカヤマノボレ（新高山登れ）」の暗号電報が受信された。

「X日を十二月八日とす」

というもので、ただちに艦内放送された。

「さあ開戦だ」

緊迫した空気の中にあっても、搭乗員一同はきわめて冷静であった。五日からホノルル放送の電波が受信できるようになった。音楽の才能のある搭乗員が奇襲の替え歌を作詞して歌ったりしていた。

話変わって十二月六日夜、横須賀航海学校に学んでいた森栄次生徒は温習（自習）時間中に、突然、顔を出した教官に、

「あすは東京に行軍だぞ」

といい渡された。まだ幼な顔の残っている生徒たちは手放しで喜んだ。行軍とは早い話、東京見物のことである。久しぶりに羽をのばせるのだ。

翌七日、全学年五百人の生徒たちは上野、浅草、渋谷、新宿へと繰り出したが、海軍の他の学校からも行軍組が東京にきていて、東京の目抜き通りは何千もの水兵であふれていた。森はむろん、これが機密保持、カムフラージュのためであるとは知らなかったし、翌年四月、ミッドウェー海戦に旗艦「赤城」の信号兵として参加する運命を自分が担うとは、予想だにしなかった。

訓練中の聯合艦隊の水兵たちが休暇のため上陸したのだと、だれしも思ったことだろう。真珠湾作戦の機密保持のため、念には念を入れる努力がなされていた。

火を噴く真珠湾

その日が、遂にきた。

日本時間の十二月八日午前零時、「総員起こし」のラッパがけたたましく艦内に響き渡った。

〇一〇〇《マルヒトマルマル》（午前一時）、事前偵察のため「利根」と「筑摩」の零式水上偵察機各一機を射出させ、ここにハワイ奇襲の火蓋は切って落とされた。機動部隊は、東の空が明けそめるころからいっせいに風上に艦首を向けた。

〇一三〇《マルヒトサンマル》（午前一時半）、総指揮官淵田美津雄中佐の指揮する第一次攻撃隊百八十三機が六隻の空母から飛び立った。うねりは大きく、母艦の動揺は横揺れ最大十五度、平均十度に及び、発艦は難しかった。が、技も、胆も、鍛え上げたつわものぞろいである。闘魂をみなぎらせ、戦、爆、攻の順に逐次発艦した。

全艦隊の将兵は、その堂々たる大編隊を見上げ、奇襲はかならず成功すると、戦闘帽を力いっぱい振って送った。このように母艦から百数十機もの大量の飛行機がいっせいに発進するのを見るのは、わが海軍では初めてのことであった。

やがて、

「第二次攻撃隊搭乗員整列」

が、下令された。第二次攻撃隊は百六十七機で、「瑞鶴」飛行隊長嶋崎少佐指揮のもとに第一集団水平爆撃隊（艦攻）五十四機、第二集団急降下爆撃隊（艦爆）七十八機、第三集団制空隊（艦戦）三十五機である。艦爆隊は当初の計画では八十一機だったが、離艦後、エンジン故障で戻った機などを除き七十八機となった。

「蒼龍」では、第一次攻撃隊を送ったと同じく柳本艦長の、

「天佑を確信し、七生報国の誠を尽くせ」

との力強い訓示を受け、つづいて艦爆隊総指揮官江草少佐の、

「カカレ」

の短い号令に搭乗員は愛機を目指して散った。

艦爆の操縦員と偵察員は、固く手を握り合う。互いに無言ではあるが、三ヵ月の猛訓練で、気心はおのずと通じ合っている。生きてふたたび相まみえようとは、だれ一人予期しない戦友たちであった。

「出発する」

「了解」

ペアは簡単なことばを交わし合う。整備員に感謝の敬礼。

〇二四五《マルフタヨンゴ》(午前二時四十五分)、第二次攻撃隊は出発した。

艦爆隊七十八機の指揮官江草は、いつもと変わらず操縦席の風防をいっぱいに開け、座席も高い位置にしたまま仁王立ちになり、四方八方に神経を配りつづけている。指揮官機のスピードは、早すぎても遅すぎてもいけない。編隊を混乱させてしまうからである。七十八機もの大編隊を率いる指揮官は、よほど冷静な切れ者でないとつとまらない。

「隊長はたいへんだなあ」

と思うと同時に、江草指揮官に対する信頼感が艦爆隊員たちの胸に一段と強まるのだった。

艦爆隊は「蒼龍」「飛龍」「加賀」「赤城」の順に編隊を組んだ。濃緑色の地に虎の縞模様の入った指揮官機は、もう隊員にはすっかりおなじみだ。尾翼に赤い色がくっきり入っていたという隊員もいる。特徴のある指揮官機は、どの位置からも目についた。

〇三一五《マルサンヒトゴ》（午前三時十五分）、機動部隊は、第一次攻撃隊指揮官の発した「トツレ」（突撃準備隊形つくれ）の第一報を受信した。つづいて、

〇三一九《マルサンヒトキュウ》（午前三時十九分）、「トトトト」（ト連送＝全軍突撃せよ）を受信する。第二次攻撃隊が離艦して三十四分後であった。そして、

〇三二三《マルサンフタサン》（午前三時二十三分）、機動部隊と第二次攻撃隊は、「トラトラトラ」（トラ連送）すなわち、

「われ奇襲に成功せり」

を受信した。ハワイ時間十二月七日の日曜日、朝七時五十二分のことである。

「効果甚大」の報告がぞくぞくと入り、アメリカのラジオにわが奇襲で混乱をきわめている様子が手に取るようにわかった。

飛行中の第二次攻撃隊は、互いに左右の僚機を見回してにっこりとうなずき合い、「こんどはおれたちの番だぞ」と、指信号で成功を誓い合った。心のたかぶりは押さえようもなく、深呼吸を繰り返して、はやる気持を鎮めた。

第二次攻撃隊は〇四一〇《マルヨンヒトマル》（午前四時十分）、オアフ島北端のカフク岬に姿を現わした。江草指揮の急降下爆撃隊は東方山脈を越え、オアフ島を右に見てカネオへ飛行場へ近づいていく。

小瀬本国雄の回想を聞こう。

オアフ島上空四千メートル付近にきたとき、真っ黒い雲がたちこめていた。よく見ると雲ではなくて、敵の高角砲弾が吹き上げ、炸裂する弾幕であった。そのために真珠湾がぼうっとかすんでいて、よく見えなかった。湾内に艦船が行儀よく浮標につながれているのが見えてきた。黒煙がもうもうと立ちのぼっている。何隻かが撃沈され、どす黒い重油の浮いた海面に残がいをさらしている。大きく傾斜している戦艦、真っ赤な炎を上げている戦艦があった。高角砲の弾幕がいよいよ激しくなってきた。機体は爆風で右に左に激しく揺れ動く。艦爆隊の江草指揮官機からまだ「トツレ」の下令が出ない。指揮官は風向、風速を見てトツレを下令する。この判断が爆撃の成否に響く。

すると指揮官機は大胆にも、四千メートルという危険な高さからものすごい弾幕を突き切って大編隊のまま湾上空を大きく旋回し、悠々と一巡したのだ。敵はこの機会を逃すまいといっそう激しく弾幕を集中してきた。指揮官機の行動は、第一次の戦果確認と第二次の攻撃目標を見きわめるためであることが、すぐわかった。じつに冷静、沈着な行動であった。〇四三二《マルヨンサンフタ》（現地時間午前八時五十二分）、指揮官機の翼が小さくバンク（翼を左右に振る）するのが見えた。待ちかねていたトツレの下令である。こういう時、同時に無電も打つのだが、鍛え抜いた「蒼龍」隊にはツーカーでわかった。間髪を入れず編隊を解放し、一本棒の隊形をつくる。各機の間隔は最初約二百メートルで、これがぐんぐん縮まってくる。間もなくト連送が下令された。ちょうどヒッカム飛行場の上空であった。

腹にかかえた二十五番（二百五十キロ爆弾）は体当たりしてでも命中させたい。目標の戦艦をにらみつけた。

江草指揮官機が射点を決めるや、獲物を狙う鷹のように、敵艦に向かって、逆落としの急降下に入っていった。二番機、三番機とつづく。煙の中から指揮官機がスーッと引き起こしてきた。その直後、グウォーッと真っ赤な炎が吹き上がってきた。いきなり命中である。

「艦爆隊は勇敢だなあ」と、制空の戦闘機隊が嘆声をあげて見まもる中、九九式艦爆の群れは真っ赤なアイスキャンデーのように撃ち上げてくる無数の機銃弾の矢の中を突進していった。こうした不利な視界状況もあって、米側に防衛態勢を整える余裕が生じた。

公刊戦史はつぎのように述べている。

「その防衛砲火は激烈となり、第二次攻撃隊は第一次攻撃隊に比べ被害が大きかった。わがほうの被害は、第一次の未帰還機九機（雷撃五、急降下一、戦闘機三）、被弾四十六機以上に対し、第二次は未帰還機二十機（急降下十四、戦闘機六）、被弾六十五機にのぼった」

江草の三番機（山崎機）も火だるまとなって自爆した。

しんがりをつとめた「赤城」艦爆隊第二中隊長阿部大尉らがカネオへ上空に到着したころは、高角砲弾が巨大な火衾《ぶすま》となって撃ち上げてきた。このため阿部の二番機を含め第一中隊三小隊の三機が被弾、墜落。八人が戦死した。攻撃に出発してから帰還するまで、四時間半飛んでいた。

〇八〇〇《マルハチマルマル》、南雲長官はひとまず戦闘速報を聯合艦隊司令長官あてに打電した。

敵主力艦二隻轟沈、四隻大破、巡洋艦四隻大破、以上確実、飛行機多数撃破、我飛行機損害軽微。

機動部隊はつぎつぎに報じられる大戦果を聴き、奇襲成功にわきたった。

藤田第八戦隊参謀の日誌には、当時の将兵の心境がつぎのように記されている。

顧みればワシントン条約の桎梏《しっこく》の下英米の暴戻《ぼうれい》に隠忍して以寡制衆の剣を磨くこと二十年。覚えたかアメリカ、三十余年積怨の刃《やいば》は汝の胸に報いられんとするを。まず匕首《ひしゅ》ただちに敵の心臓を衝く雷撃は開始せられたり。間もなく来る「我敵主力艦を雷撃す、効果甚大」の電。彼は狼狽《ろうばい》をきわめたりと見え、平文電報を濫発《らんぱつ》す。愉快といわんも愚かなり、曰《いわ》く「真珠湾上の空襲は演習に非ず」曰く「オアフ急襲さるSOS」曰く「ウエストヴァージニア付近の重油大火災、メリーランド、テネシーを脅威す、防火艇送れ」惨状目の当たり見る如し。我攻撃隊指揮官より「雷撃終了ごろ敵防御砲火あり」と。転瞬の間克《よ》く防御砲火を出し得たるは敵ながら天晴《あっぱれ》なり。

巨弾を降らす水平爆撃。飛燕ただちに頭上をうつ急降下爆撃及び銃撃は敵飛行場に向かって縦横無尽の攻撃を開始せり。フォード、ヒッカム、ホイラー、カネオへ、敵機のある所余す所なき獅子奮迅の猛襲なり。

次いで第二次発進部隊の攻撃は続けられたり。この隊は手を替えて艦爆隊には艦船攻撃、艦攻隊、戦闘機隊にて対地攻撃、このころより敵の防御砲火漸く熾烈《しれつ》なりとの報あり。

「もうハワイへ飛んだのか」――これが大方の国民の驚きの声であった。

「朝まだきの霹靂《へきれき》は、日本全国民を驚かした。漠々たる濛気は、悉《ことごと》く吹き払われ、風なく陽麗かな、あの日の大空を、ああ、誰が忘れ得よう」――これは湾内に突入した特殊潜航艇九勇士の一人をモデルに描いた岩田豊雄（獅子文六）の小説『海軍』の一節である。

日本中が軍艦マーチに酔っている十二月三十日ごろ、江草はひょっこり留守宅へ帰ってきた。玄関の音がして聖子が出てみると、西日を受けて黒い影が立っている。一瞬、夫の亡霊ではないかと聖子は疑った。江草は外套掛けに自分で外套を掛け、聖子の顔を見て、第二子が無事育っていることを確認したのか、激闘にやつれた青黒い顔をほころばせた。

江草は公務に関しては平常から一切妻に話をしなかった。聖子も日米開戦という歴史的大事件の報道に接しても、まさか自分の夫が参加しているとは思わなかった。大戦果のあと数日して、夫の期友の夫人から、「お宅のご主人、艦爆の指揮官ですってね」と知らされた。無事であるようにと祈っていただけに、玄関に立った姿を見た喜びは大きかった。

ややあって江草は、

「敵の根拠地をたたかないで終わったよ」

と、残念そうにいった。この大戦争の遂行が容易でないことを言外に語っていた。戦勝気分にまったく乗っていなかったのである。

江草はもとよりのこと、母艦に帰った搭乗員たちは当然第二撃の下令があるものと信じていた。肝心の空母はつかまえられなかったし、ハワイには燃料タンクが手つかずで残っていたからである。

『ニミッツの太平洋海戦史』は、日本側が第二撃をしなかったことに触れて、

「日本軍は湾内の近くにある燃料タンクに貯蔵されている四百五十万バレルの重油を見逃した。長いことかかって蓄積した燃料の貯蔵は、米国の欧州に対する約束から考えた場合、ほとんどかけがえのないものであった。この燃料がなかったならば、艦隊は数ヵ月にわたって真珠湾から作戦することは不可能だったであろう」

と論評している。この燃料タンクをたたいておけば、米軍のガダルカナル進出は大幅に遅れたといわれる。この点について第一航空艦隊の源田実航空甲参謀（当時）は、

「その点はよく指摘されるが」

と前置きして、

「アメリカは巨大な生産力をもつ国であり、たとえ燃料タンクをたたいたとしても、大型タンカーを湾内に横づけして艦船に給油することができたと思う。また、日没の早い冬季なので、第二撃を実施した場合、機の収容が困難になる恐れがあった。ハワイに接近していたので、いつ敵の空母、潜水艦に発見されるかもわからなかったので、第二撃はしなかった」

と筆者に説明した。吉岡忠一航空乙参謀も、

「長い間の精神的な重圧から解放された搭乗員を、いっそう危険度の増した死地にもう一度投入する気になれなかった」

と、公刊戦史の中で当時の心境を回想している。

第二撃こそ実施しなかったが、機動部隊の挙げた戦果は大きかった。

短い正月休みの中で江草は、手短かに自らの戦闘経過を聖子に話した。


湾内の艦船に投弾して帰還の途中、後部座席の石井樹《みき》偵察員が叫んだ。

「被弾しました。ガソリンが漏れています」

燃料タンクをやられたらしい。

江草は即座に大声で、「飛ぶんだ」と伝声管から伝えた。

出発前の打ち合わせで、「交戦中、もし被弾してパラシュートで飛び降りた場合、敵に捕まるかも知れない。そんなことがあってはならない。軍事機密の自供を強要されるからだ。帰艦不能とわかったら、ピストルで自決しよう」ということにしてあった。

石井の悲痛な叫びは、「一緒に自決しましょう」との催促であった。これを江草は強くしりぞけた。帰艦してみると、ガソリンはすっかり使い果たしていた。

虎縞模様の指揮官機は、予想どおり敵の目標となり、高角砲と機銃の集中砲火を浴びたのだった。

鎌倉の自宅へ帰って二、三日後、当の江草からの速達郵便が届いた。大分県中津市からの発信で、本人のほうが先に着いたわけである。

昨夕方、大分から電話で二十三日男子安産の由を聞いてたいへん喜んだ。今月十日ごろには、どこの方面に行ったのか新聞やラジオでわかり安心するだろうが、それまでは覚悟はしていても何だかだと気を使うので難産するのではないかと心配していたところ、たいへん元気な由ですっかり安心した。

戦争に出発以来まだ新聞も手紙も見ないのでわからぬが、恐らくは内で想像していたであろう通り開戦へき頭のハワイ空襲、中旬のウエーキ島の空襲並びに攻略に参加した。

天佑と神助により東洋の洋上は日本の制するところとなり、各地の作戦はきわめて順調に計画通り進展していたらしいが、油断大敵、戦いはこれからだと皆で戒心し互いに緊張して何時如何なる任務を与えられても完遂する覚悟で居る。

ハワイでは全く平素の訓練通り一人一人が冷静沈着に善く戦った。多少の被害をも受けた。戦死した一人一人は全く惜しい人ばかりで誠に残念。冥福を祈ると共に更に覚悟を新たにして居る。

戦争となるといつもいう通り体はすっかり楽をするので、出港以来だいぶ肥ったように思う。退屈と戦争するのに閉口した。船の重油を大切にするために私室はみな出るところを消した。（注・電灯を消したことらしい）公室も頭の上の電灯だけつけて後は消すように心がけた。ふろは西洋ぶろの小さなのを一つわかして士官室総員かわるがわる入った。それも三日に一回または一日置きに入った。戦死者を一人水葬した（水葬は初めての経験）。戦争気分を味わい得たのはこんなことぐらいなものだった。

だいぶ長い洋上行動だったけれども、ビタミン錠をたくさん準備していつもこれを服用したので、少しも体がだるくなく、平気だった。

ニュースで聞いたと思う。沈没した掃海艇は先程まで山崎が乗っていたように思っている。戦争直前転勤したのではないかと思う。運がよいから彼も大いに働いて居ることと思う。

きょう大分へちょっと行って兄さんに会った。たいへん元気だった。

十二月二十九日　　　　　　　　　　　　　　　　　　　　　　隆繁

清子殿

早く起きたら細かい仕事をしたり無理はくれぐれもせぬよう。皆様によろしく。

便箋の行間をはみ出す大きな字で書かれ、達筆である。いかにも大仕事を終わった後の解放感を感じさせる手紙である。部下の功労をたたえ、自分の功績、手柄話はみじんも出ていない。「大分の兄さん」とは聖子の次兄岡村基春のことである。

開戦前、アメリカ側には飛行機による日本の奇襲攻撃を警戒する考えも出ていた。しかし、海域が狭いうえ、艦船繋留区域の水深十二メートルという浅い真珠湾では魚雷が海底に突き刺さってしまうだろうから、湾内在泊艦船が攻撃されることはあるまいという考えが次第に強まってきた。

ところが、こうした楽観論を吹きとばして、日本の酸素魚雷は浅海面に放たれて、アメリカ艦船群の横腹に大きな穴をあけた。

二隻ずつ並んで碇泊していた内側の艦船に対しては、三千メートル上空から八百キロ爆弾を落として甲板を貫徹し、追い討ちをかけて急降下爆撃がとどめを刺した。巨大な鉄の塊である戦艦は飛行機では破壊されないという神話が、みじんに打ちくだかれたのである。日本海軍の多年に及ぶ技術革新の成果であった。ルーズヴェルト大統領が、「この戦争はアメリカが生き残るための戦争だ」と絶叫したのはうなずける。

だが、わが国の対米最後通告が、ワシントンの日本大使館員たちの怠慢と不手際により、ハワイ攻撃開始に間に合わないという大失態を演じた。

宣戦布告に先立つ交渉打ち切りの通達文（最後通告）は、アメリカ時間の十二月六日、暗号電報で駐米日本大使館に打電された。ところが、大使館員で南米に転勤する者がいて、ほとんどの館員は送別会に出席し、大使館を空にしていた。

翌七日、館員たちが出勤してみると、暗号電報が多数届いていた。大急ぎで解読作業にかかったが間に合わず、野村、来栖両大使がハル国務長官に最後通告を手渡したのは攻撃開始後一時間たってのことであった。この失態は、アメリカに「日本のだまし討ち（スネーク・

アタック)」との口実を与えてしまった。この場合、窮余の策として、攻撃開始前に解読できた分だけでもアメリカ側に届け、「これが最後通告である。あと一、二枚残っている」と伝えておけば、だまし討ちの汚名はまぬかれることができたのではなかろうか。融通のきかない官僚仕事が、後世にぬぐい得ぬ過恨を残してしまったといえよう。

開戦前の緊迫した事態を知りながら、大使館員たちが勤務場所を離れたことを山本五十六が知っていたら、彼は大使館員たちを八つ裂きにしてもおさまらないほど激怒したことだろう。「だまし討ちはわが武士道にもとる」と、彼は常々周囲に注意を呼びかけていたのである。

第五章　海・空戦の攻防

敵なき江草艦爆隊

真珠湾の大戦果につづき、昭和十六年十二月十日早朝、サイゴン基地から飛び立った中型攻撃機八十五機が、同日午後二時すぎまでにマレー半島東部のクワンタン沖でイギリス東洋艦隊の主力プリンス・オブ・ウェールズ、レパルス両戦艦を撃沈した。飛行機単独で戦艦を撃沈したのは初めてであり、不沈戦艦といわれ、イギリス海軍のシンボルであったプリンス・オブ・ウェールズを葬り去った影響は大きかった。

つづいて十七年一月にかけ、マレー上陸、フィリピン航空撃滅、タラカン、メナド、バリックパパン、ケンダリーと南方進攻作戦が疾風の速さで行なわれ、日本軍は矢継ぎばやに大きな戦果をあげていった。

久しぶりに帰宅し、束の間の正月休みに疲れた体をいやしていた江草は、新たな作戦命令を受けた。

十七年一月中旬、二航戦（「蒼龍」「飛龍」）は太平洋を一路南下した。江草はふたたび「蒼龍」の艦上である。どこの基地からの発信か不明だが、聖子あての手紙が残っている。

きょう○○に来た。極めて元気だから身に余る大兵力の総大将としての重責も完全にやれると確信している。きょう夕方来たばかりで寝床も完全でない。明日ごろはベッドを軽便ならくれると思われる。

けれどもきょうは板敷の上に毛布を敷いてゴロ寝をする。部下の兵が心配して余計に沢山毛布を敷いてくれている。部下は各々自分のものを少なくして敷いてくれたに違いない。

この手紙は十七年一月二十七日付の消印があり、文中、義兄徳長と会ったと書いてある。聖子の長兄岡村徳長は、少佐予備役から開戦で志願し、のちにガダルカナル島の滑走路建設に当たった。「徳長兄さんはあまり元気がない」とも書いている。

艦船群は赤道を越え、セレベス島東方、バンダ海北端セラス島南西端に浮かぶ小島アンボンをめざした。アンボンは早くから香料貿易の中心地として栄え、イギリス、オランダ、ポルトガル各国の間に激しい争奪戦が行なわれた。十七世紀初めには日本も進出し、このときはイギリスに味方して、イギリス人とともに日本人もオランダ当局から処刑されたアンボイナ事件を引き起こしている。日本にとってもゆかりの島である。

アンボン攻撃は、一月下旬から二月八日までの間に行なわれた。セレベス島のスターリング湾で補給後、江草の指揮する艦爆隊は真珠湾以来の出撃に奮い立ち、悪天候を衝いて飛び立った。密雲とスコールに悩まされ、下界は見えない。江草は、ハワイ攻撃のときと同じく風防をいっぱいに開け、頭を上に出して見張りをつづける。海面上に艦船が認められず、港湾施設を攻撃することになった。

「トツレ」（突撃準備隊形つくれ）

「トトトト」（全軍突撃せよ）

ハワイ以来の命令が江草機から出された。敵は高角砲をポンポン打ち上げてきたが、戦闘機の姿はなかった。港湾の倉庫、荷揚げ施設、桟橋などを爆撃して引き揚げ、二航戦は飛行機を収容して北東に進路をとり、進撃をはじめた。

二月中旬、パラオに入港する。

つぎはポートダーウィン、オーストラリア北部最大の軍港である。

二月十九日午前六時、真珠湾以来の戦闘機と爆撃機による戦爆連合の大編隊百八十八機が、ポートダーウィンをめざした。

空には高角砲の炸裂する黒煙が激しくなってきた。「トツレ」の下令で編隊が開き、各自攻撃目標を選ぶ。江草機を先頭に、艦爆隊はつぎつぎにダイブに入り、港内の船舶に向かって二百五十キロ爆弾の投下索を引く。と、ただちに操縦桿を引きつけて機首を起こす。わが戦闘機もつぎつぎに敵の戦闘機を撃ち落としていった。

敵の被害は駆逐艦一隻、輸送船十二隻、飛行機十八機で、わが方の損害は軽微であった。

つぎの作戦はジャワ沖掃蕩作戦であった。二月二十五日、スターリング湾を出撃した南雲機動部隊は、ジャワ島西部南岸にあるオランダの軍港チラチャップ攻撃をめざし出撃した。その途中、「特務艦発見」の報に接し、江草指揮の艦爆隊が出動した。

走行中の艦を認めるや、まず江草隊長機が逆落としの急降下に入る。敵艦の防衛砲火は激しかった。が、江草の放った弾はみごとに命中、後続機もつぎつぎと命中させた。勇敢に応戦していた敵も、やがて波間に消えていった。アメリカの給油艦だった。走行中の艦船を沈めることによって、母艦搭乗員の技倆はいっそうみがかれていった。艦隊は米、英、蘭の連合軍の艦船を見つけては、つぎつぎと海底に葬りさった。

機動部隊は三月一日から七日までの間、チラチャップを攻撃し、余勢を駆ってジャワ島南部のクリスマス島を砲撃した。

三月五日の航空爆撃で、在泊二十隻をほとんど撃沈、敵は白旗を揚げた。南雲艦隊は太平洋狭しと暴れ回り、戦えばかならず勝った。とりわけ艦隊の中枢である空母群は、ここでもめざましい活躍を見せた。

わずかな休息の後、機動部隊は三月二十六日午前八時、スターリング湾を出発し、長駆インド洋作戦に向かった。第二艦隊司令長官近藤信竹中将指揮下の南方部隊協力のための、大遠征であった。さすがにインド洋に入ると波のうねりは大きい。

四月四日、セイロン島のコロンボ南東五百カイリに達した。夕刻、敵機に発見されたため、五日午前九時、淵田中佐指揮の第一次コロンボ攻撃隊百二十八機が発進した。在泊艦船と陸上施設を攻撃したが、天候不良で爆撃効果が少なかった。そこで淵田指揮官は第二次攻撃を具申した。

午後一時、索敵中の「利根」水偵が機動部隊の西方百五十カイリに、敵巡洋艦二隻が南方へ向け逃走中を発見。江草隊長指揮の艦爆五十三機が午後三時五分、発進した。

江草隊は三時五十五分に敵を発見。四時二十九分から攻撃開始。ほとんど全弾が命中し、十数分の速さで二隻を撃沈した。イギリスの大型巡洋艦コンウォールとドーセットシャーである。

江草機はまず太陽を背に接敵をはじめた。

「トツレ」

「トト……」

江草機を先頭に順次突っ込んでいく。江草の第一弾は一番艦の艦橋後部に直撃、炸裂した。つづく急降下機の投下弾も吸い込まれるように敵艦に集中していった。

江草は自分の爆撃が終わると、ただちに上昇して全軍の指揮をとる。

「『飛龍』は二番艦をやれ」

「『赤城』は一番艦をやれ」

「全軍攻撃はじめ」

と、二艦に対する命中弾の状況を観測しながら適切な命令をくだす。

その名指揮ぶりは旗艦「赤城」の艦橋でよく聴きとれた。

まもなく隊長江草から、

「敵大巡二隻沈没」

との報告が「赤城」に入った。ほんの数分前に、攻撃開始の電報を受信したばかりである。

艦橋にいた人たちは、

「あれ、もう沈んだのか」

と、虚を衝かれたような感じであった。これほど早く大型巡洋艦が沈むとは、だれも思わなかったのである。この疾風迅雷の捷報は、全艦隊将兵の血をわき立たせた。

「赤城」艦橋の幕僚たちは、発進直前の五航戦の空母「翔鶴」に目を移した。飛び立つ準備をしていた艦上攻撃機隊（この場合は雷撃隊）はまだ発艦をはじめていない。

「雷撃隊発進待て」

の信号が即座に発せられた。

もし一瞬遅れて雷撃隊が発進していると、その後の処理はやっかいである。魚雷をもったまま着艦すれば、万一の場合、艦や人員に大きな被害を与えることもある。そうかといって目標もないのに、製作費の高い貴重な魚雷を捨てるのは惜しい。江草機からの電報は、適時に届いたのであった。

「蒼龍」の山本滝一砲術長は、回想記の中でつぎのように伝えている。

江草少佐は攻撃時の模様を五、六枚の写真に収めて帰った。直ちに現像された。二艦遁走中のところ、爆弾命中のところ、沈没中のところ、その後の浮遊物などで、彼は山口司令官や柳本艦長に何の気取りもなく淡々と報告、説明していたが、かたわらで聴く者は胸の中の歓声を押さえかねた。

私にはそれがちょうど幼児の時の紙芝居さながらに思われ、全くこの世の聞きものであり、見せものであった。そして飛行科士官がうらやましいなあ、と思った。

私はあとで江草君に、「出発後約二時間も無言であったがどうしていたのか」と聞いたら、「目的の艦を見つけたが、それ以外に付近に敵がいるかも知れないと思って、大きく捜索して、帰りにやっつけた。一番艦には四弾命中したので、もう大丈夫と思い、あとの弾を二番艦に向けた。太陽のほうから攻撃したので反撃は全く受けなかった。全くの奇襲であった。しかし二番艦は、沈没しつつも後部の砲からポツリポツリと煙を吐いていた。沈没後、海中に泳いでいる者は一人も見つからなかった」と話してくれた。

柳本艦長は感情を外にあらわすことはめったになく、部下は、「艦長は人がいないところで、こっそり笑ったり泣いたりしているのだろうか」と思ったりしていた。

山本は柳本の笑った顔をひそかに盗み見した。それも、にやりにやりである。艦長は、江草機が撮影した例の写真を一組焼き増しさせ、それを肌身離さず抱いていた。山本は静かな航海中、こっそり艦橋に上ってみると、艦長は安楽椅子を後ろ向きにして、手に何かもち、これまでに見たこともない晴ればれとした顔をしている。写真を取り出して、独りで悦に入っていた。

「この写真は、艦長にとって奥さん以上の恋人だったろう」

と、山本は述べている。

ただし、江草は現場指揮官として、艦長や幕僚とはまったく異なる感慨につつまれていた。沈みながらも高角砲を撃ち上げる大型巡洋艦を見おろしながら、

「けなげな奴だ」

と江草はあふれる涙をこらえかねていた。江草には涙もろい一面が濃厚にある。

南京空襲の際、高角砲弾を恐れて後ろへ逃げた年少の航空兵がいた。軍人として卑怯な振る舞いである。江草は帰投後、何もいわずにこの航空兵のえり章をはぎ取った。当然、この航空兵は周囲から冷たい目で見られた。つぎの出撃前夜、彼は江草の前に出て、どうしても出撃に参加させてほしいと懇願した。少年の決意を見抜いた江草の目に涙が光るのを、部下たちは見た。

少年は予想どおり、拙い操縦ながらも敵の基地をめざし、単身自爆して果てた。

「人間には適性がある。無理して軍人にならず、他の道に進むこともできただろうに」そんな思いが江草の胸をよぎったのではないか。

江草からの英巡洋艦応戦の報告を聞き、源田航空甲参謀は思い当たることがあった。源田は筆者につぎのように話した。

「負けいくさのときに強いのが、イギリス海軍の特徴なのです。日本海軍では、沈みながらも撃ちまくるという徹底した戦いはできません。英仏連合軍がダンケルクから撤収した時期に、私は駐在武官補佐官としてロンドンにいました。買い物かごを提げている街の主婦に、私は、たいへんなことになりましたねと、一人ひとりに声をかけたのです。するとと彼女らはいいました。どんなに危機に見舞われていても、最後にはかならずイギリスが勝ちます。それはわがイギリスの歴史が証明しています、と。食いついたら離れないジョンブル気質と、自分の国に対する揺るぎない自信を、女性たちのことばに感じました」

そうはいっても、チャーチル首相のショックは大きかった。彼は戦後、つぎのように『第二次大戦回顧録』十三巻目の中で書いている。

日本の海軍航空機の成功と威力は、真に恐るべきものだった。シャム湾ではわが第一級戦艦二隻が、魚雷積載機によって数分間で沈められた。いまはまた二隻の大切な巡洋艦が急降下爆撃機という、全然別な空襲のやり方によって、沈められた。ドイツとイタリアの空軍を相手にした、わが地中海での戦争全部で、こんなことはただの一度も起こっていない。東部艦隊がセイロン付近にとどまることは大災厄を招くことになる。(毎日新聞翻訳委員会訳)

「大災厄」を受けたイギリス側の動きはどうであったか。イギリスの戦史研究家ピーター・C・スミスの著書『インパクト!』から抜粋してみよう。

この急降下爆撃隊は巡洋艦二隻を発見、十分後に急降下爆撃を開始、両艦とも真っ二つに割れた。巡洋艦は死に物ぐるいで蛇行やら旋回行動を繰り返し、対空砲を撃ちまくったが、急降下爆撃はまさに驚異的な正確さだったのである。二隻の撃沈で江草少佐の爆撃隊は、爆撃の正確さという点で空前の記録を樹立した。爆撃条件も恐らく完全だったろう。爆撃機隊は夕日を背にして真っすぐに急降下して行ったため、巡洋艦からは盲点となったのである。

理由はともあれ、投下した爆弾は敵艦に文字通りほぼ全弾命中し、直撃しないまでも至近距離に落ちて十分に損害を与えた。爆発があまりにものすごかったので、爆撃した搭乗員は自分の機の爆弾が本当に投下されたのかどうか、しかとわからぬ者も多かった。

日本側の記録によると、つぎのようである。

これほど正確無比の爆撃は稀有のことであり、今後の作戦でもこの右に出るものはあるまい。命中した爆弾の数をかぞえるのに、はずれた数を計算して、それを投下総数から引き算しないことにはわからぬほどだった。（以上筆者訳）

江草隊が与えた命中弾は、源田甲参謀によると、五十三発中四十五発直撃、命中率八十五パーセントに近いという未曾有のものであり、しかもわが方は一機の被弾もなく、太平洋戦争中に行なわれた最良の攻撃であった。

帰投後、搭乗員たちはいった。

「きょうの攻撃ぐらい気持のいいものはなかった。もう風の情報がくるな、と思っていると風のデータが知らされたので照準をそれに合わせ、もう突撃の下令だなと思っていると、すかさず突撃命令が出るという具合で、江草隊長と私たちの呼吸は完全に一致していた」

四月六日からセイロン島の四百五十カイリ外側に退避していた機動部隊は、補給を終えてふたたびセイロン島に接近した。九日午前、戦闘機と艦攻（雷撃）による攻撃隊百三十二機が、淵田指揮官のもとにツリンコマリー（セイロン島北部）を攻撃中、十一時ごろ「榛名」水偵が敵空母ハーミーズなど数隻の艦船を、母艦西方百五十カイリに発見した。

ハワイで取り逃がしてから夢にまで見た空母であった。搭乗員たちはにわかに色めき立った。

午前十一時四十三分、高橋赫一少佐総指揮の攻撃隊九十一機（戦闘機六、爆撃機八十五）が飛び立った。この日の艦爆隊の構成は、高橋総指揮官の「翔鶴」隊をはじめ「蒼龍」隊（江草少佐指揮）、「飛龍」隊（小林道雄大尉指揮）、それに「赤城」隊を合わせた八十五機だが、この時期になると、後方の機では強い不安が搭乗員たちを襲うようになっていた。自分たちまで攻撃の番が回ってくるだろうかという不安であった。

案の定、高橋少佐が空母の艦尾にすうっと入ったかと思うと、初弾を艦橋横に命中させ、つづいて二番機、三番機と入って行く。先頭の連中が沈めてしまいそうだった。後続の搭乗員たちに獲物を残しておくほどの、お人好しはいなかったのである。

そのとき、江草「蒼龍」隊長は、まだ攻撃を終わっていない艦爆隊に、目標変更を指示した。空母攻撃に張り切っていた隊員たちは不満だったが、断末魔にあえぐハーミーズにこれ以上の投弾は無用である。無駄な弾は撃たないのが、江草式である。上空に残っていた艦爆は駆逐艦、大型商船など空母以外の艦船に目標を変え、行動中の全四隻（駆逐艦一、商船など三）を撃沈した。

ここでまた、スミスの記録から英艦船側の模様を見てみよう。

攻撃隊のうち八機が主目標のハーミーズめがけて襲いかかった。これを目撃していたデニス・ブリンブル大尉は、同艦の最後をつぎのように語っている。

突然はるか上空に編隊がつぎつぎと姿を現わした。七十機はあっただろう。空頼みの連中が英海軍に神の恵みあれと祈った。だが、その願いも一瞬にして吹き飛んだ。

編隊は皆同じ戦法で、つぎつぎによどみない流れのように飛来してくる。だから、ひとしきり爆弾が破裂すると、もう、つぎの爆弾が空中から降ってくるというふうだった。七メートルほど空中に吹き上げられた空母の前方エレベーターが水圧システムをやられて飛行甲板に落下し、エレベーター坑の半分辺りまで突っ込んでくる。前の爆撃の爆風で吹き飛ばされて格納庫にいた人たちは、皆やられてしまった。（『インパクト！』より筆者訳）

「いまやベンガル湾とインド洋で、息の止まるようなできごとが起こることになった」と、チャーチルは祖国が危機に見舞われた様子を書いている。日本の真珠湾攻撃を知ったとき、チャーチルは、「日本人は、みじんにくだかれるだろう」と宣言したのだが、自分の足もとに火がついては、さすがに動揺の色をかくせなかった。周知のようにイギリス海軍は、日本海軍にとって大先輩であり、教師であり、恩人でもある。日本海軍の兵制、技術、教育方法は、ほとんどがイギリスから取り入れたものである。航空に関しては大正十（一九二一）年に来日したセンピル教官団が記憶に新しい。

とりわけ、日本海海戦で日本が圧勝した背景には、当時日英同盟を結んでいたイギリスが陰に陽に日本を助けてくれた事実がある。

その日本から連敗を喫したイギリス人の気持は、察するに余りあるといえよう。

さて、ハーミーズなど五隻をたおした後、艦爆九機は帰途、イギリス戦闘機九機と遭遇、空中戦となった。

「蒼龍」の小瀬本艦爆操縦士がふと下の方を見ると、味方艦爆が宙返りをやっている。おかしいなと思ったとたん、機体を弾がかすめた。ただちに応戦に入る。虎縞模様の江草隊長機が、猛然と飛びかかっていくのが小瀬本の目に入った。

敵の七機を撃墜し、一機を撃破した。味方艦爆は四機を失った。戦闘機と艦爆の空中戦は初めてであり、重くて空中戦には不利な艦爆が優勢勝ちしたのも、当時の航空常識を打ち破る驚異の戦闘結果であった。

帰投後、江草は甲板の隅に悄然とたたずんでいた。帰らぬ隊員たちを思っているのであろう。なで肩がいっそう丸くなって、ひと回り縮んでみえるその後姿が、搭乗員たちの胸に強く焼きついたのだった。

MI《エムアイ》作戦(1)

珊瑚《さんご》海海戦に見る前哨戦

こうして開戦四ヵ月間は、日本側にとっても予想だにしなかった破竹の快進撃が太平洋、インド洋をいろどり、第一段作戦（ハワイ奇襲、南方攻略）は順調すぎるほど順調な展開となった。次期作戦として、聯合艦隊はアメリカ艦隊が回復しないうちに太平洋に進撃し、アメリカ艦隊を捕捉撃滅する東進策を提唱した。

中央統帥部はこれに反対し、三月中旬になっても戦略方針は決まらなかった。結局、聯合艦隊の戦略意見を多く入れ、海軍統帥部の米豪遮断戦略を折り込んだ作戦日程が四月五日に決まった。それはつぎのとおりである。

五月上旬　ポートモレスビー（ニューギニア島）攻略
六月上旬　ミッドウェー、西部アリューシャン同時攻撃
七月上旬　仏領ニューカレドニア攻略
七月中旬　英領フィジー攻略
七月下旬　米領サモア攻略

昭和十七年四月十八日朝、アメリカ陸軍の爆撃機B25十六機が東京、川崎、横浜、横須賀、

名古屋、神戸方面を空襲した。被害は軽くてすんだが、もっとも恐れていた本土空襲であった。

このとき、わが機動部隊（一、二、五航戦の大型空母五隻、巡洋戦艦二隻、巡洋艦、駆逐艦で編成）はインド洋の掃蕩作戦を終えて日本に帰投中であった。機動部隊が日本を遠く離れていたときに、敵に虚を突かれて何ら反撃できなかったことは、日本軍首脳部に大きなショックを与えた。

この空襲で、ミッドウェー、アリューシャン攻略の重要性がますます重く見られるようになり、東方進攻に消極的だった陸軍も認識を改め、ミッドウェー島に陸軍兵力を派遣することになった。

本土空襲の知らせに、一航戦の「赤城」、それに「蒼龍」と「飛龍」の二航戦は、敵の第二次本土空襲に備えて本土近海に急行した。

一方、航続距離の長い最新型空母「翔鶴」と「瑞鶴」、駆逐艦二隻の五航戦は機動部隊本隊と別れ、新しい任務MO《エムオー》作戦遂行のため迂回してひそかに珊瑚海に進出した。

MO作戦とは、ポートモレスビー、ツラギ、ナウル・オーシャンの攻略を目的とした作戦で、ミッドウェー作戦の前段階と位置づけられていた。MO作戦参加部隊は、ポートモレスビーを占領しようとする陸軍部隊を満載した輸送船団と、その上空直衛の小型空母「祥鳳」、対潜水艦攻撃用の駆逐艦で構成されていた。

五航戦の任務は、これら部隊の援護支援にあった。

五月七日午前、ＭＯ作戦部隊はニューギニア島東方、ルイジアード諸島北方海面、つまり珊瑚海北部海面に達したとき、敵艦上機約百機が来襲した。敵の攻撃は「祥鳳」に集中し、「祥鳳」は爆弾十数発、魚雷数本が命中して沈没した。輸送船団の一部も被弾沈没、ＭＯ作戦は中止となった。

この海域は敵の陸上基地ポートモレスビーからはるかに遠く、攻撃距離の短い艦載機が飛来できる距離ではない。来襲した機の数から判断して、二隻以上の空母がいると察知できた。敵空母の位置と勢力は不明であった。それでも敵機の帰投方向と航続距離からみて、わが五航戦から五百カイリ（九百キロ）以上と推定された。

七日午後、「翔鶴」飛行隊長高橋赫一少佐を指揮官とする雷装した艦攻十四機が索敵攻撃に向かった。航続可能限度の距離まで索敵したが、敵を発見することができず、魚雷を海に落として帰途についた。魚雷を落とさないと、燃料不足のため味方空母まで帰るのがむずかしいのである。

その途中、空母らしい艦影二隻を発見した。てっきりわが空母と思い込み、着艦合図の航空灯を点灯し、バンクして着艦態勢に入った。ところが、これは敵空母だった。あやうく着艦するところだった。珍しい事件であった。これによってわが方は敵大型空母二隻を確認し、敵も日本側に「祥鳳」以外に別の空母二隻がいることを知った。

五航戦は翌朝の航空決戦を決意し、偽航路を進んで敵にわが位置を隠すための行動を取った。

八日早朝、索敵をはじめ、空母発見の知らせがあった。攻撃機全機が飛び立つ。全艦の緊張は高まった。史上初の空母同士の決戦がはじまろうとしていた。互いに敵艦の姿が見えない状態での戦闘である。開戦後わずか五ヵ月で、それまでの戦争の質がすっかり変わっていた。

　南洋特有の紺碧の空にはところどころに雲塊が散らばり、対空戦闘にはきわめて不利な状況であった。これを見て「翔鶴」の砲術士兼第一高角砲群指揮官の丹羽正行中尉（当時・東京都世田谷区）は、城島高次艦長と岡野千代喜砲術長に対してつぎのように進言した。

「水平線の方向の視界は肉眼でも三万メートルあるから、低空で来襲する雷撃機は、少なくとも二万メートル以上で発見できる。したがって雷撃機に対しては距離五千メートル以内になったところで、艦の変針により敵の攻撃をかわすことができる。雷撃に対しては、艦長、航海長の操艦によって敵の攻撃を回避するようお願いしたい。

　急降下してくる艦上爆撃機に対しては、十二・七センチ高角砲十六門、二十五ミリ機銃三十六基の全対空砲銃で備え、予調照尺八百メートルに設定する。その上で各砲銃身を艦首艦尾からそれぞれ左右四十五度の方向に向け、来襲してきた方向にいっせいに射撃する」

　予調照尺とは、高角砲の射距離（砲口から着弾地点までの距離）をあらかじめ八百メートルとか千メートルとか状況により設定し、すぐ射撃できるように照準器を合わせておくことである。

　急降下爆撃法だが、江草たちは中国戦線で高度三千メートルから二千五百メートルに達した際、四十五度から七十度の降下角度で急降下に入り、速力二百四十ノットまたは二百八十ノット、高度六百メートルで爆弾を落とすのを原則としていた。急降下中の時間は十二秒または十五秒であった。

敵機が急降下に入ったのを見てすぐに一斉射撃をする。高角砲弾は八百メートル先で信管が炸裂し、煙が花火のように飛び散って幕ができる。これが弾幕と呼ばれ、丹羽が考えたのは弾幕射撃であった。

丹羽は弾幕射撃のヒントを、真珠湾攻撃の第二次攻撃隊に参加した先輩から得た。対空砲火の発砲圧力が腹にこたえ、はっ、とするというのだ。顔の直前で手をさっと振られると一瞬目をつむる。あれと同じような反応だという。

これを逆用し、一斉弾幕射撃をすれば、たとえ敵機に命中しなくても敵の爆撃照準を狂わせ、被弾せずにすむ。敵機をいくら撃ち落としても虎の子の空母を失っては元も子もなくなってしまう。被弾しないだけでも、対空砲火の目的は達成できるわけだ。

経験の浅い中尉の意見を、艦長、砲術長らは快く受け入れてくれた。また、各高角砲群指揮官が敵発見後、随時発砲できるように、「砲撃始め」を下令してもらった。丹羽は艦長、砲術長に前もって「砲撃始め」を下令してもらった。

射撃規程によれば、対空砲撃の手順は、「砲撃始め」の号令が艦長から発せられ、砲術長を経てこの号令を受けた現場の指揮官が、「撃ち方始め」の号令をかけて発射することになっている。「砲撃始め」の号令がなくて、いきなり「撃ち方始め」を下令するのは軍規違反である。そこであらかじめ号令をかけておいてもらい、弾が出るまでの時間を節約した。

午前九時前、敵機数十機が来襲。このとき、「瑞鶴」はスコールに入ってしまったので、「翔鶴」が敵機全部の攻撃を受けることになった。

「翔鶴」は全速力の三十四ノット（時速約六十三キロ）で走った。全乗員は敵機を発見しようと神経を集中し、目は血走っていた。最初の敵機との交戦を前に乗員の士気は昂揚、身ぶるいが出るほどだった。

敵急降下機の第一群編隊が、丹羽の指揮する第一高角砲群（高角砲は四群あり、一群は二基四門）の方向に近い雲間から急降下に入った。丹羽が、

「右六十度、急降下、撃ち方始め」

と、下令したところ、射手が、

「敵機が眼鏡《め》（照準器）に入りません」

そこで、前々からの打ち合わせにしたがって、

「そのままそこで撃て」

と下令して、初弾を予調照尺八百のまま発砲した。これを合図に全高角砲が右六十度方向に一斉射撃をはじめ、完全な弾幕ができあがった。

しかも、「先頭機に初弾命中」と見張員の報告があった。射手とのちょっとしたやりとりが偶然の引き金となり、タイミングよく敵機が弾幕に引っかかったのだ。先頭機（指揮官機）は射点を決めて急降下に入る。先頭機を失った後続機は射点を決められずに急降下した

らしく、爆弾は命中せず、全機（九機）を撃ち落とすことができた。

この間、敵雷撃機は艦長、航海長による必死の「面舵一杯」「戻せ」「取舵一杯」と叫ぶみごとな操艦で全機の攻撃をかわした。

こうして敵第一次攻撃群の二波、三波をすべて撃退し、「翔鶴」は無傷のままであった。しばらくして第二次攻撃隊の中の爆弾三発が命中した。が、指揮所や張り出し甲板をやられただけで、飛行甲板は直撃を避けられ、爆風のため多少波を打って着艦困難という程度の被害にとどまった。延べ百機以上の敵機来襲を、「翔鶴」は一手に引き受けて回避し、大破をまぬがれたのである。

帰投した全機を「瑞鶴」に収容してもらい、「翔鶴」は修理のため自力で横須賀に帰港した。

珊瑚海海戦は日米空母が四つに組んだ空母決戦で、その結果はアメリカが大型空母レキシントン撃沈、同ヨークタウン大破、日本は小型空母「祥鳳」沈没、大型空母「翔鶴」小破。喪失、撃破機数も含めて比べてみると、総じて日本の優勢勝ちとなった。

日本の辛勝というところであったが、開戦以来の航空部隊の輝かしい戦績の陰にかくれ、アメリカ空母を侮れないとの警戒感は薄かった。

この海・空戦に参加した五航戦の上級指揮官は、第四艦隊司令長官井上成美中将であった。井上は米内光政、山本五十六とともに体を張って日独伊三国同盟に反対した気骨あるリベラリストとして知られ、後に兵学校長として英語授業を継続、個性尊重の方針を貫き、教育者としての評価が高い。その分、軍人としてはいくさ下手と見られ、「またも負けたか四艦隊」などと酷評された。しかし珊瑚海海戦で見る限り、決していくさに弱くはなく、むしろいくさにも強かったというべきであろう。

「井上はいくさに弱かった」ときめつけたい人々の気持には、この海戦で大破したヨークタウンが突貫工事の末、一ヵ月後のミッドウェー海戦に出撃して日本空母を襲い、壊滅にいたらしめたことへの恨みがあるようだ。が、これは筋違いの批判というものだろう。

丹羽は戦闘詳報を提出するとともに、五月中旬、内地での研究会に病気の砲術長に代わって出席した。その折り、急降下爆撃に対する弾幕射撃について意見を述べ、その効果のあったことを説明した。砲術学校のある教官はそれを聞いて、

「弾幕射撃などはもってのほかである。帝国海軍の伝統は一発必中主義である」

と、強く批判した。弾幕射撃は当時の砲術教範や操典にはなかったのである。

では艦上爆撃機側から見た弾幕射撃の効果はどうであったろうか。中国戦線以来のベテランパイロットは説明する。

「弾幕射撃は一艦でできるものではなく、戦術単位の全艦が統一された射撃諸元にもとづき、射弾を一定方向に集中して幕を張る射撃法であり、日本海軍ではその能力もなく、各艦が個別に必中射撃法をやっていた。仮りに一艦が弾幕射撃をやったとしても、それは弾幕というほどのものにはならないだろう。弾幕を構成するには千門単位の銃砲が必要である。

艦爆隊にとって最も恐るべき敵は戦闘機だ。高角砲、機銃の弾幕などに対しては、当たっ

たらよほど運が悪いのだ。つまり、当たらないものだと思っていた。

ただし、艦爆生き残りの人たちの中に、敵高角砲や機銃の恐ろしさを身にしみて知っている人たちがいる。その人たちが、第一にあげるのが、中国の都市にあった立体的照準装置と、それによって撃ち出された正確無比の弾幕である。

日本の高角砲や機銃射撃で敵機を撃ち落とした例はきわめてまれだった。恥ずかしいことだが、その原因を一言でいえば測的不備にある。測的と射撃盤との連動が古くて消費時が大きく、飛行機に対する射撃諸元の砲側での調整（手動）が間に合わない。要するに飛行機を撃つようにはできていなかった。

だから、窮余の策として珊瑚海海戦で『翔鶴』が的中率の悪い必中射撃法を止めて、自艦上空に全弾を撒布したようなやり方は、最も賢明な射撃法だったと思う」

昭和十九年四月、台湾沖航空戦に分隊長として参加した鈴木瞭五郎大尉（戦後、航空自衛隊空将）は、敵の弾幕射撃で機体がビリビリふるえ、いつ当たるか気が気でなかったという。真っ赤な弾幕が噴き上がるとあぶないので避けた。九機のうち三機が未帰還機となった。立場を変えてみれば、弾幕射撃が成功した例といえよう。その一方で、珊瑚海海戦の場合、弾幕射撃で被弾を軽くすませたとする考えに疑問を投げかける声もある。

いずれにしても、戦闘の変化に対応する柔軟さと最善の努力が必要といえよう。

山本聯合艦隊司令長官が横須賀で修理中の「翔鶴」を見にきたとき、丹羽が弾幕射撃について報告すると、山本は「そうか、そうか」とうなずいていたが、それきりで、ミッドウェー海戦の敵空襲にこの貴重な経験が生かされずに終わった。

延べ百機以上の敵襲をかわして飛行甲板を何とか保持した「翔鶴」に引きかえ、ミッドウェー海戦では、低空で襲ってくる雷撃機を撃ち落とすのに力を奪われ、上空から不意に急降下で襲ってきた艦爆への備えが空き、飛行甲板に弾が落とされた。弾幕射撃を重視していれば、投弾をかわす可能性もあったのではないか、との指摘も出ている。

ちなみに後のマリアナ沖海戦前後、重巡「利根」艦長黛《まゆずみ》治夫大佐は、敵の急降下爆撃に対し弾幕射撃で応戦し、艦に命中させないよう部下を指導した。

MI作戦(2)

江草隊出撃せず
インド洋からの帰途、MO作戦に向かった五航戦と別れた機動部隊の主力一、二航戦は、四月二十五日、横須賀港に帰港し、さっそく「フィッシュ」と呼ばれる料亭「魚勝」で戦勝祝いの杯をあげた。真珠湾攻撃以来、初めて所属の母艦が入港したので、きれいどころの大歓迎を受けたのだが、その際、「蒼龍」艦上攻撃機隊分隊長だった阿部平次郎大尉は、女中のいった、

「つぎはM作戦ですね。また頑張ってください」

との一言に、頭に鉄槌を受けた思いがした。

真珠湾攻撃のときは、出撃のため基地から艦に乗り組んで、副長（艦長の次の職）小原尚

中佐に、

「阿部君、防寒服を搭載したかと思うと防暑服を積んだりして、これからの艦の行動は一体どう考えたらいいのかね」

と質問された。作戦に関しては、副長ですら艦が内地を離れるまでは機密として知らされなかったのである。知っていたのは飛行科の隊長以上であった。阿部は分隊長だったが、先任士官なので隊長並みに扱われ、十月ごろ、「赤城」でオアフ島の模型を見せられて作戦を知っていた。

ところがいま、阿部自身が詳しく知らされていないミッドウェー作戦について、「M」とは何かわからないにせよ、女中の口からこのことばが出たのに阿部は驚いた。軍の首脳陣が杯を交わして話しているのを耳にしたのだろう。

驚きはそれだけではなかった。

「M作戦でも頑張れよ」

との軍事郵便も部下の分隊員に届いていた。この作戦計画に何となく感じる驕り、慢心が気になるところであった。

阿部は一時帰郷の前、横須賀の水交社（士官のクラブ）に向かう途中、源田参謀と出会った。阿部は、

「源田さん、こんどのミッドウェー作戦は袋だたきにあうような気がしてなりません。延期か取り止めになりませんか」

「南方部隊は動きはじめているから、いまさらどうにもならん」

といったが、
という返事であった。

一大尉の進言でこの大作戦が左右されるとは考えていなかったが、いよいよ年貢の納め時がきたと思った。動物的な本能だった。

高松中学時代に阿部は全国中学剣道大会で準優勝し、兵学校時代は四号のときすでに全校で並ぶ者ない腕前を見せ、名人といわれた中山博道範士に、「まれに見る天才的な太刀筋」とほめられた剣の使い手である。

直感は冴えていた。第一、出撃が早すぎる。もう少し訓練、装備の準備期間が必要だ。アメリカは態勢立て直しを図っているだろう。もう奇襲攻撃は通用すまい。そう思いながら阿部は休暇と機材の更新を終え、出撃前の訓練のため鹿児島県笠ノ原基地に移った。五月初めごろである。

阿部はそこで江草が投網するのをよく見かけた。標的艦「摂津」に対する急降下爆撃訓練の合間、江草は専門の店から漁網を買ってきて、基地の芝生の上で体をねじり、

「こんどはうまくいくぞ。大漁だ」

と、網を大きく広げて投げ、はしゃいでいた。芦田川で投網に打ち興じていた少年時代の思い出が胸によみがえっていたのかも知れない。久しぶりに士官仲間でトランプ遊びもやったが、

「江草さんはブリッジも静かにする。あまり強くはないが、ハッタリは効いた。愉快な人でした」

　と、阿部は江草について話している。

　阿部が笠ノ原基地から「蒼龍」に帰り、私室に入って目をみはった。室内中央にウイスキーなどの酒の山があった。背広のような差し当たり必要のない私物まで積み込まれていた。これが戦場に向かう艦の姿だろうか。阿部は憤懣やるかたなく、副長にねじ込んだ。すると、ミッドウェー島を占領した後の隊員のための食糧や酒保物品を積み込むよう司令部からいわれ、スペースがないので私室の一部を借りた、とのことだった。

　このほか機関科の通路には米麦の袋がところ狭しと積まれてあり、飛行甲板には占領後に防空任務に就《つ》くという戦闘機がつながれていた。この現状を見て、阿部はあきれ果てた。格納庫その他をできるだけ空けておくことが、被弾の際被害を局限して最小限にとどめ得る、という珊瑚海海戦における「翔鶴」の戦訓はまったく生かされていなかった。物見遊山にでも出かけるような姿ではないか。勝って兜《カブト》の緒を締めよというが、真珠湾攻撃の際の心構えとはあまりにも大きな差があり、阿部はただ驚くのみであった。

五月八日、二航戦の旗艦は「蒼龍」から「飛龍」に移った。ミッドウェー作戦の兵力部署は、一航戦（「赤城」「加賀」）、二航戦（「飛龍」「蒼龍」）の主力空母四隻を中心とする第一機動部隊（通称南雲艦隊）、ミッドウェー攻略部隊、「大和」を中心とする主力部隊、ミッドウェー、ハワイ間配備の先遣部隊、アリューシャン要地攻略の北方部隊、基地航空部隊の六つの部隊で編成された。「大和」には山本聯合艦隊司令長官が自ら乗り組み、直率することとなった。

機動部隊の艦艇二十一隻は五月十八日から二十四日までの間、瀬戸内海西部に集結し、海軍記念日の二十七日、山口県柱島から出港した。

前年十二月に海軍航海学校を卒業した森栄次信号兵は、一月から旗艦「赤城」の艦橋に勤務していた。長官や艦長の号令を伝え、艦の運行状況、天気予報、見張り状況などを連絡する配置である。いわば艦隊の神経系統に当たる仕事であり、旗旒《きりゆう》、ラッパ、手旗、発光などの連絡用具を手早く操作するのが役目だ。

この配置から艦船の編隊がよく見えた。南進する方向に向かって右側に「赤城」「加賀」、左側に「蒼龍」「飛龍」の順に並び、正方形の形で約一キロ間隔となっていて、前方を「利根」「長良」「筑摩」、後方を「榛名」「霧島」の各艦が空母群を守るようにして進んでいる。ひと目でミッドウェー島を占領する作戦とわかった。森は真珠湾には参加しなかったが、四月のインド洋海戦に参加し、イギリス空母ハーミーズ撃沈、ツリンコマリー港爆撃を経験している。真珠湾以来の大艦隊の一員として、十九歳の若い血は燃えていた。

ミッドウェーは北太平洋の一孤島で、アメリカ海軍の根拠地ハワイ・オアフ島から西北西へ千百五十カイリ、東京の東南東二千カイリの位置にある。

淵田美津雄、奥宮正武共著『ミッドウェー』によると、ミッドウェー作戦には二つの作戦目的があった。その一つは、ミッドウェー島を攻略してわが方の航空基地を推進し、アメリカの機動作戦を封止しようというものであり、この目的のためには当然、北方アリューシャン群島方面の攻略も合わせ考えねばならない。そこでミッドウェー作戦と並行してアリューシャン作戦も行ない、アリューシャンとミッドウェーをつらねる線に哨戒線を張って北太平洋を抑えようというものである。

その二つは、ミッドウェーに手をつけなければかならずアメリカ太平洋艦隊の反撃が予想される。その兵力はハワイ作戦で討ちもらした空母群に違いないから、これを機会に誘い出し、わが全決戦兵力でたたきつぶそうというのである。

まさに太平洋の北と中央を舞台にする大作戦であり、山本長官自らも世界最大の戦艦「大和」に座乗しての出撃であった。山本大将の直率する戦艦七隻を含む主力部隊は、五月二十九日出撃し、南雲艦隊の後方を追いかけ、ミッドウェーとキスカの中間海域にあって全作戦の指揮をとった。

南雲艦隊は次第に速度をあげ、敵に艦位を知られないための「之」文字運動をいく通りにも繰り返して進むのが、「赤城」艦橋にいる森信号兵の場所からよく見えた。

将兵の士気はすこぶる盛んであった。

六月五日早朝、友永丈市大尉を指揮官とする第一次攻撃隊百八機（戦、爆、攻各三十六機）がミッドウェー島の北西二百カイリから発進した。

「蒼龍」の艦上攻撃機隊分隊長として友永に従った阿部平次郎大尉は、ミッドウェー島の手前五十カイリほどの上空に達したとき、突然、敵の索敵機がはるか上空から吊光弾《ちょうこうだん》を味方編隊群に落としてきたのを見て、「こりゃいかん」と思った。吊光弾を合図に、敵戦闘機群が迎え撃ってきた。機動部隊はすでに敵の知るところとなっていたのである。阿部の予感は当たった。

攻撃隊は迎撃する多数の戦闘機を排除し、ミッドウェー島に殺到し、飛行場を爆撃した。が、地上に敵機はいなかった。そこで友永指揮官は、日本時間午前四時（現地時間午前七時）、「第二次攻撃の要あり」と打電した。

機動部隊はすでに敵飛行艇に触接されていたので、甲板上の艦上攻撃機は敵空母の出現に備えて魚雷を搭載していた。しかし、友永機の連絡を受け、これを陸用爆弾に積み換えはじめた。日本時間午前四時二十八分（現地時間七時二十八分、以下、現地時間は日本時間に三時間を加える）、索敵中の「利根」の四号機から、

「敵らしきもの十隻見ゆ、Mより方位十度（北）、距離二百四十カイリ、針路百五十度、速力二十ノット以上」

と報告があった。

南雲中将をはじめ司令部の人たちは、愕然《がくぜん》とした。ただちに「艦種知らせ」と偵察機に督促電を打った。

午前五時九分、「利根」偵察機から、

「敵兵力は巡洋艦五隻、駆逐艦五隻」

と報告してきた。

空母はいないようだ。ほっとした空気が流れた。

すると午前五時三十分になって、

「敵はその後方に空母らしきもの一隻を伴う。〇五《マルゴ》二〇《フタマル》」

と、ふたたび「利根」機が報じてきた。

「それ、出た」

艦橋の空気は一変した。

このとき、機動部隊の敵空母群攻撃に備えていた第二次攻撃隊の態勢は、ミッドウェー島攻撃のために、その艦攻隊（雷撃）は魚雷を八百キロの陸用爆弾に換えつつあった。その間わが戦闘機隊は、敵の執拗な雷撃機群を撃ち落とすために飛び立っていた。急降下爆撃隊だけが、ただちに発進可能の状態だった。

これを戦機と見て、かなり離れた海域にいた「飛龍」の山口司令官が、

「攻撃隊直ちに発進の要ありと認む」

と駆逐艦「野分」を中継して「赤城」に発光信号を送った。山口司令官の指す攻撃隊とは、第二次攻撃隊として待機している江草少佐指揮の三十六機の艦爆隊のことである。

しかし南雲司令部は、戦闘機の護衛なしで裸のまま攻撃隊を出すことに、大きなためらいを感じていた。いま現に眼前で、護衛なしの敵雷撃機がわが戦闘機にかたっぱしから撃ち落とされているのである。この状況を見て南雲中将は、「在空の飛行機隊を収容後、戦闘機の

護衛つきによる正攻法の攻撃」を決意し、命令をくだした。

魚雷から陸用爆弾へ、ふたたび陸用爆弾から魚雷へ、兵装の再転換が行なわれた。汗まみれで重い爆弾、魚雷を取り換えるうちに、時がどんどん過ぎていく。艦内は大騒動となった。「利根」偵察機からの「敵はその後方に空母らしきもの一隻を伴う」との報告が、兵装再転換の混乱に拍車をかけた。

じつは「蒼龍」戦闘機分隊長の藤田怡与蔵《いよぞう》大尉（東京都世田谷区）が、かなり早い時刻に敵空母が近くにきていることを柳本艦長に報告していたのである。

藤田は撃墜・撃破二十機以上といわれる零戦の名パイロットである。戦後は日本航空の機長もつとめ、滞空時間は戦中、戦後を通じ一万八千三十時間で無事故の輝かしい記録の保持者である。藤田は友永第一次攻撃隊が出発した前後から母艦上空を直衛し、間髪を入れず襲ってくる敵戦闘機、雷撃機、急降下爆撃機の群れを迎え撃っているうち、雷撃機がミッドウェー島とはまったく異なる方向からくるのに気づき、敵空母が近いと判断、いったん帰艦して艦橋に駆け上がり、「敵空母がこの近海にかならずきています」と柳本艦長に報告した。艦長は、「あれ？　そうなのか……」というような意外そうな顔をした。

藤田は報告後、すぐに敵機を求めて舞い上がったので、はっきりした報告時刻は覚えていないとしているが、「前後の経過から考えて午前五時半ごろか」との筆者の質問に対して、「そのあたりだと思う」と答えている。藤田の報告は当然、柳本艦長を通じて二航戦の山口司令官に届いているはずである。

「敵は空母らしきもの一隻を伴う」との「利根」偵察機の打電受信時刻（五時三十分）から間もなく、山口司令官は、発光信号で旗艦「赤城」に、「攻撃隊ただちに発進の要ありと認む」と催促の信号を送っている。これは藤田の報告を受けた決断と見てよいのではないか。江草も同じ考えであったに違いない。

当時の「蒼龍」の状況について、艦爆隊員だった藤田多吉一等飛行兵曹（鳥取市美萩野）からお便りをいただいた。

偵察機より敵艦見ゆとの電報が電信室より放送され、搭乗員待機室は俄然色めき立ち、位置記入に一生懸命でした。白図の中に緯経度を計算して彼我の艦隊位置を記入しておりました。（注・電信員が搭乗員待機室にきて入口付近の黒板に緯経度を書き込み、それを搭乗員が白図に書き写した）

敵空母の存否を確認している間、しばらく時間がかかりましたが、私たちも体当たりで一機一艦の勝負をしてでも敵空母を撃滅しなければならないと思っていました。当時はまだ特攻などということも、ことばもありませんでしたが、搭乗員だれもが考えたことだったと思います。

江草隊長が「一刻の猶余もできない。すぐ出撃しなければならない」と進言されたのは当然と想像されます。（中略）そのうち対空戦闘となり、雷撃機はようやく回避したのですが、間もなく艦橋直前に急降下機の爆撃を被弾、搭乗員待機室も爆風に突き破られ、火炎を浴びてバタバタと倒れる人もありましたが、私は舷側に出ることができました。ついで第二弾を受け、飛行甲板は火炎に覆われました。

藤田の手紙で緊迫、凄惨な模様がうかがえる。中国戦線で江草の部下だった高橋定（後に「瑞鶴」艦爆隊長）は、「たたかれたらただちにたたき返せ、と江草さんは口癖のようにいっておられました。ミッドウェーでは当然、即時出撃を主張したことでしょう」と見ている。ミッドウェー作戦に呼応したアリューシャン作戦に空母「隼鷹《じゅんよう》」で従事した小瀬本国雄も、「ミッドウェー海戦生き残りの搭乗員から、江草さんが即時出撃を主張したと聞きました」と筆者に語った。

搭乗員室の真上にある艦橋で、江草が柳本艦長、楠本飛行長に対し、「戦闘機の護衛はいりません。いますぐ出かけましょう。兵装転換まで待てません」と、すさまじい勢いで迫る姿を想像することができる。江草の要求が受けいれられたのかどうか確認できないが、山口司令官も即時出撃を南雲司令部に進言したのは、いままで見てきたとおりである。

「利根」四号機の報告による敵空母の位置はミッドウェーの北二百四十カイリとなっていたが、実際の位置は北百三十カイリであり、味方からの距離は九十カイリしかなかった。「利根」機は敵空母の位置を大きく誤り、南雲長官の戦闘指導をミスリードした。

公刊戦史によると、この「利根」四号機の機長は五月に水上機母艦から転勤してきたばかりなので、十分に戦務教育をされていなかったという。

この海戦では扇形索敵をしたが、南雲司令部にいた吉岡忠一・航空乙参謀（当時）は、「空母という動く物体から出て帰ってくる条件下の索敵方法は、ハート形索敵でないと効果がない」と筆者に話した。

太陽を背にしてヨークタウンとエンタープライズの急降下爆撃機が突入してきた。日本の艦隊は超低空でくる雷撃機に目を奪われ、上空に対する警戒をおろそかにしていた。エンタープライズのＳＢＤドーントレス三十七機は「赤城」と「加賀」に、ヨークタウンのＳＢＤ十七機は「蒼龍」に襲いかかった。

攻撃はまったくの奇襲となった。午前七時二十三分、「加賀」に四弾、七時二十四分「赤城」に二弾、七時二十五分、「蒼龍」に三弾命中した。いずれも大火災が発生し、準備中の味方の魚雷、爆弾の誘爆で三空母は戦闘力を失った。

ひとり離れていた「飛龍」はよく健闘し、ヨークタウンを大破させた。が、午後十二時三十分、エンタープライズから二十四機、一時三分、ホーネットから十六機の急降下爆撃機が発進し、二時三分、「飛龍」に四発の爆弾が命中し、ここに主力空母四隻が全滅した。

「赤城」の森栄次信号兵は、被弾したとき、旗旒を掛けておく「旗掛け」の中にいた。突然の爆風で吹きとばされ、体を強く甲板に打ちつけられてあちこちが痛く、目が見えない。上官が階下の看護室に連れて行ってくれた。手当を受けた後、出ようとしたら鉄板がそりかえってしまって、通路をふさいでいる。仕方がなく艦橋の下の外側通路に出て、そこから海に飛び込んだ。

三時間浮かんでいた。もう死ぬかとか、助かりたいとかいう気持は不思議に起こらなかった。親不孝の罰が当たったのかな、と思っているうち駆逐艦に救助された。

「蒼龍」の偵察分隊長大渕珪三大尉（栃木県太田市、現姓名・本島自柳）はリフトの後ろにいた。本島はつぎのように筆者に話している。

「一発ははずれ、二発目が艦首に命中しました。雲量五か六で厚い雲が垂れこめているその中から敵の急降下機が突っ込んできたのです。三発目、これはいい射点に入っている。くるなと思ったら案の定リフト付近に命中し、私は爆風で倒れました。わが空母の二十五ミリ機銃に誘爆して、驚いたことに、機銃がこちらに向かって弾を発射し出したのです。

幸い私は完全武装の服装なのでけがをしないですみました。白いマフラーが火をよけてくれました。搭乗員のあのマフラーは伊達につけているのじゃなくて、防火用に役立つのだと初めてわかりました。軽装の防暑服を着た整備員たちは大やけどを負って気の毒でした。

私は負傷した人たちをカッターに乗せ、海におろそうとしたのですが、だれかが揚艇索の操作を誤ったので、カッターは人を乗せたまま海中に落ちてしまいました。その時江草さんは多分艦橋にいたでしょう。爆風で大けがをしたと思います」

この話に関連するが、「蒼龍」の艦攻分隊長だった阿部は、「多数の者が乗っていた救命艇が落下するのを見た。江草艦爆隊長が腕を骨折したのも、このときのことと思う」といっている。

本島がいまでも慨嘆にたえないのは、この海戦で「蒼龍」に超スピードの艦爆彗星《すいせい》を二機積んでおきながら、「空母らしきもの一隻を伴う」の報告で初めて一機を出したことである。「もっと早く出すべきだった。司令部は明らかに偵察を軽視した」

と本島は指摘している。

彗星は昭和十五年十一月の初飛行で最大時速五百五十二キロ、航続距離四千キロを記録し、世界一の零戦をしのいだ。「利根」の遅い水上機の二倍のスピードだった。

彗星が、まだ試作機の段階の時、本島たちが命がけで着艦試飛行に成功したのを見て、ただちに「蒼龍」に搭載を決めたのは、江草の強い進言によるものだろうと、本島はいっている。偵察経験者の江草は、だれよりも偵察を重視していた。南雲司令部から、いつ「彗星を出せ」と下令があるか、じりじりしていた江草の心情が理解できる。結局、宝の持ちぐされに終わってしまった。

飛行機ファンが戦後、幻のこの名機を南の島で探し、一機を見つけた。靖国神社遊就館に展示されている。

同じ「蒼龍」の藤田怡与蔵戦闘機分隊長は戦況報告後、ふたたび出撃に舞い上がり、母艦を守りながら敵機と戦った。敵機群に対して斜め上方から機銃を撃ち込むと、たちまち敵は算を乱した。午前七時十五分まで戦ったのを覚えている。このとき、藤田の足元で大きな音がしたかと思うと白煙が噴き出し、操縦席に火が回った。周りに敵機はいない。「ドジめ！」と舌打ちする。味方母艦の対空弾が当たったのである。位置からみて「蒼龍」に違いない。落下傘降下に入った。

藤田はライフジャケットを着けて、洋上に仰向けになって浮かんでいた。波というより大きなうねりである。うねりの谷底に落とされたときは、天の視界がぐんとせばまった。うねりの突端に乗ると四方の海がよく見えた。三隻の空母が煙を吐いている。やられてしまったのか。夏とはいっても北太平洋の水は冷たい。手足の先が次第に感覚を失い、藤田は意識が遠のいていくのを感じた。

「私は波の上で眠ってしまったんですよ。気がついたら駆逐艦に救助されていました」

と藤田。駆逐艦から見ると、五百メートルほどの至近距離で「赤城」が巨大な火のかたまりと化し、無数の火炎と膨らむ一方の煙を噴き上げ、空を焦がしていた。

「ちくしょう、やりやがったな」

藤田はよろめきながら駆逐艦の居住区に足を運んだ。

筆者の問い合わせに対し、藤田は、

「私は以前から、日本海軍の対空射撃は目標に当たらないことを知っていました。敵味方の区別なく撃ちまくるのは戦場心理でしょう。私を撃ち落とした『蒼龍』の砲術員はいまでも、おれが敵機を撃ち落とした、と自慢話をしていることでしょう」

と、温顔をほころばせた。

「蒼龍」が水中で大爆発を起こしたとき、近くの駆逐艦も大きな衝撃を受け、艦長が防水区画の点検を下令したほどであった。阿部分隊長の話によると、駆逐艦では、重傷でつぎつぎに死んでいく人たちの水葬を江草艦爆隊長らとともに執行したが、軍艦旗や国旗もなくなり、白布や毛布で包んだままの水葬となった。

炎上する空母から海に飛び込み、軍艦「千代田」に収容された乗組員の状況について、伊藤鉄三郎氏（「蒼龍」乗組員）から要旨次の手記をいただいた。

軍艦「千代田」に収容されて後、昭和十七年六月九日のこと、戦闘配備が解け、「第二配備につけ」の号令が拡声機から流れる。やっと敵の海域から脱したらしい。上甲板へ通じるハッチを開ける音が聞こえる。どこからともなく冷たい空気が入り込んでくる。

水線下の兵員室に閉じ込められた百名近い負傷者。ほとんどが爆風で焼けただれ、悪臭を放ち、血と膿《うみ》と汗のにおいの中に寝たきりの者が多い。両足を投げだして座ったきりの者、衣服をつけることができない丸裸の者、両手を泣きじゃくる格好に顔の高さまで上げて、熱のためにぶるぶる震えている者。どの顔をのぞき込んでもだれがだれだったか見分けもつかない。焼けただれ、しかも海水に漬かったため、腫《は》れるだけ腫れあがっている。

もちろんわれわれの顔も一様に焼け、かろうじて目の周りだけが残されているが、これはいい方であった。いち早く防毒面を使用したおかげでもあった。ともかく足腰が立って目の見える者十四、五人が一団となって、重傷者の手当、看護に当たっていたのである。

この艦の看護兵四、五名が、昼夜の別なく看護に当たることは不可能なことであった。なぜならこの艦は表面上は水上機母艦ではあったが、じつは特殊潜航艇の母艦に改装されていた。海兵団当時の先任教員が分隊士としてこの艦に乗り組んでいることを知り、ひそかに内部を案内してもらって知ることができた。

戦闘配備や第一警戒配備となっては、だれ一人余分な者はいないのだ。この艦の乗員でもないわれわれは、ただただ足手まといになるばかりであった。医薬品の提供をしてくれるだけでもありがたいものに思えた。動ける者たちが互いに何組かに別れ、二時間交代で重傷者の治療に当たる以外に手だてはなかった。治療といっても、焼けただれたところへガーゼを当て、包帯を巻き、その上から油を浸してやるだけのものであった。

熱の高い者は濡れタオルで冷やし、大小便を訴える者、水を求める者の世話や、わずかばかりのおかゆを少しずつ食べさせてやることも仕事であった。強い爆風でやられ、片面が骨まで焼けているのではないかと思われる者が多かった。仰向けに寝た体は、ももの方が腹部よりも高く腫れ上がっていて、膿が噴き流れ、骨から肉が離ればなれになっている者。座ったきりで両手がゴムまりのように腫れあがっている者。

腫れあがった唇に脱脂綿に浸した水をふくませたり、しゃぶらせることも辛い仕事であった。「もっとくれよ」とせがまれ、泣きわめかれる時のせつなさは筆舌に尽くし得ない。一度に多量の水をやることは禁じられていた。

うわごとをいう者、気が違って泣き叫ぶ者、水、水といきなり立ちあがる者、襲いかかる者、足をばたつかせる者。これが死期を早めた。

私は直撃の爆風からは逃れたが、炎の中をくぐってきたため両手の甲とのどがやられ、左の目が見えなかった。常日ごろから十二尺のさらしを腹に巻いていたので胴体は大丈夫。足首から股にかけては、ところどころ焼けた程度であった。眼帯をかけ、左腕を首から吊っていたが、看護に当たっているうちに、そんなものはいつの間にかはずれていた。

それにつけてもわが空母最後の姿がありありと思い出されてくる。実際に、目のあたり、あの大きな夕焼けの中に沈みゆく「蒼龍」の姿を見ていながら、いまなお信ずることのできないもどかしさ。

あれは夢なのか。いや、断じてまだ「蒼龍」は、柳本艦長とともに、どこかに健在なのだ。小柄だが重量感に満ちた、あの艦長とともに。

「蒼龍」の山本砲術長が戦後帰郷し、偶然再会した、隣村に住む元乗組員から聞いた話では、「艦長、退艦してください」と迫る屈強な下士官を押しのけ、柳本艦長は燃えさかる艦橋の奥に足を運んでいったという。江田島の教育参考館には、火炎を背負った柳本の木彫り像が展示されている。

「飛龍」では司令官山口少将と艦長加来止男大佐が艦橋にとどまり、味方の駆逐艦に「飛龍」を雷撃させ、月明の海に沈んでいった。山口司令官が遺品として部下に手渡した濃紺の戦闘帽が教育参考館に飾られ、生々しい感動を与えている。

ミッドウェー海戦に先立ち、プリンス・オブ・ウェールズの司令長官トム・フィリップス中将は、退艦を要請する部下たちに、「ノー・サンキュー」と、ほほえみながら首を横に振った。艦長リーチ大佐は、「グッドバイ、サンキュー、諸君元気で。神の加護を祈る」と、大きく手を振って叫んだ。
さらに昭和十七年二月のスラバヤ沖海戦では、英米蘭連合艦隊司令官でオランダ海軍のカレル・ドールマン少将が、旗艦デ・ロイテルと運命をともにした。
開戦後半年間に彼我の司令官、艦長が劇的な最期をとげた。

この海戦で、日本側は戦死者三千人余りを出した。それまでにない大損害であった。勝ちいくさはストップし、この海戦を境に攻守所をかえた。

昭和六十三年三月、筆者はワシントンDCのアメリカ海軍歴史センター所長ロナルド・H・スペクター博士に要旨つぎの質問状を出した。
一、ミッドウェー海戦の際、アメリカの三空母はレーダーを備えていましたか。
二、六月五日午前五時半（注・日本側が「空母らしきもの……」を受信した時刻）に、戦闘機の護衛なしに日本の急降下爆撃機三十六機（江草艦爆隊）が出撃した場合、アメリカ空母の上空直衛戦闘機に撃墜されたでしょうか。
これに対し、同博士からつぎの返事がきた。
一、ミッドウェー海戦当時、アメリカ空母三隻はいずれもレーダーを備えていました。ヨークタウンはCXAM、エンタープライズはCXAM－1、ホーネットはSCというタイプのレーダーをそれぞれ備えていました。これら三種のレーダーはすべて百七十五ないし二百二十五メガサイクル（メガヘルツ）で作動する超短波の対空対艦、捜索レーダーでした。

ＣＸＡＭとＣＸＡＭ－１は、それぞれ大きな四角いベッドのバネのようなアンテナを備え、戦艦や空母に使われたものでした。ＳＣはやや遅れて開発されたレーダーで、そのアンテナは前記のものより小さく、主として、小型艦艇のためのものでした。当時、空母には射撃管制レーダーはありませんでした。

六月四日、ヨークタウンのレーダーＣＸＡＭは日本軍機が近づいてくるのを四十マイルの地点で発見しました。

同日遅くなってから巡洋艦のレーダー（多分ＳＣでしょう）は、「飛龍」からの日本軍機を四十マイルの地点から捕えました。（注・アメリカ雷撃機が超低空で来襲したのは、日本空母にもレーダーが備えてあると思ったためであろう。残念ながら日本空母にレーダーはなかった）

昭和三十五（一九六〇）年、航空自衛隊の鈴木暸五郎二等空佐（後に空将）がイギリスに留学した際、空軍幹部から「日本の八木式アンテナを基礎にしてイギリスはレーダーを開発し、ドイツ空軍を撃退することができた。ありがとう」と感謝された。このレーダーをアメリカが習ったこともわかった。

八木式アンテナは昭和六年（一九三一）に完成したものだが、何のことはない、レーダーの元祖は日本であった。

草鹿龍之介は、『連合艦隊参謀長の回想』の中で、

「わが大和民族は科学の研究工夫に於ても、決して他民族に劣っているとは思わない。それなのに何故科学水準が低かったかといえば、人の上に立つ指導者に熱意がなかったからであった。例えばレーダーにしても、その着想を持っていた大尉浜野力君（注・海兵四十三期）がいたのであった。

当局者はそんな夢のような研究に、不足な海軍予算の中から無駄金を出す余地はないといって一顧だにしなかった。これは大正末期のことであった。当局者が彼の研究を援助していたならば、レーダーは英米に先んずること少なくとも十年、日本海軍によって発明されていたであろう」

と述べている。


スペクター博士の筆者への返事をつづける。

二、私の想像では、日本の急降下爆撃機三十六機はアメリカ空母部隊の上空に達したとき、空母に多大な損害（沈没を含む）を与えたことであろうと思います。
これら三十六機すべてがアメリカの上空哨戒機によって撃墜されるというのはあり得なかったことです。私の考えでは、アメリカの戦闘機は、戦争のこの段階では日本のものより力が劣っていたと思います。

近接信管はミッドウェー海戦当時使われていませんでした。後にそれが導入されたときは五インチの海軍用弾薬に使われ、航空機には使われませんでした。

アメリカ海軍歴史センターは、海軍の資料調査関係で最も権威のある機関である。その機関が右のような説明をするところから判断して、江草艦爆隊が出撃していればアメリカ空母三隻を撃沈または大破させたことはほぼ確実と思われるし、悪くても相討ちに終わり、わが方は「飛龍」一隻が生き残ったのではないだろうか。

戦史研究家妹尾作太男（神奈川県葉山町・海兵七十四期）は、

「かりに相討ちに終わったとしても、日本海軍はとても強くて倒せないという感情がアメリカ側を支配し、ガダルカナルへのアメリカ軍の進出は、一年間は遅れただろう。戦争の局面全体が大きく変わったことは間違いない」

と筆者に説明した。

江草艦爆隊という伝家の宝力を、この海戦で日本海軍は遂に抜かなかった。惜しんでも余りあるチャンスを、日本は逸したのである。江草のひげの濃い渋面が目に見えるようだ。

ＭＩ作戦(3)

情報戦争の敗北

(イ)解読された「ＡＦ」

江草と同期の佐竹太右衛門（東京都千代田区）には苦い思い出がある。

昭和十七年五月二十日、山本聯合艦隊司令長官は、「聯合艦隊は陸軍と協力し、ミッドウェー、およびアリューシャン西部要地を攻略すべし」との命令にもとづき、瀬戸内海西部に集結しつつあった二百隻以上の艦船、各部隊あてに、ミッドウェー作戦の詳細な作戦命令を打電した。この電文には「D《デー》暗号書」で暗号化されたものが使われた。

D暗号は、日本海軍で戦略用としても業務用としても最も多く使われた、二冊制の数字暗号である。五数字の暗号符字に乱数表による乱数を加えて強化する型式になっていた。

聯合艦隊通信参謀をつとめた中島親孝元中佐（東京都目黒区）の説明によると、二冊制の暗号書というのは暗号符字を信文（暗号でない日常文）と違う順序で与えてあるので、信文を順序正しく並べた発信用と、暗号符字を見つけやすく並べた受信用との二冊を必要とする。これに対して一冊制というのは、作成も翻訳も一冊でできるように、信文も暗号符字も順序よく並べてある暗号書である。したがってどの暗号符字がどんな信文に当たるか大体の見当がつくので、二冊制に比べて非常に解読しやすいのが特徴である。

つまりD暗号（二冊制）だと、ある暗号符字がわかっても他のものに類推がきかないようになっている。

デービッド・カーン著『コード・ブレーカー』によれば、アメリカは使用頻度の高い日本海軍のD暗号を「JN二五号番号」と呼称して全力をあげて解読に取り組み、十七年五月初めまでにはその三分の一、使用頻度の高いものでは九十パーセントまでが解読できたという。頻度のすくない十パーセントから十五パーセントまでが不明のまま残った。電文中、主要攻撃目標と思われる「AF」という地点は、数週間前に日本の飛行艇がミッドウェー島偵察に飛来したとき、打電した電文に「ＡＦ」という地点符号があったので、それがミッドウェーであることは推測できたが、正確を期するため、ハワイの解読班は巧妙な偽電を使った。すなわち、ミッドウェー守備隊からハワイに、

「われ、真水蒸留装置故障」

の平文偽電を発信させたのである。

佐竹太右衛門は当時、軍令部特務班米班勤務としてアメリカ海軍の暗号解読を含む通信情報を担当していた。

その傍受電文の中にポツリと出てきた何気ないこの平文を、佐竹は多少の疑念はあったがホノルル海軍放送によく出る平文通信だと軽く思い、通信情報として報告した。

ホノルルのＣＩＵ（戦闘情報班）では、偽電を発して二日後に多量の傍受信から「ＡＦ」の真水が不足しているという情報を伝える一通を発見している。「ＡＦ」がミッドウェーであることが、アメリカ側に確証づけられたのである。

こうして五月二十七日、ニミッツは「作戦計画29－42」で、

「敵は近くミッドウェーの占領を企図していると予想される」

と明示して、東京初空襲に参加した後、南太平洋に急派したエンタープライズ、ホーネットの二空母を急拠《きゅうきょ》呼び戻すとともに、珊瑚海海戦で傷ついたヨークタウンを応急修理のうえ、六月二日、ミッドウェー北東三百五十カイリに出撃させ、日本艦隊を待ち伏せさせたのである。

D暗号が解読されたことについて、中島元通信参謀の話をつづける。

「『コード・ブレーカー』によれば、いかにも正攻法で解読したようであるが、この本には平文でミッドウェーで真水が欠乏していると打電して、AFがミッドウェーであることを確認したと書いてある。二部制の暗号書で地名をAFと解読するのはおかしいから、これは暗号書の現物を手に入れたことを示していると思われる。

その可能性が高いのは十七年一月、ポートダーウィン付近で撃沈された伊一二四潜水艦からということになる。この潜水艦から引き揚げた通信関係の文書を米軍に引き渡したということを、戦時中に聞いた記憶がある。十七年二月、ウエーキ島をハルゼーが空襲したとき、監視艇を捕えて暗号書を手に入れたという説もある。もし監視艇にD暗号が積んであったとすれば、あまりにも常識はずれといわざるを得ない」

D暗号は十七年四月一日に、新たにつくりかえる予定だったが、戦線の予想外の拡大のために配布が間に合わず、旧暗号で作戦命令が出されたのである。佐竹は、「日本が予定通り暗号を改変していたら、連合軍は少なくとも数週間は暗闇に逆戻りしただろう」と述べている。不運なことであった。

寡兵とはいえ敵の主兵が待ちかまえている海域へ、そうとは知らずにわが大艦隊は進撃していった。当時のある参謀は、「アメリカ空母がミッドウェーの海域に出没しているという思想は、われわれにはなかった」と、筆者に話した。アメリカ空母は真珠湾にいる、と考えられていた。ミッドウェーをたたけば真珠湾から出てくるに違いないから、出てきたところをたたけばよいと考えている向きもあった。

「敵は豪州近海に兵力を集中しているらしい。これでは大決戦ができない」として、「敵が出てくるように」と期待してみたり、知らぬが仏の楽観ムードであった。

ところで開戦時の日米の空母勢力だが、改造空母などを除き主力空母を見ると、日本は「赤城」「加賀」「蒼龍」「飛龍」「瑞鶴」「翔鶴」「龍驤」の七隻であり、アメリカもヨークタウン、ホーネット、エンタープライズ、サラトガ、レキシントン、ワスプ、レーンジャーの七隻で、ほぼ互格であった。これがミッドウェー海戦が終わった時点で、生き残った主力空母が日本三隻、アメリカ五隻となった。

アメリカはその後、巨大な生産力にものをいわせ、空母を急造して日本と決定的な差をつけていく。

(ロ)米空母出現情報の行方

先遣部隊である第六艦隊（潜水艦部隊）の旗艦「香取」の司令部に昭和十七年四月中旬の内地出港時、敵信班と称する兵曹長を長とした外信傍受専門の経験者約十人の通信科下士官が配属され、乗船していた。

六月二日夜、敵信班は敵機動部隊の空母とその搭載機との通信電波を捕捉し、ミッドウェー島南西にあるマーシャル諸島のクエゼリン、ウオッゼ、ヤルート各島基地の方位測定所で連合測定の結果、敵空母の位置をミッドウェー北北西百七十カイリと推定した。

クエゼリンとヤルート間の距離が近いため、ミッドウェー付近の地点はきわめて底辺の短い鋭角の頂点になるので、東西の位置の線は正確でも、南北の位置決定には相当の誤差が出るものと考えられた。

第六艦隊通信参謀（当時）の高橋勝一少佐は、迷いながらも、ともかくも位置を決めて六月三日午後八時ごろクエゼリン基地から緊急電報を打った。宛先は第一機動部隊指揮官（空母部隊の「赤城」司令部）、聯合艦隊司令長官（「大和」）とし、軍令部長を通報者としていた。

発信者は「香取」の第六艦隊司令長官で、要旨は、

「敵空母を無線方位測定で確認した。本日一八〇〇の敵空母の位置はミッドウェーの北北西百七十カイリ。付近に他の一隻あり。いずれも東西に遊弋《ゆうよく》しつつあり」

というものであった。

この緊急電報は、高橋第六艦隊通信参謀から暗号長に手渡し、ただちに暗号にして送信室に回された。高橋の筆者への説明によると、その夜、この暗号電報は機動部隊旗艦、聯合艦隊旗艦および海軍東京通信隊で受信したという了解符（・－・）を「香取」で確認した。

海軍には無線交信規程があって、それには発信者と着信者、通報者間の交信のやり方が規定されており、受信担当電信員は了解符を出して「本電了解した」という確認をしないと、その電報の処理は終わらないことになっている。

高橋によれば、したがってミッドウェー作戦の中枢司令部である「赤城」で受信していないということは、通信規程上あり得ないことだという。

この電報は海軍東京通信隊から一般通信系（短波）と超長波放送（十七・四四キロサイクル）の両電波で頻繁に放送された。一般通信系は東京でキーを押せば千葉県船橋送信所の送信機が作動し、太平洋上の水上艦艇に配信される。超長波放送は、東京でキーを押せば愛知県刈谷の送信機が太平洋で行動中のわが潜水艦を対象に電波を出す。アメリカの太平洋西岸にまで届く強力な電波で、戦前はハンブルグと日本間の商業用に使われていた。

高橋は、

「この短波と超長波の電波は放送通信であり、（その電波を）受信するか否かは、その艦に受信機と受信電信員に余裕があるかないかによる。「赤城」は十分余裕があるので、受信していたと想像される」と話している。

これに対し、「赤城」の航空乙参謀だった吉岡忠一少佐（当時）は、

「マストを倒していたため、聴こえなかった。合戦準備に入ると、飛行機を収容する際に危険なので、無線を搭載してあるマストは倒すことにしている。近くを走っていた『霧島』などの戦艦や巡洋艦は、マストを倒さずそのままにしていたが、やはり電報を聴いていない」

と、受信していなかった旨、筆者に話した。

機動艦隊の後方五百カイリに聯合艦隊の旗艦「大和」があった。聯合艦隊司令部の参謀長宇垣纒《まとめ》少将は、山本五十六長官を補佐し、「大和」艦橋で克明に作戦日誌をしたためていた。『戦藻録』と名づけられた第一級の記録だが、この中に「香取」が出した「アメリカ空母の出現を傍受した」との電報について、何も述べられていない。

昭和十八年に聯合艦隊通信参謀をつとめた中島親孝元中佐は、つぎのように筆者に説明した。

旗艦「香取」の打った電報が海軍の東京通信放送にかかったことを高橋第六艦隊参謀が確認している。しかし、聯合艦隊司令部ではこの電報に注意していなかったらしく『戦藻録』には何も述べられていない。

私の経験だが、私が十九年三月、ある参謀長の下で、敵の今後の出方について説明したところ、参謀長は私の話をうなずいて聴いているように見えたが、後になって、「ところで君」と本題をむし返した。私はむっとなって、「その説明はさっきしたでしょう」といったが、参謀長は先入感があるので人の話が耳に入らないのだ。電報量は短時間のうちに一メートルの高さにも届くほど膨大なものであり、どんなに頭のよい参謀長でも人間の頭に入る情報量には限界がある。

その場合、自分に興味のない情報は無視しがちになるものだ。

機動艦隊司令部でも、この電報を受信していないというが、東京通信放送を受信しないはずはないから、注意を払わなかったということだろう。

戦後、黒島亀人聯合艦隊主席参謀（ミッドウェー海戦当時）が、「聯合艦隊特信班が米空母をミッドウェーの北北西に測定した。山本長官が機動艦隊に知らせる必要はないかといわれたけれども、機動艦隊の特信班のほうが有力であるから大丈夫と思いますといって、無線封止の中でもあり、発信に反対した」と、述べている。艦上の特信班が発信源の位置を測定することはできないから、第六艦隊の基地からの情報を記憶違いしているとも考えられる。

吉岡航空乙参謀は、
「深夜であっても電信員が持ってきた電報に対し、当直の参謀、参謀長らは軍服の襟を正して読んだ」
と話している。

超短波か極超短波は電離層に当たるとはね返るスキップ現象を起こすため、東京通信放送が届かなかったのではないか、とする説もある。

「赤城」の通信参謀小野寛治郎少佐（旧姓堂本）が戦死する前、知人に、「『赤城』は傍受電報を受信していた」と語ったという話を高橋参謀が聞いている。

敵空母出現の傍受情報の行方は究明する必要がある。この場合、第一の責任は「大和」司令部にあり、「赤城」に転電しなかった責めを負うべきではなかろうか。

南雲部隊司令部は、米空母は付近にいないとの先入観から抜け切れなかった。一方、「大和」の黒島参謀は終生、「自己の大きな失敗の一つ」として苦しんだという。高橋参謀によれば、苦心して設営した方位測定所が、この海戦で何の成果をも挙げ得なかったということである。

(ハ)無効に終わったS情報

開戦前年の昭和十五(一九四〇)年十一月、和智恒蔵海軍中佐(のち大佐)にメキシコ在勤帝国公使館付武官補佐官という命令が出て、和智は日本郵船「日枝丸」で出発した。これは表向きのことで、実際はメキシコに「L機関」と呼ばれる通信諜報機関を極秘裡に設置し、アメリカ大西洋艦隊の動静を探知することが主任務であった。

以下は東京都武蔵野市吉祥寺に住む和智の回想。

昭和十六年の初夏のころだったと記憶するが、西陸軍武官が訪ねてきて、「参謀本部の紹介で、あるアメリカ人紳士と知り合った。この男はアメリカ陸軍を退役した工兵少佐で、馘首《かくしゅ》された動機からアメリカを恨み、日本のために何か働きたいとのことだ」と、本人の使い方に関し相談をもちかけられた。

そこで私は、この男をパナマ運河地帯に派遣し、運河を通過するアメリカ海軍艦船の動きを速報させることを提案した。諜報費は陸海軍武官室で半分ずつ出し合うことに話を決め、日本人の間の符丁を「S」と呼ぶことにした。

やがてSからパナマ運河を通過するアメリカ艦船の報告が西陸軍武官を介してやってくるようになった。一方、L機関では太平洋、大西洋岸のアメリカ海軍放送通信系に出入りする呼び出し番号でアメリカ艦船の異動を判断していたのでSの報告をチェックしたところ、きわめて正確であり、Ｓに対する信用度は、まず、よろしいと考えるにいたった。

　確か開戦直後のクリスマスが終わったころと記憶しているが、西武官がたいへん興奮しながらやってきた。聞けばＳは重要な情報をつかんだので、急遽報告のためメキシコに帰ってきたとのことだ。

　その重要情報は、ワシントンで主として陸海軍のクラブにとぐろを巻いている、友人や知人から聴き出したもので、パールハーバーの被害とアメリカの作戦方針との二つであった。

　Ｓの情報はアメリカの陸海空軍の作戦方針であった。海軍に関しては、

「合衆国艦隊は、真珠湾で甚大なる損害を受けたので一時西岸に避退し、もっぱら戦力の回復を図る。幸い空母部隊は無傷だったので、日本艦隊が東進来攻した場合は残存勢力の総力を挙げてこれに当たる。一方潜水艦を急造し、すべて日本が収めるであろう南方資源の海上輸送の遮断を図る」

　というものであった。

　以上のＳ情報を西武官は私に伝えた。ちなみに西武官は交換船で日本に帰国後、参謀本部の課長になったが、ドイツに連絡のためシンガポールから特別機で飛び立ったまま行方不明になってしまった。

　Ｓ情報を大本営に報告することになったが、日米開戦後、二、三日のうちにメキシコをはじめ中南米諸国は相ついで対日国交断絶を宣言したため、われわれは外交特権を失い、日本に暗号電報は打てなくなってしまった。

ただ、アルゼンチンだけは中立を宣言していたので、ブエノスアイレスに駐在している雪下武官は通信の自由をもっていることがわかった。

当時メキシコ駐在のアルゼンチン陸軍武官は枢軸（日・独・伊）傾向の強い人で、親密に交際していたが、その武官室でナチス特派の諜者に紹介されたこともある。この人から秘密インクの伝授を受けた。その秘密インクは風邪の売薬を洋酒に溶かして使用するのだが、化学線にも反応しないし、所持を発見されても怪しまれないですむ。現像液を使い、あぶり出しの要領で文字を浮かび上がらせる。ただし現像液は特殊薬品で厳重な保管を必要とするので、出先諜者は原則として持ち歩かないことにしているとのことであった。

そこでS情報を大本営に伝達するのには二つの方法によることとし、確実を期した。

まず秘密インクによる方法。ブエノスアイレス在住の先に述べた諜者の同志あてにスペイン語で偽手紙をタイプした。文面は叔母さんの病気見舞を書いたものだが、文中に特定の女性名を挿入した。これが秘密インク使用の約束であった。そしてタイプした手紙の裏面にS情報とアメリカ西岸の各軍港の情報を秘密インクを使い、日本語でぎっしり書き込み、最後にスペイン語で「現像の上、雪下日本海軍武官にそのまま持参するよう」書き加えた。

この手紙は普通の航空郵便でブエノスアイレス行きとして投函したが、郵便検閲を無事通過するよう細心の注意を払った。雪下武官には至急公電として大本営あて転送してもらうことを頼んだ。二つ目の方法は、ナチス諜者の無線を利用する方法だが――（省略）

昭和十七（一九四二）年八月、私は第一回交換船で帰国した。さっそくS情報の着否を調べたところ軍令部五課のラテンアメリカ部員のファイルに綴られてあった。

Ｓ情報は無事に届いていた。が、活用されず、ファイルの中で眠ったままだった。ミッドウェー海戦立案に当たって、この情報が注意されていたらと惜しまれる。血のにじむような努力がまったく酬われなかった。以上は未公開の秘録である。

余談になるが、和智にはもう一つ『盧溝橋事件は日本のシロ』と題する回想記がある。

昭和十二年七月十日、土曜日の午後二時ごろ、和智は埼玉県にある軍令部直属の大和田傍受所長官舎の風呂に入っていると、傍受員先任者が、北京駐在のアメリカ海軍武官からアメリカ海軍作戦部長にあてた緊急通信をもって飛び込んできた。

解読してみると、二十九軍の宗哲元部下の過激分子が現地協定に満足せず、日本軍を攻撃するという緊急情報である。

和智はすぐ海軍省副官の柳沢蔵之助中佐を通じ陸軍省副官に連絡したが、陸軍省側は、「現地協定ができたばかりだ。デマではないか」と相手にせず、この情報を放置した。結果は情報通りとなり、全面戦争に拡大してしまった。

和智によれば、この陸軍省副官は陸大出のエリート軍人であり、デマという結果になれば自分の出世に響くとの保身から情報を握りつぶしてしまったのだという。間髪をいれず日本側の軍使が急行して交渉に入れば、宗哲元軍の出撃を抑えられたに違いないとは、和智の持論である。

昭和二十二（一九四七）年四月二十三日、和智は東京市ヶ谷の極東国際軍事裁判所の軍事法廷に証人として出廷した。このとき和智は仏教に帰依していた。

四月二十四日付朝日新聞は、

「僧形の和智証人〝拡大〟の真相暴露」との見出しで、

「……陸軍は信用せず、そのうちに夕方から中国軍の攻撃が始まって事件は拡大したという興味ある新事実を述べたのち反対尋問なく退廷」

との記事を伝えている。証拠を十分そろえて出したので、検察側は反論できなかった。

和智は自ら深くかかわった以上二つの秘史を『巣鴨噬臍《ぜいせい》二話』と題してまとめ、昭和五十二年六月、喜寿の記念として同期生らごく限られた人たちに回覧した。噬臍とは、ほぞをかんでも追いつかない深い後悔、との意味である。

反響は大きく、

「陸海軍ともに大学校教育が才能教育、小手先だけの教育に止まっていて、真の人物育成ができていなかったこと、優等生教育に終始した結果だと思う。独善はヒトラーのみでなく優等生が陥りやすい大弱点である」

「占領軍の威に恐れず大兄の執られた周到適切な処置に敬意を表す」

「情報が国策の根本であるのにかかわらず、苦心惨憺してつかんだ情報が検討されず、宝の持ちぐされとなってしまったのははなはだ残念」

との多くの感想が和智に寄せられている。

第六章　祖国を後にして

新たな任務を前に

昭和十七（一九四二）年のある日、聖子が知人宅から帰宅してみると、腕を包帯で吊り、顔は赤黒くなった、やけどの跡も生々しい夫が、いつの間にか帰っていた。

江草も多くの乗員とともに爆風でやられたのだった。救助された後、目だけを出して顔中包帯にくるまれ、骨折した腕を吊っている姿を「蒼龍」の藤田多吉艦爆隊員が見ている。帰港後、横須賀の海軍病院で手当を受けていたが、まだ十分に治りきらぬうちに帰宅となったのだ。ミッドウェーの敗戦は国の一大痛恨事であったが、江草は久しぶりに家庭の人となった。

昭和十七年七月十日付でふたたび横須賀航空隊勤務となり、九月二十五日付で横空飛行隊長兼教官となった。十月十五日には軍艦「大鯨」に乗り組み、トラック島への輸送任務にも当たった。

燃えさかる「蒼龍」からあやうく一命を取りとめて帰還できた江草は、以前にもまして聖子との時を、大切にして過ごした。いずれまた戦場に復帰する。一日一日が重い意味をもっていた。

ある休日、いつものとおり江草は聖子と連れだって散歩に出かけた。と、江草は急にかがみ込み、棒切れを拾ってハワイ諸島の地図を描きだした。驚いて見入る聖子に、

「ハワイに第一撃を与えて帰艦してすぐに、私は上官に強く提言したんだ。まだ大きな成果はあげていない。空母をやっつけていないじゃないですか。私の推測では、敵空母はかならずこの近辺にいますよ。探し出してたたきましょう、と提言したんだ」

と、いかにも残念そうにいって口を結んだ。

江草がいくさについて聖子に話すことはほとんどなく、いつも穏やかな夫だけに、その悔しさが尋常でないのを聖子は強く感じた。

緒戦で米空母を撃滅しておけば、ミッドウェーで惨敗を喫することもなく、ハワイで空母を取り逃がしたことが、江草にはよほど腹に据えかねていたのだろう。「私には敵空母の位置が推測できたのだ」とそのとき、聖子に話している。「提言した相手の上官」とは、二航戦（「蒼龍」「飛龍」）の山口多聞司令官および幕僚、柳本艦長、楠本飛行長らであろう。

このとき、二航戦の旗艦は「蒼龍」であったので、江草はただちに山口司令官に面と向かって第二撃を要求したわけである。公刊戦史によれば、山口司令官は第二撃を実行するよう、機動部隊旗艦「赤城」の南雲司令部に信号で催促している。しかし、南雲司令部は第一撃止

まりにしてしまった。開戦時、アメリカ空母はエンタープライズがオアフ島西方二百カイリの海上にあり、レキシントンがミッドウェー南東四百二十カイリにあった。江草の予想は当たっていた。サラトガは修理のためサンジェゴにいた。

いくさにまったく関係のない聖子だが、

「江草には勝負師の勘のようなものがありました。欲がないから、洞察力があるのでしょうか」

と、感想をもらしている。同期の赤木敏郎も聖子と同じことをいっている。

江草の主張どおり真珠湾攻撃の際、第二撃に出動してアメリカ空母を撃沈しておけば、東京空襲やミッドウェーの悲劇は見なくてすんだかもしれない。

また、ミッドウェー海戦のとき、江草艦爆隊が出ていたらどうなっていたか。アメリカ海軍歴史センターに問い合わせたのと同じ筆者のこの質問に対し、源田航空甲参謀（当時）は、

「相討ちになっていたかも知れない。結局、最後には負けたにしてもね。しかし、アメリカは徹底的に戦う国なので、講和はできなかったでしょう」

と答えた。

どんなに力を振るってみても、国力に圧倒的な開きがある。結局は負ける。問題はその場その場で正しく戦況を判断し、手を抜かず、少しでも有利に戦っていかに戦争を終結させるかということであろう。

無欲の人、江草にはこだわりがなく、先が読め、あらゆる局面で最善を尽くすことができ

たのだといえよう。しかし、江草の提言は肝心のところで上層部に生かされることはなかったのである。

無欲といえば、物資がますます窮迫しつつあったこのころ、江草家も当然とはいえ一般国民と同じく耐乏生活をつづけていた。

当然、とあえていうのは、将校夫人の中には時たま、「これは主人が買ってきてくれたのよ」といって、子どもの皮靴などを見せる人がいたからだ。飛行機で外地に任務で飛んだ帰りに、ちゃっかり買ってくるのだ。戦時中、子どもの靴は入手困難な貴重品であり、都会でもたいていの児童は下駄ばき通学し、校庭では裸足であった。運動靴は配給制で、数ヵ月に一回、クラス内でじゃんけんをして決め、二、三人だけが手にするというありさまであった。江草も立場上、外地で購入することは、やろうと思えばできた。自分の金で買うのだから正当な行為といえる。しかし、彼はそれをしなかった。そして、

「戦争は買い物に行くのとは、わけが違う。一般の国民と同じように、耐乏しなければいけないよ」

と、さりげなくいった。また、

「きょう部下が、テンプラ油の用意がしてあります、といってきたので、いらないよ、と、いっておいた」

と、それとなく世間の人々とともに耐える覚悟を妻に促した。

海軍は大正初期の一大汚職事件であるシーメンス事件にこりて「身辺の清潔」を強化する

ことにつとめ、はなはだしいときは、自宅に配達された盆暮れのつけ届けを翌日職場に持ち寄って、菓子類であってもいっせいにまとめて焼却するという、伝説的な潔癖行為を示したこともある。

それが戦時下には一部で乱れ、軍人の特権を利する風潮も散見しだしていた。軍人家庭が一般よりも豊かに物資を手に入れることを、江草は厳しく拒否した。

開戦以来、搭乗員の戦死者が急激に増えだした。江草は戦死した部下の写真を仏壇に祭っていた。家にいてちょっとしたときや夕食時に、ひょいと目を仏壇に走らせる。クリスチャンの聖子は仏壇に関心がないが、江草の心事を思って仏壇を清め、花を飾った。江草の心には幼いころからの法華宗による宗教的感化があったと見てよいだろう。

戦時下の特配として、時たま市民をうるおす酒もたしなんだ。酒はそれほど好きというほどではない。以前、物資にまだ余裕があったころ、外ではよく飲んだ。差されたら、飲まなくてはいけない。しかし乱れたらだめだ。だから気力を振るって飲む。飲むと青くなった。

中国戦線では珍しく乱酔したことがあり、部下の高橋定中尉（当時）に、

「こんなに酔っぱらっちゃ、いかんよ、なあ、おい高橋」

と、怪気炎を上げたことがある。江草はこの当時から「難しい人」と評されることもあった。芸者が彼に寄りつかない。黙って飲むだけだから、つまらないのである。一方、江草には芸者は無節操に見え、まともに話が交わせない。「プライドの高い人」と高橋は評する。江草の胸に一歩入ってしまえば、多くの人はその人間味に惹《ひ》かれ、心酔した。

それはともかく、家ではせいぜい銚子を一、二本であった。それも「酒が欲しい」と自分からはいいださない。聖子が銚子を差し出すのを見て、わが意を得たように、「どんぴしゃりだな」といって頬をゆるめた。

少し飲むと童謡を歌って聖子に聴かせる。これも外ではめったにないことだった。外では、ひたすら差された杯を飲み干すだけなのである。しかし、ごくまれにこんなこともあった。江草が最初に横空に勤務した当時の部下三福岩吉中尉（珊瑚海海戦で「翔鶴」艦爆第一中隊長）は、筆者に寄せた手記の中で、

「江草隊長の酒豪であられたことはあまりにも有名である。つねに泰然自若、悠々として杯を重ねられ、皆が騒ぎだすと自らも調子を合わせて両手に箸《はし》を持たれ、皿をたたきながら八木節を唄われていたことが頭に残っている。酔って姿勢をくずされることなど、まったく見かけたことはない」

と述べている。

久しぶりの内地勤務とあって、福山から江草の母キタが鎌倉の息子夫婦宅に会いにきた。二人は精いっぱいのもてなしをし、姑も趣味の映画解説を得意になって聞かせたりして日を過ごした。そろそろ帰郷というある日、息子の帰宅時刻近くになって、急にキタは帰るといい出し、身の周りのものをまとめて玄関へ出た。聖子は引き止めたが無駄だった。そこで聖子はお手伝いの女性を福山の自宅までキタに付き添わせた。

お手伝いさんが帰ってきてからの話である。

車内で隣り合わせた男が、

「息子さんはどうしておられますか」

とたずねた。するとキタは、

「人を殺しに出かけとりますわ」

と答えた。

男は驚いて、しばらくキタの横顔を見つめていたという。

「人を殺しに行っている」というのは、「人に殺されに行っている」という気持の裏返しのことばといえないだろうか。

息子の置かれている状況を思い、いたたまれなくなって急な出発となったのではなかろうか。帰宅した江草が、発ったばかりだというキタを追って鎌倉駅に行ったときには、電車は出たあとであった。

昭和十八年に入って金属類の供出が国策として徹底してきたころ、キタは、はっきりと、

「この戦争は負けど。こんな田舎にまで供出を命令するようじゃ、もう先はないわい」

と家族にいってきかせ、大事な銅の火鉢を天井裏に隠してしまった。

学識者、有識者の錚々たる人たちがラジオに、新聞に、「神風が吹いて神州日本を救う」とわめきちらしていた時代に、農家の一老女が敗戦を断言したのである。考え方が具体的、現実的であり、幻想がないのだった。

台風の目の中にいるような束の間の幸せに包まれた生活が、江草家の上を過ぎていった。

ところが、十七年の夏から秋にかけ、私生活で困ったことが起きた。住みなれた家を家主から明け渡すよう要求されたのである。戦時下の住宅難で、これにはものに動じぬ江草も弱った。そこへ助け舟を出してくれたのが同期の日比野寛三である。

「金持ちの持ち家で、いい家が見つかったぞ」

と、日比野に案内されて三人で見に行った家は、広びろとした美邸で、黒塗りの塀から見越しの松が大きく張り出している。絵に描いたような立派な家だ。聖子はすっかり気に入った。聞けば金持ちの妾《めかけ》が囲われていたのだという。

それから何日たっても、江草は聖子に家のことは話さない。

「あの家に決めたのじゃないのですか」

明け渡しの期限が迫ってくるので、聖子は促すように聞いた。すると、

「妾が住んでいたような家に、きいこを住まわせることなんかできるか」

このひとことで、せっかくの豪邸はあきらめざるを得なくなり、仕方なく聖子は家を探し回り、ようやく引っ越しをすることができた。

戦局は急激に悪化の道をたどりはじめた。

十七年八月七日、ガダルカナル島に米軍が上陸した。第一次ソロモン海戦の前ぶれであった。この島はニューギニア東方、ソロモン諸島の南東端に近く、米軍が上陸するまで、日本側はどこにある島なのかさえ知らなかった。

聖子の長兄岡村徳長（基春の兄）は、十七年七月初めから設営隊を率いて飛行場の建設にかかり、あと四、五日で完成する予定だったところを米軍にみつかり、上陸を許してしまった。

南方作戦がはじまると、勘のいい徳長はいち早くこの島が日米の天王山になると見抜いて要路の人を説き伏せ、自ら設営隊を率いて乗り込んだ。上空に注意して作業したのだが、惜しいところで敵機に見つかり、滑走路を破壊されてしまった。

堰《せき》を切ったようにすさまじい反攻に転じたアメリカ軍と、これを迎え撃つ日本軍の死闘が太平洋を血の色に染めていく。十月の南太平洋海戦では江草と同期の村田重治、関衛両少佐が散華した。真珠湾攻撃は村田の源田に対する「イエス」の答えで実施されたといわれ、村田は雷撃王の名に輝く戦士であった。

日本が守勢に立たされたこの年は暮れ、江草に新しい任務が近づいていた。

五二一空「鵬《おおとり》部隊」出撃す

日本海軍は横須賀の空技廠で太平洋戦争開戦前の昭和十五年から十五試（作）陸上爆撃機として、新たな陸上爆撃機の開発を進めていた。試作機十二機が十八年夏に完成した。

これに先立ち新型爆撃機搭乗員の編成作業が海軍部内で進められ、江草の身辺は急にあわただしくなってきた。

新型陸爆Y－20は制式採用されて「銀河」と名づけられた。一式陸攻の後継機として製作された高速の双発三座機（操縦員、偵察員、電信員の三人乗り）で、急降下爆撃と雷撃の両方が可能だった。

最高速力三百六ノット、時速五百六十六キロというスピードは、それまでの艦爆彗星、戦闘機零戦を軽く追い越すばかりか、十九年末から日本中を恐怖のどん底に追いやったアメリカの空の要塞ボーイングB29に迫る勢いがあった。

航続距離は高度四千メートルで三千百キロ。東京―サイパン間（二千四百キロ）を軽く飛び越えた。八百キロの魚雷または二百五十キロの爆弾を抱え、七・七ミリ旋回銃一基を備えたこの近代的な銀河は、日本海軍にとって守勢挽回の切り札ともいうべき画期的な武器であった。

十八年八月十五日、銀河を常用機とする航空部隊五二一空、通称鵬《おおとり》部隊が豊橋海軍航空基地で創設された。（航空部隊名の数字は防諜上三けたにしてある。三けた目が機種、あとの二けたが所在地を示した。五百二十一番目の航空隊という意味ではない）

初代司令は根来茂樹中佐、飛行隊長は江草少佐である。司令は翌十九年三月、亀井凱《よしお》夫大佐に代わる。亀井は大正十二年、他の若手士官二人とともに空母に着艦した実績をもつ海軍航空界の先達である。

分隊長クラスは河野章大尉を先頭に五人、これに歴戦のベテランパイロットである飛行隊士、飛行兵曹長クラス、先任搭乗員がつづく。最年少は予科練特乙出身者で、十七、八歳の少年たちである。鵬部隊の隊員総数は三百人に近く、新たに編成された第一航空艦隊の主力部隊として霞ヶ浦、木更津、香取の各航空基地を巡回し、昼夜を分かたぬ猛訓練に入った。

ここで銀河製作に立ち会った高岡迪《すすむ》元中佐（神奈川県逗子市）の話を聞いてみよう。高岡は開戦前の十六年八月に「蒼龍」を降りてから終戦まで空技廠に勤め、テストパイロットとして新型飛行機の性能点検、改良の仕事にたずさわった。専門の技術者並みに飛行機に明るい人である。

「銀河はドイツの爆撃機ハインケルHe119、ユンカースJu88を参考機として買い入れて製作したものですが、これらは実際にはたいして参考になりませんでした。

銀河の特徴は、燃費率（一時間一馬力当たりの燃料消費量）がきわめてよく、燃料が普通のエンジンの半分ぐらいですむことです。燃料効率を他のエンジンより二倍も高くするために、エンジンは、ピストンもそうですが、きわめて薄くしてありました。誉《ほまれ》というエンジンで、海軍が中島飛行機製作所に発注してつくったものです。

燃料の消費効果がすぐれているので長距離飛行に耐えられ、スピードも出たのです。急降下のときは四百ノット（時速七百四十キロ）まで出ましたが、三百五十ノット（同六百四十八キロ）にとどめていました。

しかし、エンジンの板厚が薄いので、強度ぎりぎりまで使うと、エンジン故障が発生しました」

高岡は、横須賀航空隊にいた江草とはしばしば同じ席で顔を合わせた。江草の思い出をつぎのように筆者に話した。

「江草さんは飛行機の運用面から、つまり弾の命中率をよくするにはどうすればいいか、という立場から突っ込んだ意見を述べられました。かくあらねばならん、と突っ込んでくる。どっちでもいいとは決していわない。小さなことにはこだわらず、堂々と、独自の三段論法でくる。筋が通ってましたね。

ふだんは寡黙で取っつきにくいタイプでしたが、よく豪傑笑いをしました。ひげの濃い顔がいまでも目に浮かびます。恐らく、あの人の側に立った人たちは、こんなたのもしい人はいないと思っていたことでしょう」

この年の四月十八日、山本聯合艦隊司令長官がブイン方面で戦死、五月二十九日にはアッツ島守備隊が全員玉砕した。猶予はなかった。態勢を建て直すため、鵬部隊は新爆撃機の操縦、取り扱いに一刻も早く習熟する必要があった。

部隊練成の責任者である江草は多忙をきわめた。銀河の離着陸訓練をはじめた。この飛行機は高岡が指摘したように、エンジン・油圧系統がしばしば不調となった。操縦席に赤ランプがつく。脚が出ていないサインだ。こんなときは機体を横すべりさせ、その結果生じる風圧を利用して脚を出した。

ある日、隊長機の右脚が出なくなった。どうなるのか、下で隊員たちがはらはらして見ている。すると江草は、着地寸前に機首を上げてエンジンを最高にふかし、左に機体を少し傾けながら接地したとたん急上昇していく。接地によるショックで右脚がきちんと出てロック（固定）された。これを見て隊員たちは歓声をあげた。

整備士真田義夫機関中尉（当時。東京都新宿区）は河野分隊長の試験飛行に同乗したが、片方の発動機が急停止した。緊急旋回して無事着陸した後、故障エンジンを調べたところ、ディストリビューター（配電器）のふたがはずれていて冷や汗をかいた。

着陸時の逆立ち、脚の故障、エンジン不良、急降下後の引き起こし困難などの事故もあり、機体損壊も目立った。また、正面衝突で殉職者を出す事故も起きている。

銀河は期待にたがわぬ高性能機であったが、部隊での運用にはこのようにまだ問題があった。それでも休むわけにはいかない。朝四時から夜十一時までの猛訓練がつづいた。

真田義夫機関中尉（当時）の回想。

江草隊長は銀河の操縦運用技術はもとより、整備技術にも非常に詳しく、整備学生卒業早々で実務経験のない、ひよこのような私のとうてい及ぶところではなかった。故障原因の探究や改修方法の提案などで江草隊長を十分納得させることができず、ときどき叱責と激励のことばが飛んだ。

初級士官としてひるむことなく隊長の立場を理解し、深夜まで頑張った。外出も休暇もなかった。よくつづいたものと思う。やはり、江草隊長の指揮官先頭の熱意とリーダーシップのおかげであると思う。江草隊長は銀河の障害を克服し、短期間で銀河部隊を戦力化し、約三ヵ月後、香取基地経由でグアム島進出を可能にした。その功績は偉大である。

十八年秋ごろから十九年二月ごろにかけ、横空で教官兼飛行隊長をつとめていた同期の渡辺初彦（戦後、航空自衛隊幹部候補生学校長）が、銀河の実態を見にきた。そこで目にしたのは、パイロットたちがやたらとエンジンを大きくふかしながら地上滑走をしている姿であった。離陸準備にしては、いつまでたっても飛び立たない。

江草にわけを聞いてみると、

「機体は不良だし搭乗員は未熟だ。あぶなくてすぐには飛ばせないんだ」

との返事で、江草の苦闘ぶりがよくわかった。「おたがい、これからたいへんだな」といって別れたのが最後となった。

元部下の藤田多吉一等飛行兵曹がミッドウェー海戦後、横須賀航空基地に艦爆一機を受領に行き、発進のあいさつに江草のもとに立ち寄った際、江草は、「藤田、敵を全部やってしまうなよ。少しはおれに残しておけよ」と軽口をきいた。しかし、ここ霞ヶ浦ではそんな冗談が飛び出す雰囲気ではなかった。米軍の北上は予想を上回る速さだったのである。

鵬部隊の搭乗員、山本昭二一等飛行兵曹（当時）を金沢の自宅にたずねた。山本は十八年四月、特殊乙種予科練に入り、十九年二月に卒業、鵬部隊に入隊して銀河の電信員に配属された。以下は山本の話である。

銀河は当時八十四機ありました。三人乗りなので二百五十二人として、他に三十人ほどいましたから搭乗員総数はその当時、二百八十二人でした。うち現在（注・昭和六十一年現在）生存を確認しているのは十人ほどです。

必中をめざしてペアの仲間と力を合わせ、古い搭乗員でも乗りこなすのが難しいこの銀河を、順調に飛ばせるよう努力しました。

江草隊長はたいへん威厳のある方でした。霞ヶ浦基地でのこと。ある日、私が外出先から帰る途中、先を行く隊長の後ろ姿に気づきました。バケツをもっておられ、追いついて中をのぞいて見ると、ボラ、フナ、ナマズなどの獲物がありました。

「おもちしましょうか」

「もってくれるか」

そういって隊長は私にバケツを渡しました。そのとき、ご家族のことなどをおたずねしようと思ったのですが、なれなれしくしてはいけないと、はばかられました。隊長も黙っておられました。いまかえりみて、あのとき、ひとことでもいいから何か私のほうから話しかけたらよかったと悔やまれてなりません。

十七歳の私たち搭乗員は出撃を控え、はしゃいだりしていました。そう、いまでいえば高校生の修学旅行前の気分でしょうか。見かねた江草隊長は、指揮所に四十人ほど集め、

「この戦局をどう認識しておるのか。日本はいま危急存亡の時にある。そんなだらけた態度でこの難局を乗り切れるものではない。浮かれてはいかん」

と深刻な顔で訓示し、一人ひとりをご自分の手で殴っていかれました。悲しそうなお顔でした。ご自分で殴らなくとも、分隊長に殴らせればいいのに、私は隊長に心配をかけて悪いことをしたと思いました。そのとき、士官も一緒に殴られました。

このことばには、一部の戦記物に見られるような、自分を殴った上官に対する恨みごとはまったく見当たらない。鉄拳制裁をきらっていた江草が殴った。しかも士官をも同時に殴っているところに、江草の公正さと時局への厳しい認識がうかがえる。

山本の居間の壁には鵬部隊搭乗員の一覧表が大きな字で書かれ、張ってある。亀井司令、江草隊長を筆頭に操縦、偵察、電信の三つの担当別にペアの姓名が書き込まれていた。

山本は建築業を営んでおり、毎朝、現場へ出勤する前にその表を見上げ、

「亀井司令、江草隊長、仲間の皆さん、行ってきます。私はいま一生懸命に働いています。いずれそちらへ参ります。それまで待っていてください」

心の中でそう呼びかけるのを日課としている。

十八年九月、長女治子が誕生した。江草の喜びようはたいへんなもので、夕食の折りには赤ん坊の娘をあぐらをかいた膝の上に寝かせたまま、いつも食事をした。父と娘の短いであ

ろう縁《えにし》を、そのような形で深めている夫の姿に、聖子は胸を熱くした。束の間の幸せなひとときであった。

十八年十一月初めからはじまった五次に及ぶ北部ソロモン・ブーゲンビル島沖航空戦で日本は敗れ、制空権を奪われた。この月の二十五日にはギルバート諸島のタラワ、マキンで日本軍は玉砕し、北方のマーシャル諸島沖航空戦がはじまった。連合軍の南洋諸島への上陸、砲撃は強化され、絶対国防圏があやうくなってきた。

大本営は、千島、小笠原、内南洋（マリアナ、中西部カロリン）、西部ニューギニア、スンダ、ビルマを結ぶ地域を絶対国防圏、と称して確保を絶対に必要とする圏域と定めていた。日本ののど元に当たる地域である。

この地域を守るべく、鵬部隊の任務はますます重くなってきた。隊長江草に課せられた責任は大きく、聖子に対してそれとなく遺言めいたことを伝えるようになった。

「独身の若い部下が父上様、母上様と遺書を書くのがかわいそうでならない。彼らに比べると私は幸せ者だよ。遺書を書く必要がないからね。私の遺書は全部、きいこの胸の中にあるのだから」

江草は決意を語る際、よくこうした間接話法を用いた。ストレートにいうと、聖子の気持を重くさせるからである。聖子をよく「きいこ」と優しく呼んだ。

「私は七たび生まれかわっても、きいこと結婚するよ。世話をかけたなあ」

「子どもは自由に育てなさい。あなたは法《のり》を越えない人だから、思うようにやっていけばいいよ」

柳本「蒼龍」艦長は、訓話のたびに「七生報国」を強調した。七たび生まれかわるという発想が、戦時下の日本人の思想の根底にあった。

十九年の二月中旬、江草が基地から突然帰宅した。

「こんどは湊川だよ」

と、切り出した。敗戦を承知の上で兵庫の湊川に出陣した楠木正成の故事に託した決死の心の表白であった。

つづいて、

「汚名を千載に残すことになるかも知れぬが、きいこの信頼があれば、私はかならず立派な最期をとげることができるだろう。私は以て冥すべしだ」

といい、浩之と利昌を両腕にしっかりと抱き、

「お母さまに、良い子でいろよ」

と、いいきかせた。

それから江草は黙って白紙に包んだものを聖子に手渡した。写真のネガであった。あとで現像してもらったところ、バックの建物から見て、最後の出陣までいた木更津基地で撮ったものらしい。緑の第三種軍装（陸戦服）に身を包み、ほほえんでいる。

翌朝、聖子は長男の手を引いて鎌倉駅に夫を見送った。横須賀線に乗り込んだ江草は、入口に立ったまま軍刀をぐっとついて、妻子に目を据えて身じろぎもしなかった。聖子は閉ま

ろうとする電車の中にすべり込みたい衝動を必死にこらえ、頭をさげた。

それが夫を、父を見た最後であった。

基地に戻った江草は、

「家族にはきちんと話をしてきた。用もすませてきた。これでいいんだ」

と、分隊長戸塚浩二中尉（当時）に話している。

江草の印象について戸塚は、

「古武士の風格、よく気がつく人でした。夜、ドラムかんの上に魚をのせて焼き、野趣ゆたかな宴を張ったものです」

と話している。

粗末なバラックの中で、夜は板敷きの仮ベッドの上に横になり、毛布一枚をかけて寝た。若い兵たちと同じ生活であった。

この木更津飛行場で同期の瀬戸山八郎・七五二空飛行長が航空隊の建て直しをしていた。江草の五二一空も飛行場で部隊の新編成と訓練に励んでいた。

瀬戸山がある日、江草の五二一空基地を訪ねた。バラックに入って通路から三、四十センチ高くなった床に薄べりが敷いてあった。そこが五二一空の士官室であり、食堂であり、寝室であった。薄べりの上にあぐらをかいて、江草と対座した模様を忘れられぬこととして、瀬戸山は聖子につぎの二点を書き送っている。

バラックでは何かと不便であり、隊員の休養上からも不都合であろうから、転進までの間だけでも基地の本建築物の方に移ってはどうか。五二一空が希望するだけの面積は、いますぐにでも準備する、と私が申し出たのに対し、彼は穏やかに、

「戦地はこのバラック生活よりもっと悪いだろう。いまから戦地の困苦欠乏に耐える訓練も必要だし、完備した庁舎、隊舎を使っていては、戦争に強い部隊は望めない」

といった。


当時、私は飛行長だった。江草は飛行隊長だった（注・飛行長は翼下の各飛行隊長を統括するポストなので飛行隊長より上位）。彼も飛行長であってしかるべきだと思って、どうして飛行隊長なのかと質問した。すると彼は、

「この飛行機隊の空中指揮官を常に自分がやりたい。手塩にかけて育てた飛行隊の先頭に立って、自ら率いて敵を攻撃するためには飛行隊長でいなければならない」

と答えた。横空で江草はこの飛行機の実用実験を担当した。この飛行機の第一人者であるとの強い信念にもえていたのだろう。


この当時、江草隊長の下で第一分隊長をつとめた河野章大尉（当時。長崎県波佐見町）からいただいた回想記を紹介する。十八年十一月二十一日、連合軍はギルバート諸島のマキン、タラワに進攻、河野はその直前、九五三空マキン派遣隊指揮官を解かれて内地に帰還、十二月一日付で木更津の五二一空に着任した。この回想記には戦争後期の日米の位置関係がよく

示されており、現場の目で見た得難い資料である。

五二一空にとっての緊急課題は、銀河の実用実験と搭乗員の大多数を占める予科練教程卒業直後の若年搭乗員を新機種銀河に適応させることであった。飛行隊長江草少佐がその責任者であった。初めて見る江草少佐は、少しも飾り気のない、朴訥な色黒の村夫子といった感じの方であった。

木更津、霞ヶ浦両基地とも関東の冷たい空っ風の吹く中で、黎明から薄暮に至る間、出陣前の猛訓練が課せられた。三度の食事は隊長以下搭乗員全員が飛行場で握り飯をほお張ってがんばった。

銀河には、新しく開発された「誉」千八百二十馬力という、これまでより高性能、大馬力の発動機二基が搭載されていた。しかし、このエンジンはまだ完成されたものとはいえず、操縦員はその不調に悩まされた。エンジン焼損のため何回か重大事故を起こしたことがあり、信頼がおけなかった。

また潤滑油温度が不安定で、異常に上昇するなど油圧系統にも欠陥があった。そのほか、急降下に入ってから機首がもち上がり、それを押さえるのに大きな力を必要とするなど改修すべき点が多かったように思う。

このため、特に技術科将校が配置されており、江草隊長はこの専門家と常時意見をたたかわせ、銀河の改修にその蘊蓄《うんちく》を傾けておられた。

飛行作業を終わって急造バラックの宿舎に着くのは、ほとんど空に星をいただいてからであった。灯火管制下の電灯の下で、束の間の楽しみの一つはトランプ（ブリッジ）であった。軍医長、隊長、技術大尉が主要メンバーであり、その中にわれわれ未熟者が招かれていた。隊長のプレー振りはご性格どおり、細心かつ大胆であり、特に相手の手の内を観るのに敏で、まさかと思うような思い切った手を打たれるのには感嘆させられた。

十九年二月に木更津から霞ヶ浦に基地を移動した。すでにテニアンに進出していた第一航空艦隊司令部からは五二一空に対して、再三マリアナへの出動要請があっていたらしい。三月下旬であったろうか、隊長自ら艦隊司令部へ訓練進捗の程度と機材整備の状況報告に赴かれたことがあった。

第一航空艦隊における攻撃主力として期待されている銀河について最も精通し、その用法について第一人者である隊長は、何人にも換え難い存在であった。銀河による往復二千六百カイリの洋上飛行は初めてであり、万一のことがあってはと私は深く懸念していた。司令部との打ち合わせが、緊急かつ重大な内容であったことはもちろんであったろうが、多分に銀河の長時間飛行を隊長自ら実地に試す意図もあられたことと思われる。

要務を終えて、テニアンを飛び立たれてから到着予定の時刻が過ぎても、なかなか機影が現われない。暗くなった滑走路にはカンテラを点《とも》し、不安に駈られながら待つこと久し。着陸後航跡図を見せてもらったところ、途中悪天候に進路をさえぎられ、何度も予定コースを変更した結果であった。

隊長は偵察出身の操縦員と聞いていたが、いわば数少ない二刀流の使い手であった。

十九年二月にはトラックが敵機動部隊の大空襲を受けるに至り、マリアナ方面の戦備は焦眉の急となった。

麾下六十一航空戦隊に対する第一航空艦隊の出動要請は、強まる一方となり、五二一空は機材整備、乗員訓練とも未完成のまま、第一陣は四月十八日、江草隊長、第二陣は五月十四日、河野第一分隊長、第三陣（本隊）は五月二十六日、亀井司令直率のもとに、千葉県香取基地からグアム第二飛行場に進出した。

当時サイパン、グアム方面は本土防衛のための最後の防波堤、決戦場として、その重要性が叫ばれていた。圧倒的な物量を誇る敵の急追に対し、これを阻止すべく内地を発進するわれわれには二度と祖国日本の地を踏むことは考えられなかった。伊豆七島の上空から振り返り振り返り富士の霊峰を眺めた。まさしく湊川に出陣する楠木正成の心境であった。

私がそれまでの長髪を短く刈ったのは、別に遺髪として残すつもりではなかった。これからますます多忙であろう戦地で、髪を手入れする手間を省こうという、いわば物ぐささから出たものであった。

隊長は前から短髪であったが、私の丸刈りの頭をみて、これからの難局に立ち向かう決死の心境ととられたのであろうか、ただうれしそうに微笑しておられた。

銀河、サイパンに果つ

圧倒的な物量を誇る連合軍の前に、十八年十一月、マキン、タラワ、十九年二月、マーシャルが陥落し、トラック、マリアナが空襲を受け、ついに日本はラバウル方面を放棄せざるを得なくなった。

十九年三月、スプルーアンス艦隊はパラオを空襲、一方、ニューギニア方面ではフィリピン奪回を狙うマッカーサー軍がニューギニア北岸沿いに急進撃をつづけており、十九年四月にはホーランジアが落ちた。わが軍は後退に後退を余儀なくされ、戦局はいっそう暗澹《あんたん》たるものとなった。

こうした中で、豊田副武聯合艦隊司令長官の就任の日（五月三日）に発令されたのが、「あ号作戦」である。これはガタルカナルやソロモンなどの激戦で熟練搭乗員の多くを消耗した日本軍が、機動部隊（母艦航空部隊）と第一航空艦隊（基地航空部隊）の戦力を再建して連合軍に決戦を挑み、一挙に戦勢を挽回しようとする作戦であった。

角田覚治中将を司令長官とする第一航空艦隊が十九年五月五日に改編された。その構成は第六十一航空戦隊（司令官上野敬三少将）と二十二航戦、二十三航戦、二十六航戦の四つの航空戦隊から成り、全保有機数は千五百機を数え、司令部はテニアンに置かれた。五二一航空隊は六十一航空戦隊に配属された。六十一航空戦隊の保有機数は五二一空の銀河九十六機をはじめ艦上爆撃機、戦闘機、陸上攻撃機、艦上偵察機計六百九十機であり、第一航空艦隊の主力であった。一航艦は、やがてはじまる「あ号作戦」で、小沢治三郎中将を司令長官とする第一機動艦隊（空母群による機動部隊）と策応して働く。

江草を先遣隊長とする五二一航空隊の銀河四十機が、五月二十六日までに内地からグアム島に進出した。米軍がマリアナ諸島に進攻するだろうとの予測のもとに進めた布陣であった。敵の進攻速度が早くなってきたので、内南洋に対する攻撃は時間の問題となり、五二一空は江草が中心となって銀河の改良と乗員の訓練に全力を挙げていたが、練成半ばで日数を繰り上げ、本土から進出したのである。

ちょうどその五月二十六日、米軍がニューギニア西北方のビアク島に上陸した。ビアク島は小さな島だが、大きな飛行場をつくる立地条件に恵まれていた。

そのころアメリカでもっとも強力なコンソリデーテッドB24爆撃機がこの島から発進するようになれば、内南洋はB24の勢力範囲に入ってしまう。「東京エキスプレス」を掲げるマッカーサー・ラインの刃先が、ぐいと突き出てきた。

内南洋に散開していたわが航空部隊の動きは、にわかに激しくなってきた。敵の空襲による人員、機材の損害はいちじるしいうえ、内地からの食糧、機械部品の補給はすでに途絶していた。真田義夫・元整備士によると、グアム、ペリリューとも食糧事情の悪化で病人が増えた。飛行場の雑草までもテンプラにして食べた。ヤシのコプラから油を絞り、テンプラ油にした。

そして懐中電灯を頼りにした夜間の整備作業量が増えた。三本の木材を組み立て、頂点をしばり、頂点に滑車を置いて重い物体を上げ下げする、シーアスと呼ばれる特設クレーンをつくった。本物のクレーンが空襲で破壊されてしまったので急ごしらえしたものだ。このシーアスを使って被害機のエンジンや部品を取りかえた。昼間は空襲が激しくて作業ができないのだ。

熟練作業員の戦病死、入院、過労のため整備作業は低滞していった。

ビアク島に米軍が上陸してから八日後の六月三日、江草がグアム島から出したと思われる聖子あての手紙がある。

先日身体の具合が悪かった由、そのご如何かと案じて居ります。こちらではすっかり風土に慣れ、腹具合も内地に居る時と同様に張り切って居ます。ご安心下さい。

浩之、利昌も元気で騒いで居るとのこと、見えるようです。治子は早や離乳を始めた由、梅雨期でもあり、たいへんなことだろうとお察し致します。ことしの暮れには歩き出すようになり、どんどん可愛くなるだろうと楽しんで居ります。

新聞にはたいへん多数の機が来襲したように出たそうですが、どこか場所違いでしょう。亦は内（注・家族のこと）で私が居る所を考え違いをして居るかも知れぬと思います。当地は敵機はほとんど来ません。たまに来たとしても、ほんとにお義理の程度です。単調な生活がだんだん長くなるにつれて気もゆるみがちとなりますので、大いに戒心して居ります。いつでも便があると思いましたが案外不便な所です。お手紙は二通とも受け取りました。大森の母上様皆様にもよろしく申し上げて下さい。

基春兄さんご着任の由、ご武運の長久をお祈り申して居ります。まだ内地に居られるならばよろしく申し上げて下さい。

六月三日　　　　　　　　　　隆繁

清子殿

「軍事郵便」「検閲済」の朱印が封筒の表に押してある。あて先が「鎌倉市材木座一九四」と誤記してある。「一四九」が正しく、こんなミスは一度もなかったのに、と聖子はこの手紙を読んだとき、江草の体がもうこの世を離れているような感じに襲われたという。

発信は「千葉県香取海軍航空基地気付ウ二九五」となっている。「ウ」は「聯合艦隊」の意味である。これが最後の手紙となった。

江草はこの手紙を書いた翌四日、グアムからペリリュー島に、さらに銀河九機を率いてニューギニアに近いハルマヘラのワシレ基地にまで南下して、米軍の北上に備えた。すでに隊員四人が戦死していた。

東京からグアムまで、千四百カイリ、グアムからペリリューまで六百カイリ。マリアナと西カロリンに浮かぶこの二つの島が五二一航空隊の基地であった。

東京からグアムまで、いまでこそ三時間だが、当時は銀河でも八時間かかる遠い島であった。グアムは日本占領下では大宮島と呼ばれていた。

江草の手紙とは裏腹に六月に入ってから連日のようにペリリュー島は空襲を受けた。ニューギニア方面の米軍飛行基地が整備されたらしい。六月九日に大空襲があった。
大和登主計中尉（当時。大分県中津市）が河野に寄せた回想記によると——

昼休みは暑さしのぎに飛行機の周りにあるテントの近くで昼寝をしていたのですが、ちょうど一時の課業始め五分前ぐらいだったと思います。突然コンソリデーテッドB24が五、六十機ぐらいの編隊で襲いかかってきました。

私はどういうつもりだったか思い出せませんが、そのころちょうど飛行場の中にいまして、近づく爆音に驚き、懸命に、できるだけ飛行場から遠くに離れようと走りました。必死に走り、もうダメだと思い、側溝の中に身を入れたとき、ダダンと大きな音がしました。爆弾の投下音です。シュル、シュル、シュルと爆弾の落ちる音がします。まったく生きたここちはしません。

爆撃が終わって、私は戦死傷者を調べに飛行場に戻りましたところ、おるは、おるは、頭のない者、内臓の出ておる者、うめいておる者がたくさんいるのです。

本人かどうかを確認して回ること十二、三人ぐらいのところで、私は遂に気分が悪くなって座り込んでしまいました。

ふと三十メートルぐらい離れたところを兵（注・山本昭二・一等飛行兵曹）の背に負われて行く姿を見ました。河野大尉でした。

河野は右足に重傷を負っていた。

鵬部隊関係者によると、この日のペリリュー島大空襲で戦死者五十四人、重軽傷者百四十五人、行方不明六人となり、残有機は四十七機だけとなった（うち銀河六機）。

六月十一日から十二日にかけ、アメリカ機動部隊から数百機が飛び立ち、グアム、テニアン、サイパンを攻撃した。そのためにペリリュー基地は忙しくなり、連日、一式陸上攻撃機や雷装した飛行機がマリアナ方面に出撃して行った。

十一日夕刻、ハルマヘラに展開中だった江草隊（銀河十機）はペリリュー島に復帰した。「あ号作戦」の出撃態勢をたてるためであった。

ペリリュー島の飛行場の近くには、破壊されて窓枠もガラスも吹き飛んでいる二階建てのお粗末な元日航のエアポートビルがあり、そこが士官宿舎であった。夜になると真っ暗で蚊の多い島だったが、南十字星が輝いて将兵の心を慰めてくれた。

江草がペリリューに帰島した六月十一日、マーシャル諸島のメジュロ環礁を出発した正式空母七隻、軽空母八隻、護衛空母十四隻、計二十九隻の空母群と戦艦十四隻、巡洋艦二十一隻、駆逐艦六十九隻、総計百三十三隻に上る史上最強、最大のアメリカ艦隊が、マリアナ方面に向かった。

十三日、アメリカ大艦隊がサイパン島に大砲撃を開始、つづいて十五日に七百隻の上陸用舟艇で海兵隊四万七千、陸軍一万六千のアメリカ将兵がサイパンに上陸した。

十五日、「あ号作戦」が発動され、鵬部隊に出撃命令が下令された。

この日の朝、殺風景なエアポートビル内の士官室で、江草隊長を中心として緊迫した空気の中、作戦会議が開かれた。気象士を呼び、マリアナ方面の気象状況を説明させた。

大和登の回想をつづける。

私たちは殺風景な部屋に机を並べ、その上に白い布を敷きました。出撃前にささやかな乾杯をするためです。攻撃隊発進の時刻は遠慮なく迫ってきます。基地隊七六一空の司令遠藤中佐が深刻な面持ちで入ってきます。

つぎに飛行服に身をかため襟元に白いマフラーものぞかせ、ひげそりの後も青く無表情の江草隊長が無言のまま上座に立ちます。その時の印象がいまでも私の脳裏に残っています。もちろん攻撃隊の総指揮官です。

つづいて銀河の搭乗員が真剣な顔つきで、救命袋を肩にひっかけて寂として声なく入ってきました。外からは攻撃機のエンジンの始動がはじまっているのか爆音が聞こえてきます。

攻撃隊員一同は緊張した表情で直立の姿勢で起立しています。おもむろに遠藤中佐が口を開き、一同の成功と武運を祈る短いことばがありました。つづいて隊長の江草少佐より恐らく今生の最後の、全員に対する注意のことばがあったと記憶しています。

征く者も悲愴なれば、送る者も胸をしめつけられるほどの圧迫感をひしひしと感じさせられました。緊張した江草隊長の顔はいつもの如く無愛想ではあるが、「征ってくるぞ」との堅い決意がうかがわれました。

他の搭乗員も、黙々として士官室を出て自分の愛機の方に向かって行きます。「頑張ってこいよ。しっかりやってかならず還ってこいよ」と、声をかけたい気持は山々ですが、弓の弦をいっぱいに張ったように、はじきとばされそうな緊迫感の中で、そんなうわべだけの声をかけることはできません。ただ、じっと眺めて部屋を出て行く搭乗員たちを無言で見送るのが精いっぱいだったと思います。

攻撃に出て六時間ぐらい後にはまた逢えるのだ、と自分にいい聞かせる反面、そうでない最悪のことも脳裏の一部をかすめます。

私たち陸上勤務の者は、「帽振れ」のため滑走路に足を運びました。そのとき、飛行服に身をつつみ、救命袋を片手に提げて、自分の搭乗機の方へ走って行く若い搭乗員がいました。その兵曹は私を見つけて、「大和中尉、征ってきます」と大声でいい、片手を上げて振りながら、どんどん自分の愛機の方へ走って行きました。私は、そのときだけは思わず「頑張ってこいよ」とひとこと大声で叫びました。

彼はしばしば主計科のデッキに来ていた少年でしたから、私にも印象は深いのです。良くしゃべるひょうきん者で、面白いことをいって千葉主計兵長たちを笑わせていた予科練出身の一飛曹でした。

私たちは滑走路に並びました。発進時刻の九時ごろになりました。発進の滑走路に並んだ十数機の銀河の爆音は快調で、すさまじくも頼もしくもあります。発進の合図が出ました。

江草隊長搭乗の一番機が爆音高く滑走しはじめます。われわれは声の限り、大声で「頑張れよ」と叫びます。

つづいて二番機、三番機と発進して行きます。われわれは帽子を振ります。そして叫びます。だが、われわれの声は届かないでしょう。でも機内からはお別れの手を振っているのが見えました。

江草隊長、そして矢島大尉、そしてまた私に別れを告げて走り去った一飛曹らを乗せた全機は空高く舞い上がり、飛行場の上を旋回しながら東の方、マリアナの決戦場へ向かって消えて行きました。

見送りをすまして帰る兵士たちは黙々としているだけで、どうか戦果をあげて無事還って来てくれることのみを祈っていたと思います。

大和主計大尉は十八年九月慶応大学を卒業し、海軍経理学校補習学生（短現十期）を経て十九年三月、五二一航空隊に着任した。当時五二一空は霞ヶ浦航空隊の中にあった。

上官の思い出について大和はつづける。

亀井司令はスマートな容姿で流暢な英語力をもっておられ、軍人らしからぬ軍人という記憶があります。「お前たちは英語ができるだろう」といって、イギリス帰りの得意な英語で問いかけられ、われわれの度胆を抜くという、ユーモアのある素晴らしく部下思いの司令でした。

江草隊長はとてもよく知っています。一度こんなことがありました。艦上攻撃機天山の書類が江草隊長のところにあるから取ってこいと主計長にいわれて、隊長のところへ行きました。私が着任して十日目ぐらいだったと思います。

私はやや上がっていたと思います。思わず、「天山丸の書類をいただきにきました」といいました。すると隊長は、「ここには関釜連絡船はおらんぞ」といわれて、冷や汗をかいたことがあります。天山丸は関釜連絡船の所属でした。

江草の間接話法は、ここでも発揮された。

ペリリュー島に別れを告げた江草隊は北東に進路をとり、いったんヤップ島に着陸した。午後三時にヤップ島を出発、一路北上した。その先にはマリアナ諸島最南端のグアム島（大宮島）があり、そこから北へロタ島、テニアン島、そしてテニアンのすぐ北側に目指すサイパン島とつづく。

江草の部下に中瀬景元というパイロットがいて、この当時、グアム島の司令部付として配置されていた。中瀬は江草隊のグアム島通過を確認しており、昭和五十二年八月、聖子につぎのように当時の模様を手紙で伝えている。

昭和十九年六月十五日、グアム島を午後五時四十分ごろ通過され、ロタ島とテニアン島の中間の敵艦艇に突入されました。グアム島から敵艦艇までの所要時間は二十五分か三十分と思われます。それでご死去の時間は午後六時とされましても、それほど大きな時間差はないと思います。

十五日、サイパン方面に出撃、総機数約五十機、総指揮官江草少佐、うち五二一空十六機、飛行科士官はほとんど参加戦死、山田兵曹長のみ帰還。突撃前、ロタ島手前にて敵戦闘機群の猛烈なる攻撃を受ける。後に隊長より突撃の命令（ロタ島）あり、各機全速力にて各目標に向かって突入したとのこと。時速四百五十ノット強（約八百キロ）、当時、日本海軍最高速です。

指揮官機に急降下速力制御板は出ておらず、敵艦突入のご様子であったと、山田兵曹長より聞きました。中村大尉、矢島大尉ら、他の士官の状況はわからず（山田兵曹長は）話しませんでした。指揮官機のみを見ていたようです。

このときの五二一空攻撃隊は銀河十機、護衛零戦五機の計十五機という説もあるが、細かい違いはともかくとして、戦史研究家妹尾作太男は、「零戦を敵に食わしている隙を突いて敵空母群を攻撃する、さすがは江草と思わせる作戦だった。江草の銀河隊はこのとき、雷撃を敢行した」と筆者に説明した。

雷撃だとすると、制御板は出ていなかったという中瀬が山田から聞いた話も納得できる。

江草の最期に関し、妹尾がイギリスの戦史研究家ピーター・C・スミスと共同で調べたデータがある。主としてヤップ島からの攻撃を妹尾が調べ、スミスが攻撃隊の中から銀河をアメリカ海軍歴史センターの資料などから割り出したものだ。

江草の最後の攻撃に関する最も正確なデータとして引用させていただく。（ピーター・C・スミス著、妹尾作太男訳『爆撃王列伝』より）

江草が最後に出撃した時の攻撃目標はJ・W・リーブズ少将麾下の第五十八・三任務群――空母エンタープライズ、レキシントン（二世）、サンジャシント、プリンストン、巡洋艦四隻、駆逐艦九隻であった。

W・A・リー中将の指揮する第五十八・七任務群は戦艦ワシントン、ノースカロライナ、アイオワ、ニュージャージー、インディアナ、サウスダコタ、アラバマ、重巡四隻、駆逐艦十二隻で編成され、鉄壁の前衛配備を布いており、日本軍の攻撃機隊がこれら艦艇の上に殺到するはずになっていたが、戦果を挙げることはできなかった。

江草の率いる銀河隊が、日没後の薄明りの空から、第五十八・七任務群に向かって、そっと忍び寄ってきた。その日、六月十五日、午後六時四十八分、第五十八・七任務群は、リーブズの空母任務群の二百九十六度方向十九マイルのところにいた。

江草隊よりも前にやってきた攻撃隊はレーダーに捕捉されて、空母サンジャシントから発進した戦闘空中哨戒隊に要撃され、十機からなる彗星隊のうち六機が撃墜された。（このグ

ループは三式戦闘機「飛燕」と米軍に識別されていた）

その結果、米軍の戦闘空中哨戒隊がさそい出されており、銀河隊は空母群に十分接近して決然たる攻撃を実施した。レキシントン（二世）の戦闘報告には、つぎのように報告されている。

「一九〇三、戦艦ノースカロライナが左舷に向かって射撃を開始し、その発砲が艦首の真正面の水平線上で見うけられた。一九〇七、見張員が本艦の真正面一万ヤードのところを低高度で飛んでいる、二つ以上のエンジンを搭載している航空機十機を発見したと報告した。これらの航空機は真正面と左舷艦首から接近中と報告されていたが、本艦から約四千ヤードまでの距離に近づくまでに、姿を消してしまった。

第五十八・三任務群の全艦艇が射撃を開始した。次の四分間に合計八機が本艦を攻撃し、四機は撃墜されて火を吹いたが、一機は炎上せずに海面に突入した。レキシントン（二世）は五機を確実に撃墜、確実な命中弾を与えたと報告した。四本の雷跡がはっきりと視認され、また、多分五本目の魚雷と思われるものが観察され、それらのうちの二本は、本艦の両舷側から十ヤード（九メートル）足らずのところを通過した。（中略）

攻撃機は敵の新型軽爆撃機銀河であったというのが本艦の意見である。敵機とのこの戦闘で十八名が負傷した」

サンジャシントの戦闘報告でも、同様にこう記述されている。

「ＣＡＰ（戦闘空中哨戒隊）が成功をおさめたにもかかわらず、敵機八機が艦隊に接近して雷撃を実施した。陣形5Vが実施されて、当任務群は戦術指揮官により一連の回避方向転換が実施された一方、全艦艇が射撃を開始した。敵機八機全部が艦艇の対空砲火により撃墜され、敵機により当任務群のどの艦艇も損害を受けなかった（後略）」

「奇襲は成功したが、日本軍の勇敢さにもかかわらず、江草の決死行動はむなしく撃退された。このようにして、日本のそして恐らく世界の、指導的海軍急降下爆撃機パイロットであった江草が、友軍にも敵軍にもほとんど気づかれることなく、死んでいった。

彼は、立派なサムライならばだれでもやるように、戦闘で死んだ。彼が達成した偉業は、現在でも航空・海上戦史の中で他に比べるものがなく、特別の地位を占めている。彼の死は太平洋戦争の最後の問題を象徴していた。つまり練達の勇士の時代が、大量火器の時代に取って代わられたということであった」

江草銀河隊の放った魚雷は、惜しくも敵空母からわずか数メートルのところで外れてしまったのである。

W・A・リー中将指揮の五十八・七任務群が大きな壁となって銀河隊の前に立ちはだかり、いっせいに対空砲火を浴びせる。加えて敵戦闘機群から機銃が間断なく赤い矢となって飛んできた。巨大な火煙の矢ぶすまを前にしては、並みの神経であればひるみ、すくんでしまう。その大きな関門を突破し、彼らは対空砲火の弾幕を縫いながら空母群めがけて飛び込んでいった。敵の本丸に突入を試みたのだった。

アメリカ海軍歴史センター所長のスペクター博士は、筆者への手紙の中で、

「このとき、アメリカ空母上の軍用機はレーダーを備えていませんでした。ただしPBY飛行艇には探索レーダーがあって、モリソン（注・アメリカの有名な戦史研究家）によると、六月四日午前一時十五分、これらの飛行艇が占領軍（筆者注・日本海軍のこと）の船とレーダーで交信したことになっています」

と当時の戦況を述べるとともに、敵機に近づくと自動的に炸裂し、機を撃破、撃墜する精度の高い新兵器である近接信管について説明し、

「ミッドウェー海戦の後に導入されました。五インチの海軍弾薬に使われました」

として、マリアナ沖海戦では近接信管が使われたことを示唆している。江草の衆に絶する知略、胆力、技量《わざ》をもってしても、近接信管の厚い壁を乗り越えることはできなかった。

この信管はＶＴ信管（Variable Time Fuse）と呼ばれ、アメリカで昭和十八年春から大量生産に入った。日本がこの信管を知ったのは戦後である。日本はレーダーとＶＴ信管で戦争に負けたという人も少なくない。

「あ号作戦」でスプルーアンスの大艦隊を迎える小沢艦隊は、空母九隻、「大和」「武蔵」をふくむ戦艦五隻、巡洋艦十三隻、駆逐艦三十八隻、計六十五隻で、ボルネオ方面からマリアナ方面に出撃し、史上最大の海・空戦となったが、すでに制空権を奪われていたわが方は空母三隻を失い、大敗を喫した。マリアナ方面にいた日本側航空兵力は、戦闘機、爆撃機を

合わせ百機そこそこであった。そこへ総数九百機、延べ千四百機のアメリカ海軍機が襲いかかったので、いくさにならなかった。

日本海軍最後の組織的決戦は、ここに幕を閉じたのである。祖国の防波堤たらんとして、サイパンの海に散った江草は、時に三十四歳九ヵ月であった。

かつて山本五十六は、「激務の軍人パイロットは三十歳を超えたらやめさせたい」といった。江草はその年齢を五年も超えて操縦桿を離さなかった。体力の限界に挑み、心身を消耗し尽くしたのである。大和・元主計大尉のことばに、「江草さんは年よりもふけて見えた」とある。さもあろうと思う。

彼は最愛の妻と幼ない子ども三人を残して逝った。家族を守り、ふるさとの山河を守るために、彼は黙って部下とともに決死のサイパン攻撃に向かったのだった。

彼の戦死に当たり、聯合艦隊司令長官はその殊勲を全軍に布告し、二階級特進して海軍大佐に任じた。以下はその布告の内容である。

布　告

第五二一海軍航空隊飛行隊長

海軍少佐　江草　隆繁

開戦劈頭《へきとう》ノ布哇《ハワイ》海戦を始トシ爾来《じらい》累次ノ重要作戦ニ於テ攻撃隊指揮官トシテ常ニ自ラ陣頭ニ

立チ烈々タル闘志ト卓越セル統率ヲ以テ毎回偉功ヲ奏セリ
昭和十九年六月十一日敵マリアナ諸島ニ来攻スルヤ連日ニ亘リ果敢ナル攻撃ヲ反復シ損耗累
加スルモ不撓不屈大ニ敵ヲ撃破シ遂ニ自ラモ壮烈ナル戦死ヲ遂グ
仍《よっ》テ茲《ここ》ニ其ノ殊勲ヲ認メ全軍ニ布告ス
　昭和十九年十月二十三日
聯合艦隊司令長官　豊田　副武

江草の後を追うようにして亀井司令がグアム島の壕内で自決した。昭和十九（一九四四）年七月六日から七日にかけ、サイパンの日本軍は玉砕し、十八日、東條独裁政権は崩壊した。B29がサイパンに進駐し、翌八月から日本本土空襲がはじまった。

終章　鎮魂への願い

江草の留守を守っていた聖子は、昭和十九年夏の終わりごろ、長兄岡村徳長から江草の戦死を聞かされた。聖子は妻の直感で、それ以前に夫の死を予知し、覚悟を決めていた。人知れず涙は出つくしていた。にもかかわらず、改まって兄から知らされると、聖子は奈落に落ちていくような気がした。全身から力が抜けた。

十九年の暮れから二十年初めにかけ、東京と京浜間の空襲が頻繁になってきた。ある夜、三晩つづけて聖子の夢枕に江草が立った。憂わしげな様子で、

「心配でならん。母を頼って福山へ行くように。そう私がいったと、お母さんにいいなさい」

という。聖子はその旨を福山の姑に手紙に書いて出した。すぐに夫の兄からよろしいとの返事がきたので、聖子は急いで疎開の準備をはじめた。

貨物はすでに凍結され、家財道具は一切持ち出すことができない。そこで衣類を小包みに

して、ひと足先に山口県防府市に引き揚げた同期の堀知良の留守宅（堀夫人が聖子の級友）と福山の夫の生家へ、毎日少しずつ郵便局から分けて送った。

福山へ送ったものは途中の事故で一個も届かなかったが、防府市の級友宅へ送ったものは全部無事だった。それらの小包みを送り返してくれた級友のおかげで、戦後その中から衣類をつぎつぎと売り、当座の生活をかろうじて支えることができた。

聖子が福山へ発つ昭和二十年二月ごろは、本籍地や郷里へ疎開する人たちで汽車は連日超満員であった。第一、切符を手に入れることが容易でなく、何日も窓口に並んだ。車両の出入り口まで乗客があふれ、窓から入る者もいた。

車内の人々は殺気立ち、一様に疲れ切っていた。亡国の兆しであった。この荒廃した車内風景は敗戦以降もしばらくつづいた。

空襲で家を焼かれたり、家屋疎開で家を取り壊されたりで、長年住み慣れたわが家を失った人たちの絶望感は深刻だった。「聖戦完遂」に絶対の忍従を強いられた国民の口から反戦、厭戦のことばが、三月十日の東京大空襲のころを境に漏れ出してきた。

聖子は鎌倉を後にして福山へ向かったのだが、背には赤ん坊の治子を負い、左手には荷物、右手は次男の手をしっかりと握っていた。視力をほとんど失っていた聖子の母の手を五歳に満たぬ長男が引く姿に、もはや同情の目を向ける人は少なかった。われ勝ちの世相であった。

聖子たちは空襲警報のサイレンで降ろされ、まる二日かかって福山駅に着いた。

江草の母キタは、最愛の息子が戦死したにもかかわらず悲しい顔ひとつ見せず、ぐちもこぼさなかった。聖子はこれが不思議でならなかった。長男一三の息子で酪農を営んでいる仟《まさる》も、「祖母は戦死の公報を聞いても涙を見せなかった」と気丈な一面を筆者に語っている。

「人を殺しに行ったのだから、殺されても仕方ありませんわい」

ある日、姑はいった。

これが母親のいうことばだろうかと、聖子はわきあがってくる感情を抑えかねて、一週間ほど姑と口をきくことができなかった。悔しさと怒りと悲しみに、平然として見える姑の胸をつかまえ、力いっぱい打ちすえたい衝動すら覚えた。若い未亡人にとっては耐えがたいことばに思えたのだった。

江草の母親だけあって、他の人より何段も奥ふかくものを考える女性であったと、聖子が思い到るのはそれからかなりの年数を経てからのことである。

八月十五日正午、天皇のラジオ放送があり、戦いは終わった。暑い日射しの中で、聖子は身の処し方を考え、深い淵をのぞき込んでいる自分を感じていた。軍人の妻は占領軍に何をされるかわからないという噂もとんでいた。

江草家の裏には大きな沼があり、これが死へと手招く。かろうじて思いとどまったのは、幼い三人の子どもと老いた母のことを考えたからであった。

山あいの村に暮らしてみて、百姓としての自分の能力の限界を知らされた。いくら田畑を分け与えられたとしても、それで子どもの養育はとてもできないと思った。とすると、自分にできる仕事を見つけなければならない。幸い持ち家が高知市内に無事で残っていた。実家の隣に住む姉に高知駅まで「迎えたのむ」と電報を打った。

二十一年二月、聖子一家は高知駅に着いた。見渡す限りの焼け野原だった。姉夫婦は涙を流し、喜んで一家を迎えてくれた。

すべての価値観が戦時中のそれと比べ百八十度反対側に回転していた。戦時中の英語排斥の世相から、世はあげて英語の堪能な人を求める時代に入っていた。

津田英学塾出身の聖子には、幸い英語の教員資格の免状があった。死にそうなほど英語を勉強させられた母校に対し、このときほどありがたく感謝したことはなかった。高知市内の女学校に英語教師として採用された。ついで学制改革で市内中心部にある県立追手前高校へ移り、大人のように大きい男子生徒も教えるようになった。

二十七年四月、聖子は文部省の資格をパスして高知大学の英語科教育法の担当者に任命され、講師として大学に移った。

高校教師だと郡部へ異動させられる。視力を失った母および小学生の子ども三人、岡村基春の遺児武彦（基春は二十三年七月、ＧＨＱ＝占領軍総司令部＝に召喚された後自裁）の五人を抱えた聖子には、それはできない。大学講師になってその心配が消えた。

大学に移って二年が終わろうとするころ、聖子はフルブライト留学生試験に挑戦した。自分の学力の不足を痛感したためである。寒夜、子どもが寝静まってから、豆炭一個をあんかに入れて暖をとり、英文の小論文を夜明け近くまで書きつづけた。

フルブライト留学生試験に、聖子はみごと二番の成績で合格した。

しかし、合格の喜びと引き換えに、母は重い病いの床に就き、臨終を迎えていた。母の死のショックから立ち直り、親切なお手伝いの女性に子どもたちを託して、聖子は渡米した。自分にはかまわず渡米せよという母親の死の間際のことばが聖子を励まし、支えていた。

江草の同期佐竹太右衛門は、

「江草夫人渡米をききて」

と題し、

はろばろと黒潮こえて飛びゆきし君はしも今し子等を思はむ

亡き夫に子等を托してとつくにに学びにゆける人の雄々しさ

の二首を詠み、クラス会誌『互和』にのせている。

話を聖子が福山から帰高した直後にもどす。

高知市の目抜き通りに面した高知郵便局で窓口業務に忙殺されていた尾崎正彦は、二十一年二月、若い女性客の差し出した貯金通帳を見て、はっと胸をつかれた。持主名の欄に江草隆繁、と記されていた。夢寐《むび》にも忘れ得ぬ名前であった。

尾崎は五二一空鵬部隊の二小隊二番機の配置にあって南方で活躍していたが、隊長江草が戦死した三日前の十九年六月十二日に負傷し、内地に帰った。終戦を鳥取県の美保基地で迎えた後、故郷の高知に復員して郵便局に勤めていたのだった。

「お客さんは、もしや」

たずねてみると、予想どおりだった。女性は江草隊長の未亡人とわかった。尾崎の驚きは喜びに変わった。

「いま、たて込んでいますから、しばらくこちらへ」

と、場所を示して聖子に待っていてもらい、やがて仕事が一段落して現われた尾崎は、江草のこと、鵬部隊のことなどを話した。なけなしの預金を下ろしにやってきた聖子にとっても、尾崎との奇遇は大きな驚きであった。夫の最期がどんなものであったのかまるで知らなかっただけに、尾崎の話のひとつひとつに耳をすました。
二十二、三年ごろ、尾崎は婚約した。さっそく聖子に連絡してきたのだが、
「隊長に私どもの結婚をご報告したいのです。江草隆繁様のお名前で、ご祝辞をいただけませんか」

といってきて、聖子を面くらわせた。申し出どおり、聖子は「江草隆繁」の名前で祝辞と祝いの品を贈った。尾崎の胸の中には、江草が戦後もなお深く生きていたのである。

尾崎は高知市の西隣の吾川郡伊野町神谷《こうのたに》の出身である。そういえば聖子には思い当たることがあった。江草がミッドウェー海戦後、横須賀航空隊に勤務していたころ、「高知にかみのたにというところがあるか」と、聖子にたずねたことがあった。横空にいたころから江草

はすでに鵬部隊の開設、銀河搭乗員の養成について、ひそかに思いをめぐらしていたのだろう。

尾崎は聖子との邂逅以来、江草の遺児たちを神谷地区を流れる仁淀川の清流に伴い、ともに遊び興じた。お世話になった隊長に少しでも報いようとの気持からであった。

昭和四十八年四月二日、江草の三十年忌が高知市朝倉の聖子の自宅で営まれ、多数の関係者が出席した。

尾崎はこの席で追悼の辞を述べた。彼は立ち上がりはしたが、

「隊長」

といったきり絶句した。当時の録音には途切れ途切れのことばがつぎのように語られている。

「隊長のことにつきましては、いまさら、私が申し上げることはないと思いますが、一つだけ、申し上げたいと思います。

それは、隊長が、非常に部下思いであった、ということです。たとえば、毎日の飛行作業において、天候の悪い時、また、飛行場のコンディションの悪い時などは、かならず、隊長が一番に飛んで、部下たちが飛行作業できるかどうか判断されたのであります。

隊長の、この人間愛こそ、万世の花とかんばしく、国家の至宝であります」

これだけを、やっと述べている。尾崎は江草を偲ぶ記録として、木更津、霞ヶ浦、香取、グアム各基地での思い出を綴るつもりでいたが、惜しくも翌四十九年四月に病死した。

江草を敬慕する尾崎は、生前、高知市筆山に江草の墓が建ってから、しばしば妻幸恵と一男一女を連れてその墓に詣でた。幸恵は、

「うちの人の頭には隊長さんしかないがです。一にも二にも隊長さんで、私たちもいつの間にか感化されて、主人と同じ気持になってしまいました」

と、聖子に話している。

尾崎の死後、残された妻子三人は折りにふれて筆山に登り、

「きょうは隊長さんのお墓参りにいって参りました」

と、帰途、聖子の家に立ち寄り報告し、ついでにお参りしたのではありませんと、わざわざ断わって、聖子をほほえます。尾崎の墓が、隊長の墓を守るかのように江草の墓所のすぐ下段にある。生前、彼が購入しておいたものである。

当事者ならいざ知らず、その遺族までもが心を一つにして「隊長さん」と慕い、墓参を欠かさない姿を目の当たりにして、聖子は胸を熱くするとともに、それほどまでに周りの人々に強い感動を刻んでいる夫のことを、改めて思い起こすのだった。

ところで三十年忌の追悼式だが、故人が江草家代々の法華宗に特に帰依しているわけではないのと、聖子と長男浩之がキリスト教の信仰を持っている関係で、キリスト教で行なわれた。司式は日本キリスト教団土佐教会の秋野勉牧師、式辞は同教会を以前牧会していた大山寛牧師（当時京都教会牧師）がそれぞれ担当した。

秋野牧師は司式の中で、新約聖書ピリピ人への手紙四章八―九節、

「兄弟たちよ。すべて真実なこと、すべて尊ぶべきこと、すべて正しいこと、すべて純真なこと、すべて愛すべきこと、すべてほまれあること、また徳といわれるもの、称賛に値するものがあれば、それらのものを心にとめなさい（中略）そうすれば平和の神が、あなたがたとともにいますであろう」

の聖句を引用し、つぎのようにあいさつした。

「太平洋戦争のさなか、江草隆繁大佐は壮絶な戦死を遂げられました。それ以来三十年の歳月の流れの中で、我々は多くのことを考えさせられて参りましたが、多くの先輩たちがその時代を真実に生きようとされたこと、身命を賭して国事に殉じられたこと、そしてこの尊い犠牲のうえに今日の平和が打ち立てられたことを思い、心から感謝を捧げるとともに、これらの先輩たち、ことにその日、祖国のために尊い命を捧げられた江草隆繁氏の霊に、神の祝福と平安を祈り上げます」

つづいて行なわれた大山牧師の式辞で、右のことばがさらに敷衍《ふえん》され、

「戦後政治体制はまったく変わりましたが、変わらぬものは人間のこの真実、あるいは誠実であろうと思われるのであります」

と説明された。大山牧師はキリストの使徒パウロの言行および聖書に見る軍人の姿を通して、

「隆繁氏がもし今日現存されたならば、武士道精神を純化完成せられて、真の日本の救いとなるこのキリスト教にあるいは帰依されたかも知れないし、そのことを通して終始かわらぬ

その真実と忠誠心はいっそう輝くものとなり、偉大なるものへ発展したであろうと考えることは、けだし許されないことでございましょうか」

と、置かれた時代を真剣に生き抜いた江草の行動と、私心なく、愛に満ちたその性格をたたえた。

同期生を代表して故人の略歴を紹介した酒井進は、

「江草隆繁君は剛毅にして果断、じつに立派な軍人で、昭和九年四月、海軍中尉のとき、すでに勲六等瑞宝章を賜わっており、十五年四月に軍人として最高栄誉の功五級金鵄勲章を授かっております。戦死に当たっては二階級特進して海軍大佐に任ぜられたのであります」

と功績を述べ、

「いま、ここ高知には、われわれが初めて兵学校の校門をくぐったときに見たと同じような桜がらんまんと咲いています。江草君は本当に桜のように美しく潔《いさぎよ》い男でありました」

と、慰霊のことばを結んだ。

三十年忌から数年が流れた。この間、郷里の長崎県波佐見町で中学校の教壇に立っていた河野章は、勤務のかたわら敗戦と同時に行方がわからなくなってしまった旧五二一航空隊員とその家族を探し出すのに力を注いでいた。

昭和五十年を過ぎたころから、戦記の出版物によって断片的ながらも互いの消息がつかめてきた。こうして遺族会（生存者を含む）が結成され、五十七年四月四日、一行は江草のゆかりの地、高知を訪れ、高知市五台山の護国神社で第一回の五二一空慰霊祭が催された。第一分隊長であった河野が一同を代表して祭文を捧げた。この祭文は太平洋戦争における五二一空の位置づけを改めて確認するものであった。

河野は慰霊のことばとして要旨つぎのように捧げた。

（前略）十九年二月にはマーシャルが敵手に落ち、ついでトラックに対して行なわれた米機動部隊の大空襲は、第二の真珠湾といわれたほどの大損害を日本海軍に与え、さらに余勢を駆って、敵はサイパン近海に出現し、マリアナ諸島一帯は非常な危険にさらされることになりました。（中略）彼我の戦力にいちじるしい懸隔が生じた時機に、敵の攻撃を阻止して戦勢を一挙に打開する唯一の方策は、速やかに決戦兵力を整備し、これを集中使用して敵攻略部隊に一大決戦を求め、とくに敵機動部隊を撃滅するにありとして、わが五二一空銀河部隊は十八年八月以来、来たるべき海上決戦に基地航空の主戦力、戦局挽回の切り札として、全海軍の期待の中で、その編成に着手された部隊でありました。

この部隊の整備には、上層部においてとくに意を用いられ、司令、飛行隊長の幹部には海軍航空きっての歴戦有能な人材を配置されたことは申すまでもありません。

江草隊長は豊橋での開隊以来、木更津、霞ヶ浦、香取基地での全期間を通じて銀河の実用実験とその改修に非凡な才能を発揮して完成につとめられ、同時に部隊の編成と乗員の訓練に心血をそそがれました。

当初、訓練期間は約一年と予定されておりましたが、敵の反撃が予想よりも急であったため、訓練と準備もそこそこに一部を香取に残したままグアム第二飛行場に急行、全進出機数四十機、香取基地二十数機となりました。

非常な期待をかけられた基地航空部隊としての第一航空艦隊は、残念ながら敵の先制攻撃を受けて、その主力は十一日以降数日間の敵の攻撃により、大半が空しく地上において戦力を喪失するという悲境に立ちいたりました。そのため、手勢わずかに八機という劣勢をもって敵空母群に突入されました隊長のご心痛は、いかばかりでありましたでしょうか。（中略）隊長は冷静にして寡黙、誠実で飾り気がなく、地味なご性格で、人に接するに常に温容をもって当たられ、仕事に対しては結論が出るまで徹底して追求するという学究肌のお方であり、しかも内に烈々たる闘魂と底力を秘められた武人の典型でありました。（中略）戦後三十数年を経て、人の心もようやく安定し、祖国日本は世界に類を見ないほどの経済復興をとげましたが、この復興発展は、ご英霊が身を捨てて示された国を思うまごころの上に築かれているものであることを、私どもは固く固く信じております。

その夜、高知市の鏡川べりの旅館に集まった遺族たちは、自分の息子は、夫は、兄は、弟はどんな戦闘に参加し、最期はどんな状況だったのか、と河野に立て続けに質問した。戦後三十七年を経てなお、南方で戦死したとしか知らされていなかったのだ。河野は世界地図を広げて、逐一説明した。

翌朝、一同は浦戸湾先の名勝桂浜に向かった。

「サイパンまで届け」

河野はそう叫んで、手にした花束を岬から海へ投げた。遺族たちも後に続いた。

五二一空慰霊祭はその後、第二回京都市、第三回靖国神社、第四回は静岡県沼津市の真言宗光厳寺《こうごん》と毎年順次に挙行された。光厳寺を選んだのは五味昭道住職の妻キヨ子が、江草に率いられて空母群に突入した近藤二男《つぎお》隊員の妹というめぐりあわせだったからである。

第五回は六十一年、サイパンで行なわれた。朱に染まったサイパンの夕焼け空に、彼らは肉親たちの出撃の模様を思い浮かべ、故人となった人々を偲んだ。

第六回は六十二年八月、長崎市。簡素な祭壇の前で、五味キヨ子（兄が戦死）、山田清子（夫が戦死）の両夫人がご詠歌を奉じた。

門出のみ姿いまもなお
生けるが如くあきらかに
残りし者の胸に咲く
（中略）
み国を思う一筋に
名ごり惜しまず散る桜

いさおはとわにかぐわしき
靖国の宮にみたまは鎮まるも
折り折り還れ母の夢路に

遺族の心を凝縮させた優しい節回しが会場いっぱいに広がった。江草の弟で福山市に住む義正夫妻も出席した。佐藤敏男（広島県沼隈町）は「出撃前の弟に基地で面会した際、弟が『隊長は同じ広島の出身で、立派な方なので、信頼している』といったのを憶えています」とあいさつした。この席でグアム島に五二一空鵬部隊の慰霊碑を建立することが決まった。河野を中心に五味昭道と妻キヨ子の弟近藤紳（静岡県松崎町）、渡辺熊雄（山梨県富士吉田市）、加藤昭男（山梨県増穂町）の四人が実行委員として力を出し合い、グアム島平和公苑の一角に完成を見て六十三年二月二十二日、除幕式がとり行なわれた。

真冬の日本から常夏のグアムに集まった会員は三十五人。ワイシャツ、半袖姿の会員たちは花と菓子を真新しく日に映える慰霊碑に供え、戦後四十三年の歳月をそれぞれにふり返った。慰霊碑の撰《せん》の一節に、

わが鵬部隊は劣勢を顧みず、江草隆繁飛行隊長を先頭に死力を尽くして反撃、亀井凱夫司令以下グアム基地の将兵も又、米上陸部隊に肉弾戦を敢行し、遂に全員散華した。ここにその勇猛果敢な殉国の死を悼《いた》み、これら崇高至純な英霊の精神が恒久世界平和の礎《いしずえ》となるよう

念願してこの碑を建立する。

とあり、会員の強い鎮魂への願いが込められている。

近藤紳は筆者への手紙の中で、

「私の兄二男《ツギオ》も特乙一期生の最下等兵ながら江草列機の一員として加わったことは、いまでは誇りとも思い、兄を讃えるものです」

と、除幕式の感激を伝えている。

この遺族会は、あたかも旧知の交わりのように見え、今後も集まりをつづけていくという。五二一航空隊関係者のつどいが重なるうち、聖子は夫を偲んで著書『二つの時代――夫は〝艦爆の神様〟と言われて――』を世に問うた。

この本が各方面に反響を呼び、冒頭に見たように、石川県寺井町で九谷焼の製造、元卸業を営む北野三郎・元「龍驤」伝令兵が聖子に手紙を送るとともに、はるばる妻を伴って江草の墓参りにやってきたのだった。

雨の中、高知市の筆山で江草の墓と感激の対面を果たして帰郷した北野は、その後、渾身の力を込めて漢詩の作詩にとりかかった。榊原岳水の吟詠によるこの漢詩は『詣筆山』(ふでやまに詣でて)と題し、聖子に贈られた。

詣筆山

真実人江草隆繁
何在翔大空昇天
将又鎮在千尋海
雲覆中空天不見
雨條々土佐沖何処
絶叫告最愛祖国
最愛妻最愛子達
今隆々繁栄一路

（真実のひと江草隆繁
いずこにおわします大空かけて天に昇りしか
はたまたちひろの海に鎮まりあるや
雲は中空を覆いて天見えず
雨は條々として土佐沖いずこにかある
絶叫して告げん最愛の祖国
最愛の妻最愛の子たち
いま隆々として繁栄一路なるを）

心のこもったこの漢詩は何よりの夫への贈りもの、と聖子が喜んだのはいうまでもない。

北野は、「江草さんが『龍驤』から訓練飛行に飛び立った際、土佐湾上空をも旋回したことでしょう。そして婚約者の出身地である高知上空を感慨ふかく飛んだことでしょう。土佐沖いずこにかあるという一節は、江草さんのそうした思いを取り入れました」

と筆者に説明した。

聖子は高知大学教授を定年退官後、同大学と高知医科大の各名誉教授に就任し、さらに中内力高知県知事に乞われて県の教育委員に就任した。三人の子どもはそれぞれ立派に成人した。残された家族は、戦後日本の発展とともに繁栄の道を進んでいるので、ご安心くださいという北野の願いがこの詩によく表われている。

昭和六十一年八月、筆者は聖子の案内で筆山に登った。江草と義兄岡村基春の墓が隣り合わせで並んでいる様は、江草の期友酒井進が筆者にあてた手紙にあるように、「編隊の二機が飛んでいるような」形で、きれいにおさまっていた。先にだれかがきていて、江草の墓には、りんどうの花が供えられてあった。二人が婚約時代、阿蘇に登って見たのと同じ青紫のつつましい花である。

筆山から降りると、そこは鳴子を両手にもった市民の奔流であった。第三十三回よさこいまつりが最高潮に達していた。史上最多、百十一団体、一万三千人の踊り子がいっせいに繰り出し、カラフルな法被《はっぴ》が炎熱の街に舞い、鳴子のリズムがはじけている。

エレキバンドの車が通り過ぎながら、乗っていた若い弾き手一同が急に演奏を止め、聖子に手を振った。高知医科大学の幕が見えた。聖子も手を振ってこたえた。

「うちの学生なんですよ」

聖子は、ほほえみながらそういって、歩道を進んだ。

そのとき筆者は、寄せてはかえす人波の奥に、江草の影を認めたような気がした。狂熱乱舞の平和な踊りを、わきで静かに見まもっているのが江草にふさわしい、と感じたのである。

あとがき

一つの事件がある結果を生み、その結果がさらに複雑な事件をつくりだしていく歴史の流れの中で、日本は満州事変から日華事変、太平洋戦争へと突入していきました。その間、二十代の青年士官江草隆繁は、サイレント・ネイビーの一員として偵察員、操縦士を歴任し、ひたすら航空搭乗員としての腕をみがいていったのでした。

江草の指揮官、操縦士としての統率力および技量は、太平洋戦争開戦当時、すでに最高度に発揮され、編隊を率いてめざましい働きを示しました。寡黙でまじめ、万事控えめで、功は部下に帰し、家庭を、ふるさとを愛し、奥さん以外の女性には目もくれない。小説のテーマには、とうていなりそうもない人物です。

こうした無私と愛の心が、国の危急存亡の機に臨んでは、鉄壁をも打ちくだく力となって、ルーズヴェルト大統領やチャーチル首相を震撼させたのでしょう。

戦争がなければ、あるいは海軍兵学校に進まなければ、彼は——他の海兵同期生もそうですが——平穏な一生を全うできたかもしれません。戦争という極限状況の中で、そのような人たちがいかに身を処したか、私は描いてみたかったのです。

海兵出身者には、遺書を残した人が非常に少ないのですが、これは彼らがプロの軍人としての心がまえを保っていたためでしょう。江草大佐についてもそれが当てはまり、彼の戦争観、ひいては人生観といったものが、なまのことばとしてつかめない憾《うら》みはありました。戦死、病死、殉職で世を辞した方が多い中にあって、江草の部下高橋定、小瀬本国雄両氏にお目にかかれたのは幸いでした。お二人とも、戦略家、戦術家としての江草大佐をよく知っておられ、貴重なデータをいただきました。

私が江草大佐のことを知ったのは、新聞記者として、初任地高知支局に勤務していた時です。高知学芸高校からＡＦＳ（アメリカン・フィールド・サービス）の留学生試験に合格した江草治子さんを取材し、ついで母上の聖子さんにお会いしたころ、別の取材先の人から大佐のことを聞きました。

私は戦時中、学童疎開のため東北の寒冷地で過ごし、戦争末期には強制疎開で住みなれた家を取り壊され、家族とともに戦火に追われ、飢えをかこちながら、都内で転々と間借り生活をつづけました。戦争は、私にとっても運命を激変させられた大事件でした。

あの戦争を、とらわれない公正な目で見直してみたい、と思ったことがありました。五年前、江草聖子さんの著書『二つの時代——夫は〝艦爆の神様〟と言われて——』を新聞広告で知って拝読し、頭の片隅にあった願望に火のついた思いがしました。大戦争のさなか、その渦中を真剣に生き抜いた江草大佐の生涯を追跡することが、この戦争を見直すよすがとなるとも考えたのでした。

日華事変、太平洋戦争を通じて日本側だけでも軍人、軍属を合わせ二百三十万人の戦死者を出しています。

いまの日本の平和な社会、自由と民主主義のこの社会が生まれた源《みなもと》をたずねてみますと、そこには江草を含め二百三十万人の戦死者が、一般国民をくわえると三百十万人の戦没者が、そのいしずえとなっていたことを認めないわけにはいきません。

勤務の合間をみて、二年半の間に青森、東京、神奈川、岐阜、石川、富山、兵庫、広島、高知、長崎の十都県およびアメリカ、イギリス在住者合わせて九十人余りの方々から取材しました。

取材の原点であられる江草聖子さんには延べ二十時間以上、中島正、高橋定両氏にはそれぞれ延べ十数時間にわたり、お話をうかがいました。江草さんのご紹介で佐藤富美、妹尾作太男、中島正、河野章、井上竜昇各氏の順にお目にかかることができ、河野氏からは同氏の期友松永市郎氏を、さらに松永氏からも多数の期友の方々をご紹介いただき、おかげさまで取材は順調に進みました。

また、上智大学の緒方貞子教授、神奈川県立湘南高校の畑喜一・元校長から、日本敗戦までの近・現代史についてご教示を賜わりました。

おせわになりました皆様に対し、厚くお礼を申し上げます。記述の都合で文中敬称を省略させていただいた方もございます。ご了承ください。

最後になりましたが、拙稿の出版を快諾してくださいました光人社に感謝申し上げます。

本書執筆の間、取材でおせわになりました井上竜昇、中村義彦両氏が逝去されました。謹んでご冥福をお祈りいたします。

一九八九年一月

上原光晴

談話・資料提供者（五十音順・敬称略）

赤木敏郎　朝倉たか　阿部善朗　阿部平次郎　壹岐春記　井沢豊　市来俊男　伊藤鉄三郎　今井俊正　市来崎秀丸　井上竜昇　井伏鱒二　江草聖子　江草とし子　江草日行　江草仟《まさる》　江草安彦　江草義正　江藤恒丸　緒方貞子　緒方四十郎　岡村武彦　岡村洋子　奥宮正武　小田玄三　梶田邦夫　金尾存子　亀井節夫　狩山文治　川村純彦　北野三郎　栗栖忠夫　源田実　河野章　小瀬本国雄　小林幸雄　近藤紳　五味キヨ子　酒井進　境富蔵　佐々木陸一　佐竹太右衛門　佐藤敏男　佐藤富美　真田義夫　志賀淑雄　島村亀鶴　鈴木瞭五郎　砂原篤三郎　ロナルド・H・スペクター　ピーター・C・スミス　関谷裕彦　瀬戸山八郎　妹尾作太男　高尾泉石　高岡迪《すすむ》　高橋勝一　高橋定　高畑岩夫　田口義之　田中久幸　千早正隆　辻豊　土井敬介　戸塚浩二　豊田穣　鳥巣建之助　中島正　中島親孝　中田忠治　中村義彦　丹羽正行　畑喜一　服部有人　日比野文枝　平塚清一　深浦公政　藤木高嶺　藤田怡代蔵《いよぞう》　藤田多吉　堀知良　真木成一　松永市郎　三福岩吉　宮光行　茂木明治　本島自柳　森栄次　柳本竜三　大和登　山本昭二　吉岡忠一　吉松正博　渡辺初彦　和智恒蔵

防衛庁防衛研修所戦史部、海上自衛隊幹部候補生学校、同第一術科学校、財団法人史料調査会、アメリカ海軍歴史センター、朝日新聞社、水交会からもご協力いただきました。あわせて厚く謝意を表します。

参考・引用文献（順不同）＊「二つの時代——夫は〝艦爆の神様〟と言われて——」 江草聖子 光人社＊「互和」 海軍兵科、機関科、主計科同期（コレス）会誌各号（海兵は五十八期）＊「艦爆一代」 小瀬本国雄 今日の話題社＊「わが艦爆一代」 高橋定 雑誌「丸」連載＊「飛翔雲」 高橋定＊「無二の航跡」 海兵六十二期会編＊「六十七期海軍史」 海軍兵学校六十七期会発行＊「海軍戦闘機隊史」 零戦搭乗員会編 原書房＊「ハワイ作戦」「ミッドウェー海戦」 戦史叢書 防衛庁防衛研修所戦史室 朝雲新聞社＊「真珠湾作戦回顧録」 源田実 読売新聞社＊「ミッドウエー」 淵田美津雄 奥宮正武 朝日ソノラマ＊「さらば海軍航空隊」 奥宮正武 朝日ソノラマ＊「柳本柳作」 柳本柳作顕彰会＊「人間山本五十六」 反町栄一 光和堂＊「インパクト！」 ピーター・C・スミス＊「爆撃王列伝」 ピーター・C・スミス 妹尾作太男訳 光人社＊「遠洋航海余話」 妹尾作太男 大和会出版部＊「江田島の青春 海軍兵学校」 田中常治 今日の話題社＊「英人の見た海軍兵学校」 セシル・ブロック 浜田昇一解説 飯野紀元訳 内外書房＊「連合艦隊参謀長の回想」 草鹿龍之介 光和堂＊「マレー沖海戦」 須藤朔 朝日ソノラマ＊「提督・スプルーアンス」 トーマス・B・ビュエル 小城正訳 読売新聞社＊「第二次大戦回顧録」 ウィンストン・チャーチル 毎日新聞翻訳委員会訳 毎日新聞社＊「ニミッツの太平洋海戦史」 C・W・ニミッツ E・B・ポッター 実松譲訳 恒文社＊「続海軍兵学校沿革」 有終会編 原書房＊「海軍」 岩田豊雄 原書房＊「海豹《あざらし》士官行状記」 津村敏行 大原新生社＊「海軍魂」 山本悌一朗 光人社＊月刊誌「東郷」昭和六十二年七月号 東郷会＊「人間緒方竹虎」 高宮太平 四季社＊「半世紀——私の履歴書」 井伏鱒二自選全集 新潮社＊「新英雄待望論」 鶴見祐輔 太平洋出版社＊「頭山満翁正伝」 葦書房＊「暗い谷間の自伝」 大河内一男 中央公論社＊「芦田川」 宮原哲三 芦田川文庫＊「東京裁判」 朝日新聞法廷記者団＊「ライオン艦長黛治夫」 生出寿 光人社＊「ヘロドトス・歴史下」 松平千秋訳 岩波文庫＊「毛沢東選集」 北京外文出版社＊「空戦」より「惜別の人」 豊田穣 講談社＊海軍経理学校同窓会「浴恩会」が靖国神社遊就館に奉納した揚艇柱部品の解説一部＊朝日新聞・東京朝日新聞（各年代）

江草隆繁　年譜

年月日	経歴	内外事件
明治42年（1909）9月29日	広島県芦品郡有磨村下有地五一四、農業九右衛門、キタの三男として生まれる	明治27年（1894）8月1日　清国に宣戦布告（日清戦争）
大正5年（1916）4月1日	有磨尋常小学校入学	明治33年（1900）6月　義和団の乱（北清事変）
大正11年（1922）3月25日	有磨小卒業	明治37年（1904）2月10日　ロシアに宣戦布告（日露戦争）
4月1日	広島県立府中中学校入学	大正3年（1914）7月28日　第一次世界大戦始まる
		大正4年（1915）1月18日　日本、中国側に旅順・大連の租借期限延長など二十一カ条を要求
		大正6年（1917）3月　ロシア革命
		大正7年（1918）11月11日　第一次大戦終結
		大正10年（1921）11月12日　ワシントン軍縮会議開始
		大正12年（1923）9月1日　関東大震災

		大正13年（1924）5月26日　米国排日移民法成立
昭和2年（1927）3月25日 4月8日	府中中学校卒業 海軍兵学校生徒	昭和2年4月　金融恐慌 5月28日　山東出兵 昭和3年（1928）6月4日　張作霖爆死事件
昭和5年（1930）11月18日	海軍兵学校卒業、海軍少尉候補生を命じられる。「八雲」に乗り組み内地航海（練習艦隊）へ	昭和5年4月22日　ロンドン軍縮会議で日英米が条約調印 11月14日　浜口首相狙撃事件
昭和6年（1931）3月5日 8月20日	横須賀港を出港、遠洋航海へ 横須賀港帰港	昭和6年9月18日　満州事変 12月13日　犬養政友会内閣成立、初閣議で金輸出再禁止を決定
昭和7年（1932）4月1日 12月15日	海軍少尉に任じられる 「対馬」乗り組み	昭和7年1月28日　第一次上海事変 3月1日　満州国建国宣言 5月15日　五・一五事件、犬養首相暗殺される
昭和8年（1933）11月15日 11月28日	海軍中尉に任じられる 館山海軍航空隊勤務、艦上攻撃機偵察員として服務	昭和8年1月1日　日中両軍山海関で衝突 1月30日　ヒトラー、独首相に就任 3月27日　日本、国際聯盟を脱退 5月31日　塘沽停戦協定成立

		この年、海軍は射程4万メートルの酸素魚雷を完成
昭和9年（1934）4月20日	空母「鳳翔」乗り組み	昭和9年12月29日　日本、ワシントン海軍軍縮条約破棄を通告
昭和10年（1935）10月15日	佐伯航空隊勤務	昭和10年2月18日　美濃部達吉博士、天皇機関説で弁明（貴族院） 8月1日　中国共産党が同胞に抗日救国統一戦線提唱 8月12日　陸軍省軍務局長永田鉄山少将が刺殺される
昭和11年（1936）11月16日 12月1日	佐伯空分隊長 海軍大尉に任じられる	昭和11年1月15日　日本、ロンドン軍縮条約を脱退 2月26日　二・二六事件 11月25日　日独防共協定調印 12月2日　西安事件（西安で蒋介石が張学良らに監禁される） 12月31日　ワシントン、ロンドン両条約期限満了し失効 この年九六式艦爆を兵器に採用
昭和12年（1937）7月11日	十二空分隊長に任じられ、日支事変後九四式艦上艦爆機で大連、周	昭和12年1月1日　軍縮無条約時代となる

12月1日	水子に進出。公大、南京に転進、上海、南京方面作戦に参加 空母「龍驤」分隊長に任じられ、艦隊訓練に従事	6月4日　第一次近衛内閣成立 7月7日　日華事変 12月13日　日本軍南京を占領
昭和14年（1939）10月20日 10月20日 11月15日	横須賀航空隊教官に任じられる 岡村聖子と結婚 横空分隊長兼教官	昭和14年1月5日　平沼内閣成立 5月12日　ノモンハン事件 8月23日　独ソ不可侵条約調印 9月1日　独軍ポーランド侵入（第二次世界大戦開始）
昭和16年（1941）8月25日 10月15日 12月8日 12月13—21日	空母「蒼龍」飛行隊長に任じられる 海軍少佐に任じられる 真珠湾攻撃に参加。九九式艦上爆撃機に搭乗、第二次攻撃隊の急降下爆撃隊総指揮官として活躍 ウェーキ島作戦に協力	昭和16年4月13日　日ソ中立条約調印 4月16日　日米交渉開始 6月22日　独軍ソ連に侵入 7月28日　日本軍南部仏印に進駐 8月1日　米、対日石油全面禁輸 11月26日　ハル米国務長官が強硬な新提案（ハル・ノート） 12月1日　御前会議、対米英蘭開戦を決定 12月8日　太平洋戦争開戦（日本側は日華事変を含め大東亜戦争と呼称）
昭和17年（1942）1月23—24日	アンボン攻撃戦参加	昭和17年1月2日　日本軍マニラを占領 2月6日　米英連合参謀長会議設置

2月19日	ポートダーウィン空襲に参加	2月15日 日本軍シンガポール占領、英軍降伏
4月5日	コロンボ空襲に参加	2月27日 スラバヤ沖海戦
4月9日	ツリンコマリー空襲に参加	4月5日 機動部隊インド洋に進出し、コロンボを空襲、英巡洋艦二隻を撃沈、さらにツリンコマリーを空襲
6月5—7日	ミッドウェー海戦に参加、母艦「蒼龍」沈没	4月18日 ドーリットル爆撃隊日本を空襲
9月25日	横須賀航空隊飛行隊長兼教官	5月7日 マニラ湾のコレヒドール島の米軍降伏
10月15日	「大鯨」乗り組み兼務	5月7—8日 珊瑚海海戦、双方空母各一隻を失い、この結果、日本はポートモレスビー攻略を一時延期
11月30日	「龍鳳」（「大鯨」を改装、改名）乗り組みを兼務、トラック島へ輸送任務	6月5—7日 ミッドウェー海戦、日本は四空母を失い、戦局の転機となる
		10月26—27日 南太平洋海戦、ガダルカナル島の攻防続く
		12月31日 大本営ガダルカナル島撤退を決定
昭和18年（1943）8月15日	五二一航空隊飛行隊長に任じられる	昭和18年4月18日 山本聯合艦隊司令長官戦死
	五二一空が豊橋で開隊、第一航空	5月29日 アッツ島の日本軍守備隊二千

	艦隊に編入される。通称鵬部隊、機種銀河。機体改良と搭乗員の練成、部隊編制に従事	五百人玉砕 11月25日　ギルバート諸島のマキン・タラワ両島日本軍守備隊五千四百人玉砕
昭和19年（1944）1月	木更津、霞ヶ浦各基地に転進し、攻撃待機	昭和19年1月30日　米機動部隊マーシャル諸島に大挙空襲 2月17－18日　米機動部隊トラック島を大空襲、四十三隻沈没、二百七十機損失
3月29日	3月29日以降、逐次、内地からグアム島に進出し、攻撃の鵬部隊第一陣（江草隊長）は4月18日同島へ出発	
5月3日	五二一空は「あ号作戦」に参加	5月3日　軍令部総長が聯合艦隊に対し戦局転換のため米艦隊主力を撃破する「あ号作戦」を下令
6月15日	あ号作戦下令を受け、江草少佐を指揮官とする甲攻撃第一集団の艦爆彗星三機（直掩零戦六機）銀河十機（うち二機別動、直掩零戦五機）の計二十四機が、マリアナ諸島サイパン方面の米輸送船団攻撃のためヤップ島を出発。江草指揮官直率の銀河隊八機は空母群を攻撃。江草少佐戦死	6月15日　米軍サイパンに上陸開始。あ号作戦決戦発動下令 6月19－20日　マリアナ沖海戦、日本は空母、航空機の大半を失う 7月7日　サイパン島守備隊三万人玉砕、住民死者一万人 7月18日　東條内閣総辞職 7月22日　小磯内閣成立
10月23日	豊田聯合艦隊司令長官により、その殊勲を全軍に布告し、二階級特進して海軍大佐に任じられる	10月24日　レイテ沖海戦、聯合艦隊の突入作戦失敗。「武蔵」「瑞鶴」など主力を失う

昭和20年（1945）	2月19日　米軍硫黄島に上陸 3月10日　米軍機が東京大空襲二十三万戸焼失、死傷者十二万人 3月17日　硫黄島守備隊全滅、戦死二万三千人 4月1日　米軍沖縄本島に上陸 4月7日　ソ連、日ソ中立条約破棄を通告 5月8日　ドイツ無条件降伏 6月23日　沖縄守備隊全滅、戦死九万人、一般国民死者十万人 8月6日　米軍、広島に原爆投下 8月8日　ソ連、対日宣戦を布告 8月9日　長崎に原爆投下 8月14日　日本、無条件降伏勧告のポツダム宣言受諾を決定 8月15日　戦争集結の詔書を放送、鈴木内閣総辞職、敗戦
昭和63年（1988）2月22日	グアム島平和公苑に五二一空鵬部隊の慰霊碑が遺族らの手で建立され、除幕式を挙げた。

◇この年譜は防衛庁関係資料を始め「無二の航跡」（海兵六十二期会編）「近代日本総合年表第二版」（岩波書店）をもとに作成しました（筆者）

単行本　平成元年二月　光人社刊

NF文庫

艦爆隊長 江草隆繁
二〇一五年五月十五日 印刷
二〇一五年五月十九日 発行
著 者 上原光晴
発行者 高城直一
発行所 株式会社潮書房光人社
〒102-0073 東京都千代田区九段北一-九-十一
振替/〇〇一七〇-六-五四六九三
電話/〇三-三二六五-一八六四代
印刷所 慶昌堂印刷株式会社
製本所 東京美術紙工
定価はカバーに表示してあります
乱丁・落丁のものはお取りかえ致します。本文は中性紙を使用
ISBN978-4-7698-2887-7 C0195
http://www.kojinsha.co.jp

NF文庫

刊行のことば

第二次世界大戦の戦火が熄《や》んで五〇年――その間、小社は夥しい数の戦争の記録を渉猟し、発掘し、常に公正なる立場を貫いて書誌とし、大方の絶讃を博して今日に及ぶが、その源は、散華された世代への熱き思い入れであり、同時に、その記録を誌して平和の礎とし、後世に伝えんとするにある。

小社の出版物は、戦記、伝記、文学、エッセイ、写真集、その他、すでに一、〇〇〇点を越え、加えて戦後五〇年になんなんとするを契機として、「光人社NF（ノンフィクション）文庫」を創刊して、読者諸賢の熱烈要望におこたえする次第である。人生のバイブルとして、心弱きときの活性の糧《かて》として、散華の世代からの感動の肉声に、あなたもぜひ、耳を傾けて下さい。

＊潮書房光人社が贈る勇気と感動を伝える人生のバイブル＊

ＮＦ文庫

山口多聞
松田十刻

空母「飛龍」と運命を共にした不屈の名指揮官

絶望的な状況に置かれながらも戦わざるを得なかった人々の思いとは。ミッドウェー海戦で斃れた闘将の日を通して綴る感動作。

ペルシャ湾の軍艦旗
碇 義朗

海上自衛隊掃海部隊の記録

湾岸戦争終了後の機雷除去活動一八八日の真実。〝魔の海〟で国際貢献のパイオニアとして苦闘した海の男たちの熱き日々を描く。

航空巡洋艦「利根」「筑摩」の死闘
豊田 穣

機動部隊とともに、かずかずの戦場を駆けめぐった歴戦重巡洋艦の姿を描いた感動の海戦記。表題作ほか戦艦の戦い二篇を収載。

WWII世界のロケット機
飯山幸伸

有人機・無人機／誘導弾・無誘導弾

航空機の世界では例外的な発達となったロケット機の特異な機体を紹介する。ロケット・エンジン開発の歴史も解説。図面多数。

海軍操舵員よもやま物語
小板橋孝策

艦の命運を担った〝かじとり魂〟

豪胆細心、絶妙の舵さばきで砲煙弾雨の荒海を突き進むベテラン操舵員の手腕の冴え。絶体絶命の一瞬に見せる腕と度胸を綴る。

第四航空軍の最後
高橋秀治

司令部付主計兵のルソン戦記

フィリピン防衛のために再建された陸軍航空決戦の主役、四航軍の顛末。日米戦の天王山ルソンに投じられた一兵士の戦場報告。

＊潮書房光人社が贈る勇気と感動を伝える人生のバイブル＊

ＮＦ文庫

艦長を命ず 不変のシーマンシップ
渡邉直
護衛艦の艦長に任命された二等海佐の奮闘を描く。一国一城の主として、勇躍、有事にそなえての訓練に励む姿を綴った感動作。

防空艦 航空機に対する有効な兵器となりえたか
大内建二
急速に発達した航空機の攻撃にそなえ、構想された防空艦。対空火器を多数装備した戦闘力の実態とは。その歴史と発達を解説。

最悪の戦場ビルマ戦線 ビルマ戦記Ｉ
「丸」編集部編
耐えがたき酷熱に喘ぎ、敵の猛攻に呻いた生き地獄。人跡未踏の密林を戦いぬいた日本兵たちの慟哭を描く。表題作他四篇収載。

真珠湾われ奇襲せり パールハーバーの真実
早瀬利之
一九四一年十二月八日のドラマを演出した日米首脳。それぞれの決断と内幕とは。新資料・証言で定説を覆す真珠湾攻撃の真相。

スクランブル 警告射撃を実施せよ
田中石城
君は日本の領空に接近中である。このまま進めば領空侵犯する。変針せよ！　知られざる航空自衛隊の任務の一端を描く話題作。

日韓戦争 備えなければ憂いあり
中村秀樹
２０ＸＸ年、韓国海兵隊は対馬、五島列島に上陸した。その侵攻の目的とは何か。自衛隊の戦いを描く衝撃のシミュレーション。

＊潮書房光人社が贈る勇気と感動を伝える人生のバイブル＊

ＮＦ文庫

大空のサムライ　正・続
坂井三郎

出撃すること二百余回——みごと己れ自身に勝ち抜いた日本のエース・坂井が描き上げた零戦と空戦に青春を賭けた強者の記録。

紫電改の六機　若き撃墜王と列機の生涯
碇　義朗

本土防空の尖兵となって散った若者たちを描いたベストセラー。新鋭機を駆って戦い抜いた三四三空の六人の空の男たちの物語。

連合艦隊の栄光　太平洋海戦史
伊藤正徳

第一級ジャーナリストが晩年八年間の歳月を費やし、残り火の全てを燃焼させて執筆した白眉の〝伊藤戦史〟の掉尾を飾る感動作。

ガダルカナル戦記　全三巻
亀井　宏

太平洋戦争の縮図——ガダルカナル。硬直化した日本軍の風土とその中で死んでいった名もなき兵士たちの声を綴る力作四千枚。

『雪風ハ沈マズ』　強運駆逐艦 栄光の生涯
豊田　穣

直木賞作家が描く迫真の海戦記！　艦長と乗員が織りなす絶対の信頼と苦難に耐え抜いて勝ち続けた不沈艦の奇蹟の戦いを綴る。

沖縄　日米最後の戦闘
米国陸軍省 編
外間正四郎 訳

悲劇の戦場、90日間の戦いのすべて——米国陸軍省が内外の資料を網羅して築きあげた沖縄戦史の決定版。図版・写真多数収載。